历史·国家制度与社会治理

教材解读和教学设计示例

陈 波 ◎ 主 编

编 委 / 刘 相 牟永良 杨 华 王 辉

贵州大学出版社
Guizhou University Press

图书在版编目（ＣＩＰ）数据

历史·国家制度与社会治理：教材解读和教学设计
示例 / 陈波主编. -- 贵阳：贵州大学出版社，2023.7
　　ISBN 978-7-5691-0771-5

　　Ⅰ．①历… Ⅱ．①陈… Ⅲ．①中学历史课－教学研究
－高中 Ⅳ．①G633.512

中国国家版本馆CIP数据核字(2023)第122723号

历史·国家制度与社会治理：教材解读和教学设计
LISHI·GUOJIA ZHIDU YU SHEHUI ZHILI: JIAOCAI JIEDU HE JIAOXUE SHEJI
主　　编：陈　波

出 版 人：闵　军
责任编辑：周　清
装帧设计：文韬新创

出版发行：贵州大学出版社有限责任公司
　　　　　地址：贵阳市花溪区贵州大学北校区出版大楼
　　　　　邮编：550025　电话：0851-88291180
印　　刷：贵州康信印务有限公司
开　　本：889mm×1194mm　1/16
印　　张：14.5
字　　数：386 千字
版　　次：2023 年 7 月第 1 版
印　　次：2023 年 7 月第 1 次印刷

书　　号：ISBN 978-7-5691-0771-5
定　　价：36.00 元

探索者的智识与心流（代序言）

李惠军

掩卷覃思，不胜感叹！这是一群在课改的大道与课堂的小径间，筚路蓝缕、秉烛探索的思者和行者。

2019 年 9 月迄今，高中历史新课程渐次在全国范围实施。如何达成学业质量要求，落实学科核心素养，践行立德树人的宗旨？史学界和教学法专家，教研员和一线教师秉烛探索，提出了诸多真知灼见，涌现出大量经典课例。呈现在我面前的这本书稿，是在贵阳市教科所历史教研员李环玲老师组织、统筹安排下，由部分老教师进行学术指导、中青年骨干教师承担主编审稿、青年教师创意教学设计、集体通力合作、精心研磨的成果，它凝结了对历史城南旧事的钩沉，对人类沧桑变迁的探索；倾注的是对课改理念的领悟，对教材文本的深思；彰显的是对单元体系的理解，对教学愿景的期冀。以单元作为教学的基本板块，在单元视域下建构知识体系，形成课程教学的微细胞和微课程，不仅是突破历史新课程教学瓶颈的一种范式，也浸润着这本书组织者及编写者的创作智慧和创意心流。

在本书的每个单元教学方案中，首先映入读者眼帘的是：

■ 单元主题立意：注入了单元内容主旨的凝练和价值判断的诉求。

■ 单元内容结构：注入了单元要目的提炼和单元与课文之间纵横关系的揭示。

在单元主题立意和单元内容结构统摄下，以单元核心要义为主轴，围绕立意与结构，分别揭示单元各内容之间的历史逻辑和文本结构的承接关系。在此基础上进一步对课文进行深入分析，设计教学方案。其中包括：

■ 课程标准及教材解读：

➤ 课文的主题立意和核心内容。

➤ 课文的单元地位和要目关系。

在建构单元架构和单元架构下课目体系的大框架下，再从微观具体的文本栏目—单课引言—文本插图—辅助栏目，子目透析—史料解读—历史面相等视角进行探微研磨。有了文本内容的建构与解读，就为教学设计提供了厚重的学理基础。于是，我们就看到了老师们精彩纷呈、各具特色的教学方案示例：

■ 教学目标：充分考虑到学科素养的层次划分和学业质量标准的水平要求。

■ 重点难点：充分考虑到了单元核心概念与单课核心知识的交集和思维度。

■ 教学流程：充分考虑到了历史逻辑、教学流程和学习进阶之间的逻辑自洽。

■ 板书设计：充分考虑到了历史知识体系的完整性以及学生建构过程的生成性。

作为一名学习者和鉴赏者，除了对老师们鞭辟入里的分析、大开大合的布局、首尾相顾的敏锐表达赞叹以外，任何的褒奖和商榷，都会显得苍白无力。毕竟，老师们的思考与设计终将会在后续的实践和反思中得以升华。

大单元教学的特征和策略与大历史观念的范式和体例，在很大程度上具有高度的适切性和关联性。

因此，将单元教学的理念和模式有机植入历史新课程教学，不仅在义理上顺乎自然，学理上顺理成章，而且具有十分重要的实践意义和推广价值。

众所周知，新一轮普通高中历史课程由必修、选择性必修和选修三类课程构成，采用通史与专题史相结合的方式加以展开。

必修课程《中外历史纲要》采取通史方式，旨在让学生掌握中外历史发展大势。所有内容均在历史时序框架下，由若干相对独立并前后关联的历史时代单元或专题单元构成。通过系统性的单元内容展现人类社会从古至今、从分散到整体、从低级到高级的发展历程。

选择性必修课程《国家制度与社会治理》《经济与社会生活》和《文化交流与传播》三个模块，以及选修课程采取专题史方式展开，旨在让学生多角度进一步了解人类历史的发展。各模块均采用专题单元形式，专题单元下的具体内容则依照时序加以叙写。（历史选修课程从略）

新课程充分关注了三类课程的整体结构性、逻辑关联性、知识层次性和思维渐进性。由此可见，将一般课程教学论意义上的单元教学理念融入历史新课程原本就是题中应有之义。

单元教学强调在核心观念、学习主题、课题项目驱动下，重组知识要素，形成具有系统性、结构性、逻辑化和系列化的内容框架和教学流程。可见，单元教学为我们灵活整合教材并适切规划教学流程打开了一扇窗。

依据一般课程意义上的单元教学理念与范式，结合历史、历史学和历史教育的学科特点和目标要求，反观高中历史新课程实施以来的思考和实践，我们可以将历史学科单元教学最重要的特征概括为以下五点：

- ■ 大历史：强调时空观念，关注发展趋势，彰显宏观叙事的通识性。
- ■ 大系统：强调知识关联，关注内部结构，彰显历史面相的整体性。
- ■ 大界面：强调跨界融通，关注外部联系，彰显观察视野的宽广性。
- ■ 大洞见：强调高屋建瓴，关注统观概览，彰显历史意识的哲思性。
- ■ 大思维：强调多维发散，关注归纳聚敛，彰显学习过程的生成性。

从上述历史学科单元教学的主要特征看，在新课程教学中，我们要善于"通过对课程内容的整合，引导学生深度学习，促进学生带着问题意识和证据意识在新情境下对历史进行探索，拓展其历史认识的广度和深度"。创设单元教学方案，实施单元教学计划，不仅有助于培养学生对历史认识的通感和通性，涵养学生思接千载和视通万里的历史思维，而且有助于在单元学习主题的引领下，在挑战性任务的驱动下，抓住核心概念和关键问题，采用多种手段和途径，建构历史发展的前后联系，认识历史发展的总体趋势。

马克思说：科学的任务就是"把看得见的、只是表面的运动归结为内部的现实的运动"。历史是思想之学，智慧之学，而历史学科单元教学的诉求之一，就是要借助那些微观具体的历史事件，在单课教学设计的时候要"仰望星空"，在单元规划的时候要"俯瞰大地"，促进学生的整体历史思维迭代升级，让历史的知识转化为历史的智识。

正如乔治·古奇所说："我们继续在热烈而又永不停止地探求真理，但斯芬克斯仍然对着我们微笑不肯吐露她的秘密。"对于历史新课程单元教学的思考与实践，何曾不是如此？

付梓前于上海寒舍"观云书斋"

目 录

北京师范大学贵阳附属中学 / 陈　波

政治制度

一、本单元主题为"各具特色的东西方政治制度"

本单元主要讲述的是东西方政治制度各具特色的发展路径，以及中国政治制度发展过程中体现出的变革求新精神。政治体制是人类社会进入文明时代以后的必然产物，是政治统治与社会治理的客观要求。本单元揭示了东西方不同政治体制各自的特点，旨在让学生通过了解不同文明的政治体制和社会治理的差异，理解中国古代政治体制发展演变的特色，理解中国特色社会主义政治制度体制和治理体制产生的历史渊源，并认识到中国共产党的领导是中国特色社会主义制度的最大优势。

二、单元内容结构

本单元共有 4 课内容。第 1 课《中国古代政治制度的形成与发展》涉及课程标准中的"了解中国古代政治体制在秦朝建立前后的巨大变化""通过宰相制度和地方行政层级管理的变化，认识自秦起君主专制中央集权体制的演变线索"两部分内容，主要叙述了从先秦到清朝（1840 年以前）政治制度尤其是秦以来专制主义中央集权制度的演变历程。第 2 课《西方国家古代和近代政治制度的演变》涉及课程标准中的"了解古代至近代西方政治体制各主要类型的产生和演变过程"，讲述了古代希腊和罗马的政治制度、中古西欧的封建制度、西方资本主义政治制度的产生与发展。第 3 课《中国近代至当代政治制度的演变》涉及课程标准中"共和制度在中国建立的曲折过程"的内容，讲述了中华民国时期的政治制度、中国共产党在根据地和解放区的制度探索、中华人民共和国的政治制度建设和发展。第 4 课《中国历代变法和改革》主要讲述了中国古代、中国近代和当代具有典型意义的改革和变法，展示了中华民族在政治制度建设上的与时俱进、求变求新的变革精神。

本单元有四个学习要点：一是中国古代政治体制在秦朝建立前后的巨大变化。中国古代政治体制的发展，可以分为两个大的阶段。第一阶段包括先秦时期的夏、商、周朝，当时的国家是建立在部族联合和分封制基础上的贵族政治，集权程度不高，管理较为松散（从纵向考察，集权成熟度有所发展，中央对地方的控制程度有所加强）。第二阶段从秦朝开始直至清朝（1840 年以前），其特点是君主专制中央集权的官僚制统治，政权组织结构更加严密，中央对地方的控制力度大大加强。具体是从宰相制度和地方行政管理层级这两个方面的变化入手。宰相制度的变化主要反映君主专制方面的问题，其调整趋势是相权不断分化和削弱直至废除宰相制度，君主专制大大加强，而地方行政管理层级的变化则主要反映了中央集权方面的问题，其调整趋势是中央集权不断加强，地方权力渐趋缩小。二是了解西方政治体制的产生和演变过程。包括古代希腊以雅典为代表的古典民主制度和以斯巴达为典型的寡头政治，古代罗马的共和制和君主独裁统治，中古西欧的封建制度，近代西方主要政治体制如君主制、共和制等的发展和演变，然后简单介绍区别于传统单一制形式的联邦制国家结构形式。三是共和制在中国建立的曲折过程，主要讲述中国近代史上君主制政体被共和制政体取代的经过，以及从民国到新中国政治体制的变化。四是中国从古代到当代的重要变法和改革。自古及今，东西方各国的制度建设和社会治理经历了漫长而曲折的发展历程，中国也发生过多次变法和改革，积累了丰富的经验和深刻的教训。通过学习这些内容，能帮助学生学会运用唯物史观的方法深入分析上层建筑各领域变化的实质，进一步认识国家治理体系和治理能力现代化的重要性。

在这四个学习要点中，第一要点即第二阶段从秦朝到清代（1840 年以前）君主专制中央集权政治体制的演变是重点之一；第二要点即西方政治体制的产生和演变，既是重点也是难点，涉及不少关于政体的概念，如君主专制、君主立宪、议会共和制、总统共和制等，学习起来会有一定难度。

三、单元导语解读

本单元讲述的是东西方政治制度的产生和发展，特别凸显了自古及今中国政治制度与时俱进的优秀特点。

本单元导语分为两部分：

第一部分阐释了唯物史观关于国家与社会的理论，东西方政治制度的主要形态，特别强调应正确看待这些不同形态的政治制度，认识到不同政治制度的独特性与其本国历史传统、文化传统、经济社会发展的关系。

第二部分是本单元学习内容的学业目标要求。在教学过程中，教师要根据这些学业目标的要求，运用历史教学资源，培养学生的历史核心素养和关键能力。

本单元的教学，在学生具备一定中外历史知识的基础上，教师应引导学生运用唯物史观的基本立场、观点和方法，在具体时空框架下准确把握东西方政治制度形成和发展的历史背景，掌握东西方政治制度演变的基本史实，理解东西方政治制度的不同特点，认识中国政治制度的独特性，理解坚持完善中国特色社会主义政治制度、推进社会主义治理体系和治理能力现代化的重要意义，培养学生的历史学科核心素养。

第 1 课　中国古代政治制度的形成与发展

教学设计：北京师范大学贵阳附属中学　陈　波
指导教师：北京师范大学贵阳附属中学　宋羿竺

一、课程标准及内容解读

（一）课程标准

　　了解中国古代政治体制在秦朝建立前后的巨大变化，通过宰相制度和地方行政层级管理的变化，认识自秦起君主专制中央集权政治体制的演变线索。

（二）课程内容导读

　　本课主要内容是中国古代政治制度的形成、发展与演变，以及中国古代政治制度的影响。
　　本课按照时间顺序设置了三个子目，比较完整地介绍了中国古代政治制度的发展演变线索，体现了中国古代政治的独特性。第一子目"先秦时期的政治制度"，主要讲述了夏、商、周时期政治制度的发展，突出了夏朝时期世袭制的产生，商朝时期的内外服制度，西周时期的分封制、宗法制，春秋战国时期政治制度的重大转变，还强调了原始民主传统的影响；第二子目"秦朝的政治制度"，突出了秦朝作为我国历史上第一个大一统国家的制度创新，确立了皇帝制度、三公九卿制、郡县制、文书管理制度等，开创了古代中国的帝国时代；第三子目"两汉至明清时期政治制度的演变"，叙述了两汉至明清时期不同朝代中央官制尤其是宰相制度的变化以及地方行政管理层级的变化，体现了君主专制不断强化的趋势和中央集权不断加强的趋势等。

（三）辅助栏目内容解读

1. 子目一：先秦时期的政治制度

（1）学习聚焦（第 2 页 [1]）

　　解读：本栏目揭示了教材第一子目的核心内容，突出了先秦时期夏、商、西周的主要政治制度。夏朝建立的世袭制影响久远，商朝的内外服制度和其他较为系统的制度体现了商代的政治智慧，西周的

---

　　[1]　本书中标题或材料凡标示第 × 页的均与教育部组织编写的普通高中教科书《历史 选择性必修 1　国家制度与社会治理》，人民教育出版社 2020 年版的页码一一对应。

分封制以及与之相配合的宗法制，相较于商代的内外服制而言是更进步的政治制度，对地方的控制有所加强。

（2）思考点（第2页）

解读： 本栏目要求比较商朝和西周政治制度的异同。教师可以引导学生在阅读教材相关内容的基础上思考。商朝实行的内外服制和西周推行的贵族等级分封制都是行政管理制度，是国家结构的体现，是国家治理的具体形式，反映了中央和地方的关系，二者都带有较为明显的地方分权色彩。商朝的内服是王畿，即商王直接统治的地区，商王对之有较强的控制，外服是王畿以外由附属国管辖的地区。商王对外服的控制是有限的，各附属国基本保持原有社会结构且有很大的自主权，有的附属国还经常与商处于战争状态。西周时期，周天子直接统治王畿地区，王畿以外的地区则"封国土、建诸侯"，把一定的土地和人民授予王族（指同姓亲族）、功臣、先代贵族，以王族为主，让他们建立诸侯国拱卫王室。与商朝外服制度比较，西周的分封制以血缘关系为纽带分配政治权力，诸侯国与王室的关系较商朝的附属国更密切，臣属关系更明确，等级序列更严格，从纵向看，周王室对地方的控制较商而言有所加强，周天子确立了"天下共主"的地位。这客观上有利于西周疆域的扩大，也有利于周文化的扩散，逐渐形成了天下一家的统一的文化观等。

（3）文物图片——大盂鼎（第3页）

解读： 本栏目提供了出土文物——大盂鼎的图片，利于培养学生史料实证素养。大盂鼎是西周早期青铜礼器中的重器，是中国首批禁止出国（境）展览文物，于清朝道光年间（1849年）出土于今陕西省宝鸡市眉县。大盂鼎高101.9厘米，口径77.8厘米，重153.5千克，内壁有铭文19行291字，记载了周康王在宗周训诰盂之事。大盂鼎造型雄浑，配以丰富纹饰，工艺精湛，鼎内铭文笔法秀美生动，庄重肃穆，书风凝重瑰丽、朴茂沉雄，线条凝练，自然疏阔。大盂鼎真实地反映了当时的社会状况，具有极高的史料价值。

（4）史料阅读（第3页）

解读： 本栏目材料出自《左传·襄公十四年》，是春秋时期晋国大夫、盲人乐师师旷对晋悼公说的一段话，其释意为：上天为百姓设立国君，让国君治理他们，不让他们丧失天性。又为国君设置了辅佐的人，让他们教导保护他，不让他越过法度。所以天子有公，诸侯有卿等辅佐……以便互相帮助。善良的就赞扬、有过错则纠正、有患难就救援、有过失就改正。这段材料反映的古老的原始民主传统思想在当代的现实政治中仍然有一定的影响。

2. 子目二：秦朝的政治制度

（1）学习聚焦（第3页）

解读： 本栏目强调了秦朝确立的重要政治制度主要有皇帝制度、三公九卿制、郡县制等，体现了秦朝的制度创新，影响了两千多年以来的古代中国。

（2）历史纵横（第3页）

解读： 本栏目介绍了"皇帝"名称的由来。皇帝制度是中国古代政治制度中最为重要的一项制度，创设于秦朝，秦始皇是中国历史上的第一位皇帝。公元前221年，秦统一六国后，秦王嬴政认为不变更君主称号，不足以彰显其统一天下的丰功伟绩，于是从传说中泰皇（当时将天皇、地皇、泰皇称"三皇"）和上古五位有德君主"五帝"中各采一字，创立"皇帝"称号；同时废除谥法，以数字为序，自己为"始皇帝"，意为第一位皇帝；还建立起一整套皇帝制度。自此皇帝成为中国历代王朝最高统治者的统称，沿用两千余年，直至1912年清朝最后一位皇帝溥仪退位。皇帝制度的基本特征是皇帝独尊、皇权至上、皇位世袭。通过本栏目，学生可以对皇帝名称的由来以及皇帝制度的内容有基本了解。

（3）**史料阅读（第4页）**

解读：本栏目提供了一手史料《睡虎地秦墓竹简》的《内史杂》和《行书》。这两则史料主要叙述了秦朝官吏行政的法律规定，反映了秦朝严密的文书行政管理制度。第一则史料强调，任何请示都必须以文书形式而不能口头请示，也不能让他人代为请示；第二则史料规定了不同紧急程度文书的传送制度，其大意为，邮传机构接到皇帝的诏书或急件时，要立即传递，不能有耽误，普通文书也要当天送出，不能积压，否则依法受到惩罚。这两则史料，说明了秦朝文书制度相当规范，统治者非常重视用具有法律效力的文书来加强对臣属和地方的控制。

（4）**图片："书同文字"木方（第4页）**

解读：该木方上的文字字体为篆书，内容是对官职、法律、名物、专属名称的变更和文字字形的规范。由此可以认识到，通过严密、发达的文书制度，秦朝得以将皇帝和中央的法律、政令迅速地传送到全国各地，利于地方准确理解中央意图，同时中央也能及时掌握地方的政治情况和动向，强有力地控制地方，保障中央集权制度的顺利实施。

3. 子目三：两汉至明清政治制度的演变

（1）**学习聚焦（第4页）**

解读：本栏目指出了从汉代至明清时期（1840年以前），随着君主专制和中央集权的变化，中央行政制度如宰相制度和地方行政制度如地方行政管理层级也经历了复杂的调整，其总的趋势是君主专制强化和中央集权加强。

（2）**学思之窗（第5页）**

解读：本栏目材料摘自《后汉书·仲长统列传》，是关于东汉政论家仲长统总结东汉光武帝削弱三公权力的原因的内容。西汉后期，皇权逐渐衰弱，出现了外戚、宦官轮番干政现象，君主专制遭到严重冲击，中央集权名存实亡，最后导致外戚王莽代汉的结局。这一历史教训使东汉光武帝刘秀认识到君主"失权"和权臣"窃命"的危害，所以他将尚书的地位进一步提高，将尚书台确立为秉承自己意志的新的行政中枢，也即"事归台阁"，而"三公"逐渐成了闲职。光武帝这一措施，大大加强了君主专制。

（3）**思考点（第5页）**

解读：根据教材叙述，在两汉、隋唐、宋元、明清时期，我国古代中央行政中枢制度有重大调整。秦朝是我国历史上第一个专制主义中央集权的国家，建立了以丞相为核心的中央行政中枢；汉初承袭这一制度，汉武帝时中朝成为中央行政中枢，宰相权力被削弱，东汉时，尚书台被确立为新的行政中枢；隋唐时期三省六部制确立，体系完整，职责分明，相互制约，标志着中央行政制度发展到一个新阶段；宋代实行二府三司制，进一步分割宰相权力；元朝由中书省总理全国政务；明代废除宰相制度，内阁逐渐成为事实上的行政中枢；清代雍正皇帝设立的军机处，逐渐成为掌管处理全国军政事务的行政中枢。

4. 探究与拓展

（1）问题探究（第7页）

解读： 郡县制是地方行政制度，属于上层建筑的范畴，应从经济基础决定上层建筑的角度进行思考。春秋战国时期，随着铁器牛耕的出现，奴隶制时期盛行的井田制逐步瓦解，旧的政治制度如分封制、宗法制等逐步崩溃，封建生产关系逐步产生，封建地主阶级和农民阶级逐渐诞生，封建土地私有制逐步确立。这一系列的变化要求有新的上层建筑。郡县制是与生产力和生产关系相适应的能维护地主阶级利益的政治制度。在整个封建社会，虽然地方行政层级有诸多变化，但由于封建社会的性质没有改变，封建地主和农民这两大阶级的基本关系没变，因此以郡县制为基本内容的地方行政制度也基本保持不变。

郡和县是由中央政府直接管理的行政区划单位和地方政府层级，都必须严格服从中央政府的统一命令，其长官由中央任免和考核。郡县成为具有较高行政动员与资源整合能力的平台。通过郡县制，实现了中央对地方的直接有效控制，能够促进地方的稳定和发展，协调中央政府与地方政府的关系，从而把全国的每个地方、每户人家都纳入国家政治体制中。所以，郡县制在巩固中央集权、维护国家统一、促进民族交融等方面发挥了重大作用。另外，郡县制管理模式与小农生产方式是相适应的，保障了高度分散的自然经济社会的繁荣稳定。

（2）学习拓展（第7页）

解读： 封建朝廷为了更有效地进行统治而采用的朝廷议事制度，主要有朝议、廷议、集议等形式。由皇帝亲自主持的称为廷议，由皇帝委托宰相主持的称为朝议或集议。皇帝就某些军国大政，允许群臣在朝廷上争论商议，在大臣讨论争议的基础上君主进行优选并做出决定，然后付诸实施。这在一定程度上可以限制君权的非正常运行，一定程度上体现了统治集团内部的"民主"，有利于重大决策不发生或少发生失误，从而推动国家机器和社会集体的正常运行。在专制制度下它是一种较好的统治集团内部的调节机制，但有明显的局限性，因为最终决策权在君主手中，集议的结果不一定被执行。

二、教学设计示例

（一）教学目标

通过解读图片、历史纵横、史料阅读、学思之窗等栏目材料，了解中国古代重要政治制度的特征及其演变的基本过程，理解不同历史时期社会经济的发展以及其他变化对中国古代独特政治体制的形成、发展产生的深刻影响。

通过了解中国古代政治制度的变化和发展，正确认识政治、经济、思想文化之间的辩证关系，体会先民在制度创新方面的政治智慧。

学会运用多种史料对中国古代重要政治制度的特征及其演变进行合理的解释，认识中国古代政治体制的独特性，而正是这一独特性，促进了统一多民族国家的形成与发展，从而涵养学生的家国情怀，增强文化自信。

（二）教学重难点

教学重点：中国古代中央集权制度、宰相制度和地方行政制度的演变。

教学难点：中国古代政治体制的基本特点及其发展演变的主要原因和历史影响。

（三）教学设计示例

1. 导入新课

教师活动：运用本课导言材料。教师设置问题：根据导言材料并结合所学，指出材料中涉及的政治制度，哪些体现了秦朝的制度创新？这些新制度在中国历史上有怎样的影响？

【设计意图】学生在阅读材料的基础上，可以了解到秦朝创新的制度有皇帝制度、廷议制度、郡县制度等，旧制度主要是西周的分封制，由此导入新课。

2. 学习新课

学习任务一　先秦时期的政治制度

探究问题1：根据材料并结合教材第一子目第一、二段，指出夏、商、西周的基本政治制度。结合第2页思考点，分析从商朝内外服制到西周分封制的变化并理解其影响。阅读教材第一子目第三段和第3页史料阅读，了解原始民主传统在先秦政治生活中的影响（这部分内容学生了解即可。）

材料1　大道之行也，天下为公，选贤与能，讲信修睦。……今大道既隐，天下为家，各亲其亲，各子其子。

——《礼记·礼运》

材料2　商朝内外服制度示意图（图略）。

材料3　西周初年分封制示意图（图略）。

材料4　（西周）同姓兄弟或姻亲所封的"诸侯国"已非过去的"邦国"，而是以武力为背景，在原有众多邦国的地域内人为"插队"进去……很像是"掺沙子"……分封出去的诸侯国，按"授民授土"的原则，仍是"有其土、田、人民"的地方实体，并实行贵族世袭统治，地方拥有实权。

——王家范《中国历史通论》

材料5　王夺郑伯（郑庄公）政，郑伯不朝。秋，王以诸侯伐郑，郑伯御之。……王卒大败，祝聃（郑庄公的臣下）射（周）王中肩。

——《左传》

学生活动：学生通过阅读材料和教材，可以得到以下结论：夏朝建立了世袭制，商朝通过内外服制控制地方，西周实行分封制、宗法制等。

教师活动：教师引导学生结合材料1分析：夏朝世袭制的建立，标志着禅让制的终结，标志着"家天下"代替"公天下"，权力传承由"传贤"变成了"传子"。王位只在一家一姓内传承，方式多为兄终弟及或父死子继。世袭制的出现是私有制发展到一定阶段的产物，是阶级对立的必然趋势，顺应了历史发展潮流，推动了中国社会的进步。

教师引导学生结合材料2分析：商朝的内服是商王直接统治的地区，外服是附属国管辖的地区，各附属国基本保持原有社会结构，甚至很多首领也没有改变，有的附属国还经常与商处于战争状态。商王对外服的控制力是非常松散的。

教师引导学生结合材料3—5分析：西周时期，周天子以血缘关系为纽带，把王畿以外的地区"封国土、建诸侯"，分配给王族、功臣、先代贵族，以同姓亲族为主。西周还推行以"嫡长子继承制"为核心的宗法制，以保证贵族在政治上的垄断和特权地位，也规范了血脉继承关系，有利于凝聚宗族，防止内部纷争，强化王权，把"国"和"家"密切地结合在一起。为维护宗法制度和君权、族权、夫权、神权，维护贵族的世袭制、等级制和加强统治，西周还推行礼乐制。通过分封制、宗法制和礼乐制的紧密配合，诸侯国与王室的关系较商之附属国更为密切，臣属关系更为明确，等级序列更为严格，周王室对地方的控制有所加强，周王确立了天下共主的地位，形成了众星捧月的政治格局。但是，诸侯有相对的独立性，容易形成分裂割据局面。

从横向看，先秦时期，以血缘关系为纽带，族权与政权相结合；等级森严；神权与王权相结合，迷信色彩浓厚；最高统治者尚未实现权力的高度集中。但从纵向看，从商到西周，中央权力已经出现了集中的趋势。这是先秦政治体制的主要特征。

【设计意图】引导学生阅读材料，概括夏、商、西周的基本政治制度，并分析从商到周的制度变化及其影响。同时还认识到，在商周政体中，君主的权力不是绝对的，其中的原始民主遗存，对君主的权力有一定制约作用（这部分可以略讲）。这利于培养学生阅读材料、归纳概括的能力和史料实证、历史解释等素养。

探究问题2：根据材料6和教材第一子目第四段，分析分封制解体和郡县制、官僚制等封建政治制度产生的背景。

材料6 春秋战国时期，中国完成了社会的转型。血缘社会转向了地缘社会，封建诸侯、贵族分权转向了专制独裁、皇帝集权，血缘宗法制度崩溃，地缘郡县政治确立，最后形成中央集权制度。

——辛田《春秋战国时期社会转型研究》

学生活动：学生阅读材料和教材，可以得出结论——春秋战国时期，贵族等级分封制逐步解体，封建政治制度逐步产生。

教师活动：教师引导学生运用唯物史观的方法进行分析。分封制、郡县制等政治制度都属于上层建筑的范畴，应从经济基础决定上层建筑的角度进行思考。教师可以讲述：夏、商、周时期，主要的劳动工具是木、石、骨器等，生产力水平低下，分封制是与之相适应的政治制度；春秋战国时期，铁器牛耕逐渐产生，生产力出现了飞跃，新的生产关系也逐步产生了，中国社会出现转型趋势。这要求有与之相适应的新的政治制度以取代旧政治制度。所以，许多国家通过改革如秦国商鞅变法等，加强君主集权，建立县制，推行官僚制等，封建政治制度逐步产生。

【设计意图】引导学生阅读材料，了解春秋战国时期政治制度的重大变化并分析原因，培养学生归纳概括的能力和唯物史观、历史解释等素养。

学习任务二 秦朝的政治制度

探究问题3：阅读材料7和教材第二子目以及教材第3、4页历史纵横、史料阅读，概括出秦朝的主要政治制度，并以郡县制和文书管理制度为例，认识中国古代政治体制在秦朝建立前后的巨大变化，认识秦朝制度的影响。（教师可以设置以下几个问题：1.设计怎样的地方行政制度来治理如此庞大的帝国？2.关于地方行政制度的决策是如何得出的？ 3.中央政令如何传递到地方？如何保证地方能准确理解政令？中央如何保证地方执行政令的效果？）

材料7　秦朝形势图（图略）。

材料8　大一统的政治基础是"要在中央"的中央集权，必须处理好中央和地方的关系……这主要表现在：第一，妥善划分地方行政层级，有效分配中央和地方权力，并对地方官员实施监督。第二，处理好郡县与分封的关系。第三，中央权威、政令畅通是必备条件。

——卜宪群《我国历史上的"大一统"思想与国家治理》

学生活动：学生通过阅读材料和教材相关内容，指出秦朝创建了以皇帝制度为核心的专制主义中央集权制度，包括皇帝制度、三公九卿制、郡县制、文书管理制度等。

教师活动：教师引导学生结合所学知识和教材第二子目内容，运用表格对比分析西周分封制和秦朝郡县制，见表1-1。

表1-1　分封制与郡县制比较

对比项目	分封制	郡县制
建立基础	血缘	地域
传承方式	世袭	中央任免
地方权力大小	独立性较强	服从中央
历史影响	易形成地方割据	利于加强中央集权

通过比较分析，学生可以认识到，相较于分封制，在郡县制下，中央对地方实行垂直管理，郡县长官由中央任免和考核（这是官僚政治取代贵族政治的重要标志），地方执行中央政令（通过文书制度和以邮传为中心的文书传递系统等），中央集权制度在全国范围内建立起来。中央集权制度影响中国历史几千年，推动了大一统国家的形成、发展和巩固。

关于秦朝文书管理制度。教师引导学生阅读本子目第四段和史料阅读栏目以及"秦朝道路示意图"。为管理疆域空前广阔的国家，保障中央集权国家的治理，秦朝广修驰道、直道，建立起严密的文书行政制度和以邮传为中心的文书传递系统。文书是一种施政工具，具有法律效力，在行文规则、行文时效、行文效力以及行文形式和内容等方面都有明确的规定，这有利于提高秦朝的行政效率。

关于皇帝制度和三公九卿制，可以略讲。关于皇帝制度，教师引导学生通过阅读教材"历史纵横"栏目，了解皇帝制度的创立。根据教材第二子目第一段正文或者教师利用材料，帮助学生认识：皇帝拥有国家绝对权力，皇权至上、皇帝独尊、皇位世袭、皇帝制度是秦朝政治制度的核心。关于三公九卿制，教师可以补充材料，帮助学生了解：九卿中有一部分是服务于国家政务，还有相当部分是为皇室服务的，这说明此时家国一体观念浓厚，国家政务与皇室事务混为一体。这种状况持续到隋唐时期。

此节学习结束后，可以设计表1-2"西周与秦朝政治制度的比较"，引导学生理解"周秦之变"。

表1-2　西周与秦朝政治制度的比较

对比项目	西周	秦朝
制度名称	分封制、宗法制、礼乐制	皇帝制度、三公九卿、郡县制度、文书制度
最高权力	王权并非绝对	皇权至上
官员产生	贵族，世袭	官僚，任命
国家构成	王室与诸侯互有权利义务，诸侯国具有相对独立性	垂直管理，地方服从中央
特点	对社会控制较为松散，统治具有一定弹性	对社会的控制更加严密，对君主个人素质要求更高

【设计意图】引导学生阅读材料并结合所学知识，了解秦朝主要政治制度，并利用表格、地图等学习，培养学生阅读材料并准确提取信息、对比分析的能力和史料实证、历史解释、家国情怀等学科素养。

学习任务三　两汉至明清时期政治制度的演变

探究问题4：从两汉至明清时期，中央中枢行政制度是如何调整的？如何认识这一时期中央行政制度的变化？（本示例以中央中枢行政制度的调整为例。）

学生活动：学生阅读教材第三子目，根据教师提供的表格，梳理从两汉至明清时期中央中枢制度调整的基本史实。并结合材料9—16，分析中央中枢制度调整的目的和实质。

材料9　中朝，内朝也。大司马、左右前后将军、侍中、常侍、散骑、诸吏为中朝。丞相以下至六百石为外朝。

——《汉书·刘辅传》

材料10　光武皇帝愠数世之失权，忿强臣之窃命，矫枉过直，政不任下，虽置三公，事归台阁。自此以来，三公之职，备员而已。

——《后汉书·仲长统列传》

材料11　凡有政事，先由中书取旨撰拟诏敕，付门下审覆，再下尚书施行……惟是事权分立，往往发生流弊，尤以中书门下两省，或论难往来，各逞意气……

——严耕望《唐代文化约论》

材料12　自太宗时，杜淹以吏部尚书参议朝政，魏征以秘书监参预朝政，其后或曰"参议得失""参知政事"之类，其名非一，皆宰相职也。

——欧阳修《新唐书》

材料13　（宋太祖）把宰相的人数由两人增到三人，设立参知政事，使政务由宰相、参知政事等一起讨论，最后由皇帝亲自裁决……还设立枢密院掌管军政，其长官地位与宰相相等。另外，还把财政大权从宰相掌管中分离出来由"三司"担任。其地位和宰相不相上下。

——［日］竺莎雅章著，方建新译《宋太祖与宋太宗》

材料14　自古三公论道，六卿分职，不闻设立丞相。自秦始置丞相，不旋踵而亡。汉、唐、宋因之，虽有贤相，然其间所用者中多有小人，专权乱政。今罢丞相，设五府、六部、都察院、通政司、大理寺等衙门，分理天下庶务，事皆朝廷总之。

——明太祖《皇明祖训》

材料 15　洪武十五年……设置殿阁学士……大学士皆正五品官，使侍左右备顾问，并不参预机务。明成祖朱棣即位以后，则特简解缙、胡广、杨荣等七人，入值文渊阁，得以参预机务，称为内阁学士……内阁之名及阁臣参预机务自此始。

——《明清简史》

材料 16　军机处名不师古，而丝纶出纳，职居密勿……军国大计，罔不总揽，自雍正、乾隆后，百八十年，威命所寄，不于内阁，而于内阁，而于军机处，盖隐然执政之府矣。

——《清史稿》

教师活动：帮助学生完善表格 1-3。设置问题：结合汉代中朝和尚书台、明朝内阁、清朝军机处，以及汉代中外朝制度、隋唐时期三省六部制、宋代二府三司制等，引导学生分析，从两汉至明清中央中枢行政制度调整的主要方式有：重用亲信近臣，形成新的权力中枢；分割宰相权力，使其相互牵制。认识其实质：中央中枢行政制度演变的实质是皇权和相权的矛盾，其基本趋势是相权削弱，皇权加强直至宰相制度被废除。

表 1-3　从两汉至明清时期中央中枢行政制度的演变

时期	中枢制度
秦朝	三公九卿
两汉时期	汉初——三公九卿，汉武帝——中外朝，东汉尚书台
隋唐时期	三省六部制
宋元时期	宋代——二府三司制，元朝——中书省
明清时期	明朝——废中书省和丞相，设内阁；清朝——军机处

教师可以用材料 17 进行小结：

材料 17　中枢机构变化的走势，是由皇帝与官僚机构、官僚队伍的矛盾决定的：皇帝一方面要设置得力的办事机构，需要赋予它权力；一方面担心掌握权力的大臣权势日高，威胁到皇权，因此要另设亲信机构予以制约。中枢机构权力分立的格局，正是出于相互制衡的考虑。

——邓小南《中国古代史的纵与横》

关于这一时期地方行政制度的变化，教师可以要求学生仿照中央中枢行政制度的演变进行学习，见表 1-4。在此基础上，引导学生得出认识。

表 1-4　从两汉至明清时期地方行政制度的演变

时期	地方行政制度
秦	郡县制：郡、县两级
两汉	郡、县二级制；汉初郡国并行；东汉晚期演变为州、郡、县三级制
三国两晋南北朝	州、郡、县三级
隋朝	州、县两级

续表

时期	地方行政制度
唐朝	前期为州、县二级制，后演变为道、州、县三级
两宋	前期为州、县二级制，后演变为路、州（府）、县三级
元朝	行省制，省、路、府、州、县多级制
明清	督抚制，省、府、县三级制

认识：随着帝国疆域的变化和统治者对历史经验与教训的认识，中国古代地方行政体制经历了从两级制到三级制、四级制、五级制的演变，其中三级制占主体地位，层级的增加体现了中央集权不断强化的趋势；中国古代地方行政制度中最稳定的是县，它始终是地方行政区划中最基本的行政单位；古代地方行政区划的演变中，地方最高行政区划单位变化最大，最频繁；随着州、道、路等监察区转化为一级行政单位，原有的郡、州、道、路等一级行政单位的级别不断下降，沦为二级或者三级行政单位；中国古代地方行政制度始终处于动态变化之中，随着社会的发展而不断演变，变革是绝对的，稳定是相对的。中央集权是推动地方行政层级变化的主因，分权是地方行政机构改革的基本方法，沿袭变革是历代地方行政层级变迁的主线，下稳上动是地方行政层级结构变化的特征……

【设计意图】引导学生阅读材料并结合所学知识，了解从两汉至明清时期中央中枢行政制度和地方行政制度调整的概况，培养学生阅读材料并准确完整获取信息、探讨分析问题的能力和史料实证、历史解释、家国情怀等学科素养。

3. 课堂小结

中国古代政治制度的形成与发展，分为先秦、秦汉到明清时期（1840年前）两个阶段。先秦政治制度中君主权力尚未实现高度集中，原始民主传统对君主权力有一定的制约作用。随着秦朝建立，专制主义中央集权制度建立起来。皇帝通过一系列举措，比如调整中央机构，强调对官吏的监察，注重官员选拔，加强思想控制等不断加强君主专制集权。同时通过调整地方行政管理制度分化地方权力来加强中央集权。

专制主义中央集权制度客观上有利于封建经济发展，有利于国家统一与领土完整，有利于民族交融，促进统一多民族国家的发展。其消极影响也是严重的，特别是到了封建社会后期，日益束缚生产力的发展，极易出现政治腐败，严重阻碍文化发展和科技进步。

总之，我们对中国古代的政治制度，必须以唯物史观为指导进行客观辩证地分析和评价。

4. 板书设计

中国古代政治制度的形成与发展
一、先秦时期的政治体制
1. 夏朝（世袭制）
2. 商朝（内外服制度）
3. 西周（贵族等级分封制）

二、秦朝君主专制中央集权的建立

1. 皇帝制度

2. 中央官制

3. 地方郡县制

4. 文书管理制度

三、两汉到明清时期政治制度的演变

1. 专制主义的加强

2. 中央集权的加强

第 2 课　西方国家古代和近代政治制度的演变

教学设计：北京师范大学贵阳附属中学　陈　波
指导教师：北京师范大学贵阳附属中学　唐　倩

一、课程标准及教材解读

（一）课程标准

了解古代至近代西方政治制度各主要类型的产生和演变过程。

（二）课程内容导读

本课主题是"西方国家不同时期政治制度的多样性和演变过程"，其内容主要是古代、近代西方国家的政治制度。上古西方国家的政治制度主要以古希腊罗马为代表；中古西欧的政治制度是以法国和英国为典型代表的封建制度，近代西方资本主义政治制度以英国、美国、法国等国为代表。本课时间跨度较大，政体类型较多，从古代到近代，西方国家政治制度各具特色，但也有传承之处。

本课按时间顺序设置了三个子目，较完整地介绍了西方政治制度从古代到近代的发展演变过程。第一子目"古希腊罗马的政治制度"，主要讲述雅典和斯巴达，二者分别是古代希腊民主政治和寡头政治的代表，罗马经历了从共和国到帝国的演变。第二子目"中古西欧的封建制度"，以法国、英国为代表，分别形成了等级君主制和议会君主制。第三子目"西方资本主义政治制度的产生和发展"，主要讲述近代英国、美国、法国等国的政治制度，既有共同点，又各具特色。

（三）辅助栏目内容解读

1. 子目一：古希腊罗马的政治制度

（1）学习聚焦（第 8 页）

解读：本栏目主要介绍了古希腊各城邦施行的制度，其中雅典是古典民主政治的代表，斯巴达是希腊城邦国家中寡头政治的代表。罗马共和国政体具有浓厚的贵族寡头特征，公元前 1 世纪末，罗马共和国崩溃后，屋大维建立元首制，罗马发展到帝国阶段。

（2）史料阅读（第 9 页）

解读：本栏目内容出自亚里士多德的《政治学》。亚里士多德把斯巴达视为混合政体，国王、长老会和检察官在其中各司其职，各安其位。这段材料有助于拓宽学生的视野，有助于学生认识希腊城邦制度中包含的不同程度的民主因素，进而加深对斯巴达政治制度的了解。

（3）思考点（第9页）

解读： 雅典、斯巴达和罗马共和国政治制度的相似之处：国家权力属于公民，公民直接参与国家管理，公民大会是最高权力机关，部分官员由选举产生，实行任期制，公民占人口的少数。不同之处：雅典民主政治体现人民主权，民主制的社会基础相对广泛；斯巴达和罗马共和国，官员数量少，且没有薪水，普通人实际无法出任，因此斯巴达和罗马共和国政治制度都有不同程度的寡头制特征，罗马共和国最终演化为帝制，皇帝成为独裁者。

（4）学思之窗（第9页）

解读： 结合学思之窗的材料和教材正文内容，与罗马共和国比较，罗马帝国的政治制度最突出的特征是君主集权，实行独裁统治。

2. 子目二：中古西欧的封建制度

（1）学习聚焦（第10页）

解读： 中古西欧国家制度的一个重要特征是世俗王权和基督教会的权力长期并立。本栏目主要介绍了中古西欧的政治制度，以法国和英国为典型代表。其中法国在14世纪初召开教士、贵族和城市市民代表组成的三级会议，进入等级君主制阶段；英国在14世纪中期进入议会君主制时期。

（2）学思之窗（第10页）

解读： 本栏目中节选的《大宪章》第（39）条对王权的限制主要体现在国王不得在未经裁判的情况下逮捕自由人、处置民众和对被统治者征税；第（40）条对王权的限制主要体现在国王对商人不得随意征税，商人只要遵纪守法，就可以自由从事贸易。条文保证商人的合法经商权利，保护商人免受国王侵犯。

（3）历史纵横（第11页）

解读： 本栏目介绍了神圣罗马帝国的选帝侯制。当法国和英国形成统一王权、统一国家的时候，德国却从早期相对统一的局面走向了分裂。这部分内容有助于学生了解中古欧洲国家发展进程的多样性，有助于开拓学生的历史思维。

3. 子目三：西方资本主义政治制度的产生和发展

（1）学习聚焦（第11页）

解读： 16至18世纪，随着欧美资本主义的发展和资产阶级取得政权，近代西方资本主义政治制度形成。以英国、美国、法国为代表，都实行资产阶级代议制民主政治，但是由于各国国情的差异，英国建立资产阶级议会制和内阁制，美国的三权分立制度最为典型，法国共和制的确立过程曲折多变，多次反复。

（2）历史纵横（第12页）

解读： 本栏目是教材内容的补充，主要介绍了19世纪英国的三次议会改革。随着工业革命的开展，工业资产阶级和工人阶级成为重要的社会力量。英国人民多次发起要求议会改革的运动，在社会各阶层的压力下，英国在19世纪进行的三次议会改革，基本实现了成年男性的普选权。本栏目有助于学生理解资本主义制度的确立和发展并不是一蹴而就的，而是经历了长期的发展演变历程。

4. 拓展与研究

（1）问题探究（第 13 页）

解读：相同点——实行分权制衡原则，代议制，以议会作为参政的主要平台；完善法律，强调法治；民主范围逐渐扩大，民主制度逐步完善等。

不同点——英国：①君主立宪制以代议制为基础，以责任内阁制为核心。②国王是国家元首，"统而不治"，是最高权力的象征。③议会议员经选举产生，在议会选举中赢得胜利的党派和领袖有权组阁，但如果政府失去议会信任，则政府可以解散议会再度大选，或者内阁选择辞职。

美国：①总统、国会议员的任期不同，总统任期 4 年，参议员任期可以长达 6 年，众议员的任期只有两年，因此总统、国会的选举并不同时进行。②总统一旦当选，除非遇到弹劾或去世，一般来说不会因为自己所在的党派在国会选举中失败而下台。③美国总统受到国会和法院的制约，国会有权通过税收和财政预算，控制总统的"钱袋子"；法院有权宣布总统的命令无效。美国是典型的三权分立制国家。

（2）学习拓展（第 13 页）

解读：英国政治制度从中古时期发展而来。1688 年"光荣革命"后，1689 年颁布《权利法案》，确立了君主立宪制。18 世纪，英国逐渐形成责任内阁制，王权成为象征。19 世纪的三次议会改革基本实现成年男性普选权，最终形成英国当今的制度。

美国诞生于北美殖民地反对英国殖民统治的独立战争中，封建残余较少，有利于创建共和政体，并且较多吸收了启蒙思想家的制度设计，结合当时北美的情况，实行三权分立。总统、国会和司法系统各自独立，相互制约。

法国封建传统浓厚，君主派势力强大，又面对欧洲大陆的反法势力，因此共和制度的确立经历了近百年的时间，最终形成的制度既不同于美国，也不同于英国，但也承认政府经选举产生，需要对选民负责。总统、国会和总理各司其职，形成法国基本的制度框架。

二、教学设计示例

（一）教学目标

通过教材文本阅读、表格归纳、材料分析等，了解西方国家古代和近代的重要政治制度及其演变的基本过程，理解西方国家不同时期政治制度产生的时代背景，培养学生史料阅读、综合分析概括的能力。

通过材料对比分析不同时期不同国家的政治制度，理解政治制度的产生是由生产力水平决定的，并受到经济、政治、文化、地理等多方面因素的共同影响，培养学生唯物史观的历史学科核心素养。

通过归纳整理、史料补充，认识近代西方资本政治制度的共同点和各自的特色。在梳理时序脉络的基础上，总结西方国家政治制度的发展演变历程，归纳发展演变的趋势，加强学生对西方国家政治制度的整体认识，培养学生的时空观念，提升综合分析能力。

（二）教学重难点

教学重点：西方国家各主要类型的政治制度产生和发展演变过程。

教学难点：古希腊罗马的政治制度和中古西欧的封建制度。

（三）教学设计示例

1. 导入新课

同学们在图1时间轴上填写西方国家在对应时期的政治制度。

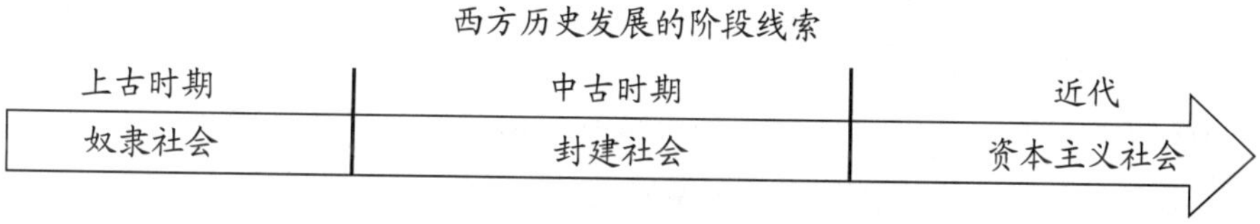

西方历史发展的阶段线索

上古时期	中古时期	近代
奴隶社会	封建社会	资本主义社会

图1　西方政治制度发展轴

【设计意图】基础知识的梳理有助于调动学生的知识储备，利于学生的新课学习和建立时序联系。

2. 学习新课

学习任务一　古希腊罗马的政治制度

探究问题1：雅典和斯巴达政治制度的异同。

教师活动：简单介绍古代希腊不同类型政治制度的含义（民主制、贵族制、寡头制、君主制、僭主制）和各自特点。

学生活动：自主阅读教材第一子目中第一、二段文字，结合所学知识，梳理雅典民主政治的基本内容和斯巴达的政治制度，完成表格填写（见表1-5）。

表1-5　古代雅典和斯巴达政治制度

制度	机构设置	权力分配	运行规则
雅典的政治制度	公民大会	最高权力机关	全体成年男性公民
	议事会	准备公民大会的决议草案，参与日常管理	从公民中抽签产生
	官员	行政管理	选举产生，一年一任
	陪审法庭	司法机关	从公民中抽签产生
斯巴达的政治制度	公民大会	名义上的最高权力机关	全体成年男性公民
	国王	垄断军事统帅权	王位世袭
	长老会	影响议案通过，拥有司法权	仅30人，终身任职
	监察官	主持公民大会和审判国王等权力，但是难以充分发挥作用	从全体公民中选举产生，一年一任，一般不得连任

教师活动：引导学生分析雅典和斯巴达政治制度的相似之处和不同之处。

学生活动：思考并自主发言。雅典和斯巴达政治制度都是奴隶社会的政治制度，二者性质相同；都注重权力分配，都含有选举制、任期制等民主因素。雅典是全体公民管理国家的民主政治，斯巴达是国王和贵族管理国家的寡头政治。二者类型不同。

教师活动：拓展问题，在同样的地理环境下，雅典和斯巴达的政治制度类型为何不同？教师精选典型案例题，帮助学生拓展思考角度。

黑格尔曾说："爱奥尼亚的明媚的天空固然大大地有助于荷马诗的优美，但是这个明媚的天空决不能单独产生荷马。……在土耳其统治下，就没有出过诗人了。"这段话表明的主要观点是（　　）

A. 黑格尔提出了"自然环境决定论"

B. 自然环境是影响历史发展的因素之一

C. 土耳其统治下的爱奥尼亚没有产生诗人

D. 希腊独特的地理环境孕育了荷马史诗

学生活动：在完成练习题的基础上进行归纳总结。政治制度是由生产力水平决定的，并受到经济、政治、文化、地理等多方面因素的共同影响。古希腊政治制度具有多样性。

教师活动：教师补充材料1、2，拓展探究：如何理解"雅典民主政治为近代民主提供了渊源"？如何评价雅典民主政治？

材料1　在雅典，凡公民都享有充分的民主政治权利，其权利通过公民直接参与和管理城邦事务的方式来实现。公民参政的最高民主机构是公民大会。……雅典国家机构权限相互交叉，公职人员的权限也部分交叉，因此，恩格斯说："在雅典没有总揽执行权力的最高官员。"

——蒋云芳、胡长林《雅典民主政治的特征及对西方民主的影响》

材料2　（议事会）议员的任命有两大特色：村社代表制和抽签选举。村社代表制，具体就是将议事会的500个议席按各村社公民人口的比例分配到139个村社。

——崔丽娜《雅典五百人议事会的任命和运作》

学生活动：阅读材料1、2，结合教材内容和所学知识，讨论回答。雅典民主政治中的人民主权原则、权限交叉的制约机制和比例代表制是近代民主的渊源。雅典民主政治为后世民主政治的发展积累了宝贵经验，对近代西方资产阶级民主政治有着深远影响。雅典民主政治重视全体公民的个体自由和责任感，调动了雅典公民的积极性和创造性。雅典民主政治推动了雅典政治经济文化的蓬勃发展，促进了希腊的全面繁荣。然而，雅典民主政治只是成年男性公民的民主，民主范围十分有限。过于泛滥的直接民主成为社会腐败和政治动乱的隐患，由此可以认识雅典民主政治的局限。

探究问题2：归纳古罗马政治制度和雅典、斯巴达政治制度的异同。

学生活动：学生阅读教材第9页的两段文字，梳理罗马共和国和罗马帝国的政治制度类型和特点；对比罗马共和国时期的政治制度，概括罗马帝国的政治制度最突出的特征（见表1-6）。

表1-6　罗马共和国和罗马帝国政治制度

国体	罗马共和国	罗马帝国
国家机构	执政官等高级官员、元老院和公民大会	皇帝（元首）
主要机构权力	①执政官有两人，一年一任，由全体公民选举产生，主要职责是担任军事统帅，主持公民大会和元老院，并执行相关决议。 ②元老院由卸任的高级官员组成，终身任职，负责向官员提出建议，协调他们的行动。 ③公民大会有权立法、宣战、媾和与审判，是罗马最高权力机关，但公民大会的召开和表决都受到高级官员和元老院的限制，难以有效发挥作用。 ④所有官职均无薪金，穷人实际上无法出任。	皇帝（元首）掌控罗马帝国的权力，既是最高立法者，又是最高法官。军队听命于皇帝，是实行独裁统治的重要工具。
政治制度	共和政体	君主政治——元首制
特征	具有浓厚的寡头政治特征	君主集权，实行独裁统治

教师活动：引导学生思考归纳雅典、斯巴达和罗马共和国的政治制度在哪些方面相似？又有哪些不同？

学生活动：讨论归纳总结。三者的主要国家机关都有官员、议事会和公民大会，公民大会都是最高权力机关；参加国家政权管理的都是公民；公民都是少数，由成年男子组成；部分官员由选举产生，而且有的有任期。斯巴达和罗马共和国的民主程度较低。

【设计意图】古希腊罗马的政治制度是本课的难点内容，涉及的政治制度概念较多。通过学生自主阅读教材，梳理教材，有助于学生对基本概念的理解。通过教师设置问题，对比分析，多维拓展，有助于学生理解古希腊罗马政治制度的多样性，理解政治制度是由生产力水平决定的，并受到经济、政治、文化、地理等多方面因素的共同影响。

学习任务二　中古西欧的封建制度

探究问题3：中古西欧封建制度的特征和典型国家代表。

学生活动：学生阅读教材第二子目，梳理中古西欧封建制度建立和发展过程，概括中古西欧政治制度的基本特征。

教师活动：教师总结。西罗马帝国灭亡后，西欧形成封君封臣制度，西欧国家长期陷入分裂割据中。中古西欧政治制度的基本特征是：基督教会和世俗王权长期并立。教师补充讲述"丕平献土"和"阿维农之囚"两个事件，引导学生思考两个事件产生的影响。

学生活动：思考讨论。"丕平献土"体现了基督教会与世俗王权的相互合作，加强了国王和教会的联系，教权凌驾于王权之上，奠定了教皇国的基础。"阿维农之囚"体现了基督教会与世俗王权的冲突和矛盾，反映了罗马教廷凌驾于世俗君王之上的时代一去不复返。

教师活动：进一步总结从"丕平献土"到"阿维农之囚"的历史发展趋势——王权与教权的斗争随着历史的发展，王权逐步加强，以王权为核心的民族国家逐步形成，其中以英国和法国为典型的代表。

学生活动：阅读教材第二子目第二、三段文字，梳理法国等级君主制形成的背景、过程以及英国议会君主制形成的背景和过程。

教师活动：在学生梳理概括的基础上，结合教材学思之窗内容，补充材料3，组织学生讨论为何英国和法国的王权会有这些差异，以及历史纵横的神圣罗马帝国的选帝侯制度又说明了什么问题？

材料3 大宪章从头至尾给人一种暗示：这个文件是个法律，它居于国王之上，连国王也不得违反。随着时间的流逝，大宪章成为永久的见证，证明王权并不是至高无上的。

——丘吉尔《英语民族史》

学生活动：思考讨论。

教师总结：法国的等级君主制强化了封建王权和等级制度，是西欧封建制度的典型代表。而英国却限制了王权，使议会的权力得到了加强，留下了国王通过议会为自己的政策寻求支持，议会向国王请愿要求改善统治的历史传统。由于两国历史和文化等因素的不同，所形成的等级君主制和议会君主制，对两国近代政治制度产生了重大影响。神圣罗马帝国的选帝侯制度则说明了即使在西欧，各个国家的发展也并不一致。

【设计意图】本子目内容较难，教师可以在学生梳理教材基础知识上，帮助学生构建知识框架。经过材料的补充和讨论分析，使学生能够从不同的时空条件下去理解中古西欧国家制度的多样性，法国等级君主制和英国议会君主制对近代西方资本主义制度产生了重要影响。通过阅读教材、分析问题，拓宽学生的时空视野，培养学生分析、归纳概括的能力。

学习任务三 西方资本主义政治制度的产生与发展

探究问题4：西方资本主义政治制度的产生与发展过程及典型代表国家。

学生活动：阅读教材第三子目，梳理西方资本主义政治制度的确立与发展过程。结合所学知识，完成表格（见表1-7），归纳西方资本主义政治制度形成时期的历史阶段特征。

表1-7 西方资本主义政治制度

比较项	英国	美国	法国
背景	资产阶级革命	独立战争	法国大革命
确立	1689年《权利法案》	1787年宪法	1792年首次建立共和国
政体	君主立宪制	联邦制共和国	共和制
不足	民主范围有限 妇女长期没有选举权	允许奴隶制度存在，不承认妇女、黑人和印第安人具有同白人男子相等的权力	共和制不稳固
发展	19世纪三次议会改革 20世纪妇女解放运动	19世纪中期 第二次资产阶级革命	1875年法兰西 第三共和国宪法

教师活动：在学生回答的基础上归纳总结。西方资本主义政治制度形成时期是17至18世纪。这段时期，欧洲文艺复兴运动和启蒙运动解放思想，资产阶级壮大。随着资本主义经济的发展，资本主义生产方式受到旧政治制度的严重阻碍，资产阶级要求获得政治权利，改善政治制度以促进资本主义的发展。英国、美国和法国的资产阶级通过革命和改革，确立了资本主义政治制度。

教师指导学生结合表1-7中资本主义政治制度发展的相关史实，并阅读教材12页中历史纵横的内容，理解西方资本主义政治制度的曲折发展历程。

学生活动：归纳总结。资本主义经济的不断发展，资产阶级的改革和革命，推动了资本主义政治制度的进一步发展。资本主义政治制度的发展说明了资本主义制度的形成并不是一蹴而就的，而是经历了长期的演变和发展历程。

教师活动：西方政治制度典型代表国家是英国、美国和法国，教师提供英国、美国、法国政治制度的具体内容，引导学生归纳这三个国家政治制度的共同点和各自的特色之处（见表1-8），讨论总结近代西方民主政治呈现的整体特点和影响。

表 1-8　英国、美国、法国政治制度比较

比较项	英国	美国	法国
政治体制	君主立宪制	民主共和制	民主共和制
国家元首及其产生	国王、世袭	总统、选举	总统、选举
行政权属	首相（内阁）	总统	总统
立法权属	议会（上下两院）	国会（参众两院）	国会（参众两院）
政府产生	议会产生	总统任命	总统任命
首脑与议会关系	内阁由议会中多数席位政党组建，以首相为首，对议会负责	总统与政府不对议会负责，总统与国会相互制约	总统与内阁部长共同对议会负责，总统可解散众议院
权力中心	议会	总统	国会

学生活动：提取表格的核心信息，讨论思考总结。

教师活动：教师在学生总结的基础上，归纳：英国、美国和法国的政治制度都是资本主义政体，是资本主义发展的产物，都是以法律形式确立的政体，符合各国国情。各国国情不同，建立资本主义政体的方法和途径有所不同，且各国政体有差异之处。近代西方民主政治继承古代政治的优良传统且不断发展，近代西方民主政治都实行分权制衡原则；都实行代议制民主，都完善法律，强调法治；这些国家的民主范围逐渐扩大，民主制度逐步完善。近代西方民主政治的形成和发展巩固了资产阶级的统治，促进了资本主义经济的发展，并对世界其他国家和地区产生了重大影响。

【设计意图】这部分内容在《中外历史纲要（下）》第9课有比较详细的讲述，基于此，在专题史的学习中，基础知识的梳理可以交给学生完成，教师通过知识的整合对比和问题的设置，帮助学生从整体上认识西方资本主义政治制度产生的时代背景，认识到资本主义政治制度的形成并不是一蹴而就的，而是经历了长期的演变和发展历程。通过表1-7、1-8知识的对比分析，学生能理解不同国家的资本主义政治制度既有共同点，又各具特色，从而使学生进一步认识到学习政治制度时应与其对应的时空条件结合起来。

3. 课堂小结

从古代到近代，西方国家产生了诸多不同的政治制度，类型多样且各具特色。这些政治制度既体现了多样性，也体现了内在的传承性。从人治到法治，从寡头到民主，从少数人到多数人，西方国家不同时期的政治制度均有其产生的时空条件。通过本课的学习，我们了解到西方不同国家和地区的政治制度，理性认识这些政治制度产生的历史根源。在学习西方政治制度的同时，我们应该从社会实际状况出发，坚持本民族的优良传统，借鉴学习，不断完善本民族的政治制度。

4.板书设计

西方国家古代和近代政治制度的演变

一、古希腊罗马的政治制度

1.古希腊 —— （1）雅典：民主政治
　　　　　 （2）斯巴达：寡头政治

2.古罗马 —— （1）罗马共和国：共和政体
　　　　　 （2）罗马帝国：元首制

二、中古西欧的封建制度

1.法国：等级君主制

2.英国：议会君主制

三、近代西方资本主义政治制度

1.产生和形成的背景

2.主要典型代表国家 —— 英国：议会制和内阁制
　　　　　　　　　　 美国：三权分立制度
　　　　　　　　　　 法国：共和制

3.相同点与各具特色之处

第 3 课　中国近代至当代政治制度的演变

教学设计：北京师范大学贵阳附属中学　陈　波
指导教师：北京师范大学贵阳附属中学　宋羿竺

一、课程标准及内容解读

（一）课程标准

了解共和制在中国建立的曲折过程，理解中国政治道路建设的独特性。

（二）课程内容导读

本课主题是"中国政治道路建设的艰巨性和独特性"，通过了解近代以来共和制取代君主专制、中国特色社会主义政治制度建立和完善的过程，理解中国政治发展的艰巨性和独特性，树立中国特色社会主义制度自信，坚定为推进社会主义政治文明建设不懈努力的理想。

本课按照时间顺序设置了三个子目，较完整地介绍了我国从南京临时政府开始建立共和制度到中华人民共和国实现真正政治民主化的曲折发展历程。第一子目"民国时期的政治制度"介绍了南京临时政府建立共和、北洋军阀政府破坏共和、南京国民政府"训政"和"宪政"等内容；第二子目"中国共产党在根据地和解放区的制度探索"主要介绍中国共产党在新民主主义革命时期进行的民主制度的探索和实践；第三子目"中华人民共和国的政治制度"主要介绍了新中国成立以来的民主制度的建立、发展过程。

（三）辅助栏目内容解读

1. 子目一：民国时期的政治制度

（1）**学习聚焦**（第 14 页）

解读：本栏目概括了民国时期资产阶级共和制度建立和发展的曲折历程。辛亥革命和中华民国的建立标志着资产阶级共和制度在中国诞生，但未能在较短时间内重建社会秩序，"宋教仁案"、袁世凯复辟帝制、北洋军阀混战和南京国民政府建立的"训政"，均说明民主共和制度在中华民国时期屡遭破坏，并未真正建立。

（2）**历史纵横**（第 14 页）

解读：本栏目介绍了民国初期的党派，有助于学生了解民国初期政党政治的基本情况，认识其复杂性。在新旧政权更迭之际，许多知识分子和政治力量努力尝试寻求中国政治民主化的途径，但最终这一系列政党政治的尝试均遭失败。

（3）**思考点**（第15页）

解读：本栏目有助于学生更好地理解民国初期的政党政治。组织政党内阁在某种程度上代表了当时的社会共识。《中华民国临时约法》规定了责任内阁制，先进的中国人想通过议会政治实现资产阶级民主。政党政治在民国初年获得了空前的发展，国民党在当时是最具革命性和影响力的大党。但是，当时中国的实权掌握在袁世凯等旧势力手中，袁世凯解散国民党和国会，使得政党政治名存实亡，实际上仍然是独裁统治。

（4）**历史纵横**（第15页）

解读：本栏目有助于学生了解孙中山对近代中国民主政治建设程序的设想，以及国民党在不同时期的责任与任务，从而对南京国民政府的"训政"有更深刻的认识。

2. 子目二：中国共产党在根据地和解放区的制度探索

（1）**学习聚焦**（第16页）

解读：本栏目指出新民主主义时期中国共产党建立人民政权的探索。国共十年对峙时期，1931年在江西瑞金成立的中华苏维埃共和国是中国共产党在农村革命根据地创建人民革命政权的伟大尝试，成为新民主主义共和国的雏形，使中国人民看到了光明和希望。抗日战争期间，中国共产党根据中国社会主要矛盾的变化和抗日民族统一战线政策，在政权建设上，通过"三三制"原则，与党外人士实行民主合作，巩固和扩大了抗日民族统一战线，调动了一切抗日阶层的联合抗日，为抗日战争的最后胜利做出了重大贡献，也为此后政治协商制度的形成积累了丰富经验。随着解放战争战局变化，中共中央将原来分立的各解放区政权合并成若干大行政区政权，这为新中国的政权建设奠定了坚实的基础。

（2）**思考点**（第17页）

解读：本栏目有助于学生更好地理解抗日根据地政权模式特点。通过结合中国共产党的性质、抗战时期中国社会的主要矛盾、中国革命的具体任务等来理解中国当时的首要任务是团结一切可以团结的力量进行抗战，中国共产党所设立的边区政府和敌后抗日根据地政权是抗日民族统一战线的性质，对边区和根据地的建设和抗日战争的最后胜利起了重要作用。

（3）**学思之窗**（第17页）

解读：本栏目有助于学生理解"三三制"原则。从适应抗日民族统一战线的需要出发，将"三三制"原则放在当时全民族抗战进入相持阶段的特定时空范围内去理解，不难看出这一原则是中国共产党在陕甘宁边区和敌后抗日根据地为争取团结各阶级抗战而采取的政权组织原则，突出体现了边区和敌后抗日根据地政权的抗日民族统一战线性质和共产党人愿与各抗日党派及无党派人士民主合作抗战的精神。在"三三制"原则指导下，抗日民族统一战线得到进一步巩固和扩大，参政议政的群众基础进一步扩大，抗日民主政权建设得到加强。

（4）**史料阅读**（第17页）

解读：本则史料选自1949年6月30日毛泽东的《论人民民主专政》。该文为建立中华人民共和国奠定了理论基础。

3. 子目三：中华人民共和国的政治制度

（1）学习聚焦（第18页）

解读：中华人民共和国的根本政治制度是人民代表大会制度，基本政治制度包括中国共产党领导的多党合作和政治协商制度、民族区域自治制度和基层群众自治制度。人民代表大会制度体现了人民民主原则，该制度符合中国国情，人民群众通过该政治组织形式参加国家管理，行使自己的权利，从而充分发挥积极性和创造性。坚持和完善中国共产党领导的多党合作和政治协商制度成为中国特色社会主义理论和实践的重要组成部分。民族区域自治制度体现了国家充分尊重和保障各少数民族管理本民族内部事务权利的要求的精神。基层群众自治制度是新中国成立后在民主实践中逐步形成的，实行自我管理、自我教育、自我服务、自我监督，保障民众的民主权利。

（2）史料阅读（第18页）

解读：史料选自1954年通过的《中华人民共和国宪法》。宪法第一条规定了国家性质，第二条强调了人民代表大会制度是中华人民共和国的根本政治制度。

（3）历史纵横（第20页）

解读：介绍了民族区域自治制度和基层群众自治制度，有助于学生进一步了解这两项基本政治制度的内涵。

（4）史料阅读（第20页）

解读：本栏目有助于学生深刻理解中国共产党领导是中国特色社会主义最本质的特征，是中国特色社会主义制度的最大优势，是我国社会主义建设的根本保证。

4. 探究与拓展

（1）问题探究（第21页）

解读：中国共产党与各民主党派团结合作、共同反对国民党专制独裁的历史，是中国共产党领导的多党合作制度的基础。中华人民共和国成立后，中国共产党领导的多党合作和政治协商制度是中国的一项基本政治制度，是中国政治体系的重要组成部分。中国人民政治协商会议是最广泛的爱国统一战线组织。1949年中国人民政治协商会议第一届全体会议的召开，标志着中国共产党领导的多党合作和政治协商制度的确立。这一制度的基本内容是：中国共产党是执政党，是中国革命和建设事业的领导核心；各民主党派是参政党，与中国共产党长期共存、互相监督、肝胆相照、荣辱与共；人民政协是各民主党派、各人民团体和社会各方面代表人士组成的爱国统一战线组织，其基本职能是政治协商、民主监督和参政议政。可见，中国共产党领导的多党合作和政治协商制度具有鲜明的中国特色，不同于某些社会主义国家实行的一党制，又根本有别于西方资本主义国家的两党制或多党制，调动了广大民主人士的参政议政热情，开创了群策群力共同建设国家的新局面。

（2）学习拓展（第21页）

解读：近代以来，政党政治作为仿行西方政治的一种重要形态被移植到中国。民国初年，政党政治一度兴起，但很快遭到破坏，名存实亡，这是当时的历史条件和社会状况所决定的。一方面，革命阵营未能形成强大的社会力量以重建社会秩序。革命党改组合并，貌似强大，但往往降低其革命性；革命党人缺乏运用民主政治的经验，其举措往往不切实际，脱离群众；议会政治初行，不完善之处颇多，国会议员的选举多演变为党派之争。另一方面，专制主义的社会根基依然根深蒂固。分散的个体经济在中国社会生活中仍占压倒性优势，专制主义意识形态在中国有着深厚的根基和影响力；旧势力为了继续维持他们的支配地位，倚仗军队暴力来镇压反对力量；帝国主义列强为了各自的利益，扶植旧势力作为它们在中国的代理人，给予金钱和武器支持。这些因素汇合在一起，成为北洋政府时期政党政治被军阀统治取代的重要原因。

二、教学设计示例

（一）教学目标

通过结合"近代""新民主主义革命时期""抗日战争时期"等不同的历史时间术语，了解近代中国不同政权（政治力量）不同政治制度的建立、发展和特点。

通过阅读和分析史料，了解南京临时政府建立共和制度的努力，了解北洋军阀政府对共和的破坏，理解南京国民政府的"训政"和"宪政"的实质，了解中国共产党建立人民政权的一系列实践，认识到只有中国共产党才能真正保障人民的权利，才能实现真正的民主共和。

通过梳理新中国成立后我国民主政治的发展历程，让学生理解中国特色社会主义民主政治在实践探索中曲折前进，充分认识中国共产党领导是中国特色社会主义最本质的特征，是中国特色社会主义制度的最大优势，是我国社会主义建设的根本保证，进一步坚定"四个自信"。

（二）教学重难点

教学重点：民国时期共和制度实践的曲折历程，民主革命时期中国共产党建立民主政权的实践，中华人民共和国政治制度的建设。

教学难点：理解近代以来中国政治道路发展的独特性。

（三）教学设计示例

1. 导入新课

材料1　火车从上海出发，经苏州、无锡、常州，目的地是南京……他将在那里，主持成立中国第一个共和政府。此时是1912年元旦的清晨。这是一个梦幻般的早晨，共和的梦想似乎伸手可及。但是没有人知道，那些高喊"共和万岁"的青年中间，到底有多少人真正明白"共和"的深意。可能孙中山本人也不会准确地预见到，在今后的几年中，围绕"共和"二字，会引发多少流血与牺牲。

——杨时旸《孙中山：我有一个共和梦想》，载《中国新闻周刊》，2011年第37期

教师活动：根据材料1并结合所学知识，思考：为什么"1912年元旦的清晨"被视为一个"梦幻般的早晨"？

学生活动：学生思考回答，武昌起义后，多省纷纷独立，清王朝大势已去，孙中山即将在南京参加中华民国成立大典；推翻君主专制，建立民主共和国的革命理想即将实现；呼唤"共和万岁"的口号，表明中国已迈入共和时代，中国历史将迎来划时代的变化，古老的中国即将获得新生。

教师活动：思考围绕"共和"，在之后的几年中，为什么会引发那么多的流血与牺牲？

学生活动：学生思考回答，没有多少人真正明白"共和"的深意，以孙中山为首的革命派过于乐观。

【设计意图】借助文献描述，创造生动的历史学习情境。抓住关键词"梦幻般的早晨"与"流血与牺牲"设问，引导学生回顾已有知识，总结辛亥革命建立民主共和国的伟大历史意义，同时为探究新知识——"共和"建设的曲折埋下伏笔。

2. 学习新课

学习任务一　民国时期的政治制度
探究问题 1：中华民国南京临时政府的政权是如何体现"共和"的？
学生活动：阅读材料 2 和教材第 14 页第一、二段。
材料 2　第 2 条　中华民国之主权属于国民全体。
　　　　第 5 条　中华民国人民一律平等，无种族、阶级、宗教之区别。
　　　　第 6 条　人民得享有左列各项之自由权。
　　　　第 16 条　中华民国之立法权以参议院行之。
　　　　第 30 条　临时大总统代表临时政府，总揽政务，公布法律。
　　　　第 45 条　国务员于临时大总统提出法律案公布法律及发布命令时须副署之。
　　　　第 51 条　法官独立审判不受上级官厅之干涉。

——《中华民国临时约法》

教师活动：教师引导学生概括："中华民国之主权属于国民全体"，体现了主权在民，否定了主权在君；"中华民国人民一律平等，无种族、阶级、宗教之区别""人民得享有左列各项之自由权"等体现了自由平等精神，否定了等级制度；"中华民国之立法权以参议院行之""临时大总统代表临时政府，总揽政务，公布法律""法官独立审判不受上级官厅之干涉"等体现了三权分立，否定了君主专制；"国务员于临时大总统提出法律案公布法律及发布命令时须副署之"体现了责任内阁制构想；"五色旗"代表满、汉、蒙、回、藏五族共和；用中华民国纪年取代年号纪年等。

探究问题 2：民国初年政党政治出现的背景及特点是什么？为什么失败？有何认识？
学生活动：阅读材料 3、4 和教材第 14—15 页，分析民国初年政党政治出现的背景及特点，根据材料 5 分析民国初年政党政治失败的原因。

材料 3　新旧政权更迭之际，中国政治生活中出现了权力真空。《临时约法》以法律形式规定了人们结社组党、参与政治事务的自由权利，加之浓烈民主氛围的刺激，社会各阶层成员，尤其是民族资产阶级、上层小资产阶级及其知识阶层成员积极行动起来，创立政党，进行政治活动……

——《政治道路选择与中国多党合作制度的确立》

材料 4　民国肇建，开放党禁，以议会为中心，一瞬间冒出几百个政党。……无论是革命党还是立宪派都对政党政治信心满满。梁启超在 1912 年民国建立之初如此说："我国非采政党内阁制，无以善治，此殚国中稍有识者所共喻"……

——许纪霖《家国天下》

材料5 民初的政党政治是资产阶级寻求中国早期政治民主化途径的伟大尝试……政党政治实践之所以会失败，是有着多方面原因的。具体而言，政党自身的严重畸形化，各党派间无休止的激烈竞争，资本主义商品经济基础的薄弱，中国传统政治文化的根深蒂固以及由于国民民主意识的淡薄与参政能力的低下而造成的民众支持力的不足等都是民初政党政治实践失败的主要原因。除此之外，资产阶级政治精英对政党理念的主观认识与实践，以及中国社会历史的发展为代议制民主建立所准备的条件的不足，也是造成此次民主政治移植失败的不可忽视的两个因素。

——摘编自《论民国初年的政党政治》

教师活动：教师在学生分析的基础上指出，民国初年政党政治出现的背景，专制制度的结束；《临时约法》的推动；政治环境相对宽松；列强侵略，民族危机严重；民族资本主义经济的发展等。政党政治的特点：崇尚议会制，党派多，竞争激烈，参与政治活动积极等。

失败原因：辛亥革命并没有根本上改变中国近代半殖民地半封建的社会性质，民族资本主义发展不充分，民族资产阶级力量弱小，缺乏竞争型政党政治的经济基础和阶级基础；不成熟的政党竞争客观上削弱了民主力量，为专制统治的建立提供了可乘之机；革命党人的软弱性和妥协性；传统思想根深蒂固等。

认识：议会政治的主要内容是政党政治。民主政治的运作以政党为枢纽，政党以议会为活动舞台，通过议会实现其政治抱负；议会解散，政党失去了活动的合法场所，政党政治也就无所凭借了。在半殖民地半封建社会的中国，议会制道路和多党竞争型政党政治行不通，但政党活动的成效却值得肯定。

【设计意图】学生可以对民国初年的政党政治有大概了解，并能深入分析其失败的原因，认识到议会制道路和多党竞争型政党政治在半殖民地半封建社会的中国是行不通的。

探究问题3：根据教材内容及材料6、7，指出国民党的《训政纲领》与《国民政府定都南京宣言》的相悖之处，简评南京国民政府统治时期的训政。根据材料8，分析国民党"宪政"的实质。

材料6 1927年4月，《国民政府定都南京宣言》中宣布："本政府……尤须于最短期间开国民会议，废除不平等条约，实现三民主义，使中华民国成独立自由之国家，中华民族成为自由平等之民族，同享民有、民治、民享之幸福。"

——戴逸主编《中国近代史通鉴：1840—1949 第八卷南京国民政府时期》中册

材料7 在训政时期，由中国国民党全国代表大会代表国民大会领导行使政权；大会闭会期间，把政权付托国民党中央执行委员会；治权之行政、立法、司法、考试和监察五权，由国民党政府独揽执行；国民党中央执行委员会政治会议负责指导监督国民政府的重大国务。

——《训政纲领》（1928）

材料8 1948年3月，"行宪国大"通过了《动员戡乱时期临时条款》，规定在"戡乱时期"，总统"得经行政院会议之决定，为紧急处分"，而"动员戡乱时期之终止，由总统宣告"。"临时条款"的通过，满足了蒋介石继续独揽大权、个人独裁的愿望。

——《中国近代史》

学生活动：学生根据上述两则材料并结合教材第15页第四段及历史纵横，概括国民党的《训政纲领》与《国民政府定都南京宣言》的相悖之处。简评南京国民政府统治时期的训政。

教师活动：教师引导分析材料，材料6指出国民政府即将召开国民会议并建立一个保障人民权利的民主政府，从而实现民主共和理想，而《训政纲领》却将一切权力皆归于国民党，实质是实行国民党一党专政。1948年3月"行宪国大"通过的《动员戡乱时期临时条款》表明，蒋介石政府所谓的"宪政"实质上是披着"宪政外衣"的独裁统治。

孙中山为了维护民主共和付出了全部的心血，留下了"革命尚未成功，同志仍需努力"的遗嘱。打着"实现总理遗愿"旗号的蒋介石建立了南京国民政府，并完成了国家形式上的统一，实际表现和建立之初的承诺却完全背离，这充分说明了国民政府打着"民国""国民政府"的旗号实行专制统治的本质。

【设计意图】通过材料分析，学生可以对国民党政府"假共和，真专制"的本质有初步的认识，利于培养史料实证、历史解释等素养。

过渡：1927—1949年，22年间，中国共产党继承和发展了孙中山的革命思想，走出了一条符合中国国情，以马克思主义为指导的新民主主义道路。它的体制渊源可以追溯到革命根据地政权的建设。

学习任务二 中国共产党在根据地和解放区的制度探索

探究问题4：根据材料9—11，结合教材第二子目，比较中国共产党在土地革命和抗日战争两个时期政权性质的差异并说明发生变化的原因。

材料9 中国苏维埃政权所建设的是工人和农民的民主专政的国家。苏维埃全政权是属于工人、农民、红军兵士及一切劳苦民众的……只有军阀、官僚、地主、豪绅、资本家、富农、僧侣及一切剥削人的人和反革命分子是没有选派代表参加政权和政治上自由的权利的。

——《中华苏维埃共和国宪法大纲》1931年

材料10 本党愿与各党各派及一切群众团体进行选举联盟，并在候选名单中确定共产党员只占三分之一，以便各党各派及无党无派人士均能参加边区民意机关之活动与边区行政之管理。

——《陕甘宁边区施政纲领》

材料11 第三条 凡居住在边区境内的人民，年满十八岁，不分阶级、党派、职业、男女、宗教、民族、财产及文化程度的差别，都有选举权和被选举权。

——《陕甘宁边区各级参议会选举条例》

学生活动：学生阅读材料思考讨论。

教师活动：教师在学生思考的基础上指出二者的差异：苏维埃政权是工人和农民的民主政权，边区政权和抗日根据地政权是按"三三制"原则建立起来的抗日民主政权。出现差异的原因：不同历史时期的社会主要矛盾不同，土地革命时期中国共产党所代表的人民大众与国民党代表的大地主大资产阶级的矛盾是中国社会主要矛盾，抗日战争时期中华民族和日本帝国主义的矛盾是主要矛盾，中国共产党始终代表着人民大众的根本利益，中国共产党能根据社会主要矛盾的变化而适当调整政策。

探究问题5：结合材料12和教材第17页学思之窗，谈谈对"三三制"原则的认识。

材料12 在华中地区，实行"三三制"以后，原地方精英与新四军和抗日政权出现少见的融洽气氛，特别是一些被选进或者聘任为参议员和区代表的乡绅，表现出了空前的抗日热情，滨海县的参议长乡绅徐岫青，将自己的三个儿女都送到了新四军……有的乡绅甚至捐出自己的田产……一些本来就有武装的地方精英，也纷纷把武装交出来，归到新四军里。乡绅的积极性调动起来以后，减租减息的阻力也相应减小了。

——张鸣《乡村社会权力和文化结构的变迁：1903—1953》

学生活动： 学生阅读材料思考讨论得出认识。

教师活动： 教师在学生思考的基础上指出，"三三制"原则建立抗日民主政权的目的是壮大抗日民族统一战线，巩固抗日根据地政权。该政权的特点是：中国共产党领导、多党合作、民主协商，各阶层联合、全民参政。其意义是：各阶层的关系更为融洽，减少了抗日根据地政策执行的阻力；团结了抗日力量，抗日民主政权获得了更多的人力、物资支持，有利于夺取抗日战争的最后胜利；从制度上保障了各阶层的民主权利，扩大了民主政治的基础；为新中国成立人民民主政权提供了宝贵的历史经验。

关于解放战争时期的行政区政权建设和毛泽东《新民主主义论》，可以略讲。

学习任务三 中华人民共和国的政治制度

探究问题6： 从人民政治协商会议制度确立和发展的历程中概括该制度的内涵。

学生活动： 阅读教材第三子目并结合所学知识，梳理中国人民政治协商会议制度的确立和发展历程（见表1-9）。

表1-9 人民政治协商会议制度确立与发展历程

过程	内容
建立	1949年举行的中国人民政治协商会议，正式确立中国共产党领导的多党合作和政治协商制度，代行全国人民代表大会职能；《中国人民政治协商会议共同纲领》具有临时宪法的作用。
转变	1954年第一届全国人民代表大会第一次会议召开，中国人民政治协商会议代行全国人大的职能结束，转变为人民民主统一战线组织，行使政治协商、民主监督和参政议政的职能。
发展	1956年中国共产党提出"长期共存，互相监督"的八字方针，标志着中国共产党领导的多党合作和政治协商制度发展到一个新阶段。
曲折	1966—1976年，政治协商制度遭破坏。
完善	1982年，中国共产党提出"长期共存，互相监督，肝胆相照，荣辱与共"方针，进一步完善了中国共产党领导的多党合作和政治协商制度。
入宪	1993年，第八届全国人大一次会议通过的宪法修正案，将"中国共产党领导的多党合作和政治协商制度将长期存在和发展"写入宪法，使得多党合作和政治协商走上了制度化轨道。

教师活动： 引导学生完成表格并理解新政治协商制度的内涵。前提：中国共产党的领导。政党关系：中国共产党是执政党，各民主党派是参政党。议政方式：平等协商，共商国是。

探究问题7： 根据材料13和教材第19页"史料阅读"，指出制宪过程和宪法内容是怎样体现人民"当家做主"的？

材料13 宪法起草委员会，包括了中国共产党、各民主党派、各人民团体的负责人及有关方面的专家。在全国人大通过之前，在全国范围内进行了三次规模巨大的全民大讨论。从高级干部到普通群众……讨论进行了近三个月，参加讨论的有1.5亿人，而当时全国人口只有5亿人，最后由宪法起草委员会整理的意见共138万条。当时曾参加制宪的宪法专家许崇德教授说："我能理解那个时代老百姓参与宪法讨论的热情。在前清、北洋军阀时期，还有蒋介石时代，统治者自娱自乐的立宪把戏，中国老百姓看多了。

1954 年，百姓以当家做主的主人翁责任感，来参与制定一部真正的人民自己的宪法，怎么能不激动？"

——韦冬主编《中国共产党思想道德建设史》上册

学生活动：学生阅读材料和史料阅读栏目思考讨论。

教师活动：教师在学生思考的基础上指出，1954 年宪法的制定过程体现了开放性和民众参与的广泛性；宪法规定国家权力属于人民，人民通过各级人民代表大会行使管理国家的权力。如此大规模的讨论，在中国的法制史上是史无前例的，它体现了全国人民对新中国第一部社会主义类型宪法的热情和期待。1954 年宪法被公认制定得很好，但因为时代所限，尚未从制度层面上建立有效预防和解决违宪的制度，实施过程颇为曲折。

教师可以补充 1982 年宪法制定的有关材料以及宪法修正案的材料，帮助学生进一步认识新中国的政治制度建设，认识到新中国真正实现了近代以来仁人志士追求的"民主共和"，从而进一步增强制度自信。

关于民族区域自治制度和基层群众自治制度，可以略讲。

3. 课堂小结

回顾这一百多年以来，中国人民为保障自己的权利，实现真正的民主共和，不懈地探索和实践。从竞争型的政党政治到国民党一党专政，都未能找到真正适合中国的道路。中华人民共和国成立后，我们建立了人民代表大会制度、中国共产党领导的多党合作和政治协商制度、民族区域自治制度和基层群众自治制度，真正保障了人民的权益。

4. 板书设计

中国近代至当代政治制度的演变

一、民国时期的政治制度

1. 南京临时政府：建立共和

2. 北洋军阀统治：破坏共和

3. 南京国民政府："假共和、真专制"

二、中华人民共和国的政治制度

1. 民主革命时期中国共产党建立民主政权的探索

2. 中华人民共和国的政治制度——真共和

（1）中国共产党领导的多党合作和政治协商制度

（2）人民代表大会制度

（3）民族区域自治制度

（4）基层群众自治制度

第 4 课　中国历代变法和改革

教学设计：贵阳市乌当中学　王朝雪
指导教师：北京师范大学贵阳附属中学　陈　波

一、课程标准及内容解读

（一）课程标准

了解古代至近代西方政治体制各主要类型的产生和演变过程。

（二）课程内容导读

本课主题为改革的曲折与艰巨。中国古代自春秋战国时期以来的变法与改革，是基于对生产力的大变革、民族交融的历史潮流、统治危机加深的改变；中国近代从晚清到民国的变法与改革，是基于对救亡图存目标的探索；新中国成立以来的重要变革，是基于对社会主义革命和建设实践的深刻总结。纵观历史脉络，反映了改革的曲折与艰巨。本课三个子目，分别介绍了中国古代、中国近代和中国现代的变法与改革，选取了商鞅变法、北魏孝文帝改革、王安石变法、张居正改革、戊戌变法、清末新政、民国改革、社会主义革命、社会主义探索、改革开放，介绍了改革的背景、内容和作用。成功的改革推动了生产力的发展、社会进步和民族交融，失败的改革提供了经验和教训，既反映了改革是基于对生产力变化的生产关系的调整，又反映了改革是曲折的、艰难的。

（三）辅助栏目内容解读

1. 子目一：中国古代的重要变法和改革

学习聚焦（第 22 页）

解读： 本栏目提示本子目学习重点在于通过分析中国古代史上的几个典型改革内容，使学生认识改革的影响。成功的改革顺应了时代潮流，失败的改革反映了改革的曲折与艰辛。

2. 子目二：中国近代的改革探索

（1）学习聚焦（第 23 页）

解读： 本子目介绍中国近代的改革。通过分析，了解近代改革的目的都是救亡图存。从晚清到民国的改革，结局大多是失败的，说明地主阶级、资产阶级救亡图存的道路行不通，也为第三子目无产阶级政党的改革作铺垫。同时辩证分析戊戌变法的影响。虽然戊戌变法失败，但是起到了思想启蒙的作用，促进了中国人民的觉醒。

（2）历史纵横（第24页）

解读：维新变法的反对者集体是极其庞大的，既有因改革丢失官职的官员，也有大批失去庇荫的旗人，还有不满的大臣，他们集结起来，成为发动戊戌政变的主要力量。而维新派联络和依靠的仅是地主阶级中的开明分子，主要是帝党，没有多少实权和力量。两股力量的悬殊，决定了变法运动必然失败的命运。

（3）思考点（第24页）

解读：戊戌变法失败的原因可以从这几个角度思考：一是19世纪末，资产阶级的力量依然薄弱；二是依靠没有实权的以光绪皇帝为首的帝党；三是变法理论遭到大多数人包括部分维新派和帝党分子的反对；四是年轻的维新派缺乏政治经验，使得变法措施过于冒进。因此变法无论从哪方面来说，都遭到了大量反对派的阻碍，最终导致变法失败。

（4）插图《清末新军演习》（第24页）

解读：编练新军为清末新政的主要内容之一。1901年下诏停止武举，淘汰绿营。1903年设立练兵处，派庆亲王奕劻总理练兵事务，袁世凯为会办大臣。在全国编练陆军常备军36镇，各省成立督练公所，由督抚兼管，设有将军都统的省份，由将军都统任督办。新军完全使用西式的军制、训练以及装备，一切依照德日制度，由德国人为主的洋人教习。新军的编练，促进了中国军队的近代化。然而另一方面，却与清政府的主观动机背道而驰，新军大多日后被革命党人掌握，成为发动辛亥革命颠覆清政府的一支重要力量，同时也为野心家袁世凯扩充了个人实力。

3. 子目三：新中国成立以来的重要改革

（1）学习聚焦（第25页）

解读：既要认识到新中国成立初期社会主义基本制度的确立是中国历史上最深刻最伟大的社会变革，更要理解中共十一届三中全会确立的改革开放的必然性和伟大意义。

（2）插图《论十大关系》书影（第25页）

解读：随着苏联社会主义建设中积累问题的逐渐暴露，引起毛泽东等中共领导人的密切关注。他们开始以苏联的经验教训为鉴戒，通过总结新中国成立几年来自己的建设经验，思考中国的社会主义建设应走怎样的路。1956年春，毛泽东陆续听取了工业、运输业、农业、商业、财政等多个部门的汇报，根据汇报汇总成10个问题，在4月26日中央政治局扩大会议上和随后的5月2日最高国务会议上，作了《论十大关系》的报告。这十大关系是：重工业和轻工业、农业的关系，沿海工业和内地工业的关系，经济建设和国防建设的关系，国家、生产单位和生产者个人的关系，中央和地方的关系，汉族和少数民族的关系，党和非党的关系，革命和反革命的关系，是非关系，中国和外国的关系。《论十大关系》提出了要探索适合中国情况的社会主义建设道路的历史性任务，并提出了一系列重要的指导思想，成为毛泽东思想的重要组成部分。

（3）插图《中共十一届三中全会会场》（第25页）

解读：1978年12月，中共十一届三中全会召开。这次会议，开启了改革开放和社会主义现代化建设新时期。图片可用作介绍十一届三中全会的配图。

（4）**史料阅读**（第25页）

解读：史料来自于《在庆祝改革开放40周年大会上的讲话》，层次性、逻辑性明晰，可让学生根据史料自主分析作出改革开放历史性决策的原因。

（5）**学思之窗**（第26页）

解读：史料解读了为什么党的十八大以后，党要作出全面深化改革开放的目标。史料包含两层含义：一是改革开放已经进入攻坚期和深水区，改革开放面临的问题和矛盾更加艰难和复杂；二是面对如此局面，既不能安于现状，更不能退缩放弃，只能用改革开放的办法来解决改革开放中的矛盾。这明确了全面深化改革的必要性和方向。

（6）**插图《中国共产党第十九次全国代表大会会场》**（第26页）

解读：2017年10月，中国共产党第十九次全国代表大会召开。大会指出，中国特色社会主义进入新时期，将全面深化改革总目标列为习近平新时代中国特色社会主义思想的重要内容并载入党章。因此，党的十九大是全面深化改革进程中的重要一环。

（7）**思考点**（第27页）

解读：改革开放40年来，取得伟大成就的同时，也积累了许多宝贵的经验。例如改革必须坚持中国特色社会主义方向，必须不断推进马克思主义中国化，必须坚持和完善中国共产党的领导，必须坚持以人民为中心的价值导向，必须坚持解放思想、实事求是、与时俱进、求真务实等。可与历史纵横一道，在阅读完改革开放的伟大成就后，设置思考题，让学生总结改革开放的经验。

（8）**历史纵横**（第27页）

解读：材料侧重于从生产力角度，指出了改革开放40年来带来的伟大成就。改革开放的成就是巨大的，因此可通过补充视频影音材料或文字史料，提供改革开放在政治、经济、文化、社会、生态等多领域的成就，呈现改革开放成就的全貌。

二、教学设计示例

（一）教学目标

运用时空定位，分析不同历史时期的改革与变法，从唯物史观的角度认识改革变法的必然性和曲折性。

结合教材和史料，梳理从商鞅变法到改革开放等各项变法的内容，理解变法的历史作用和局限性，总结变法的历史经验和教训。

分析近现代中国的改革内容，提高学生对变法成败的解释水平，认识无产阶级政党的改革才能实现中华民族的伟大复兴，增强对中国共产党的认同感。

（二）教学重难点

教学重点：历代变法改革的历程、内容和作用。
教学难点：历代变法改革的评价和对改革的认识。

（三）教学设计示例

1. 导入新课

材料 1　神农氏没，黄帝、尧、舜氏作，通其变，使民不倦；神而化之，使民宜之。《易》：穷则变，变则通，通则久。

——《周易·系辞下》

材料 2　变亦变，不变亦变。变而变者，变之权操诸己，可以保国，可以保种，可以保教。

——梁启超《变法通议》

教师活动：引导学生阅读理解材料 1、2，导入新课。

【设计意图】通过分析上古时期《周易》与近代《变法通议》关于变法改革的主张，让学生认识中华民族具有"穷则思变"的历史传统，充分利用教材导读材料，同时引出第一子目的内容。

2. 学习新课

学习任务一　穷则思变的历史传统——中国古代的重要变法和改革

◆ 商鞅变法

探究问题 1：春秋战国时期各国为何兴起变法运动？主要内容是什么？有何意义？

教师活动：引导学生分析春秋战国时期各国变法的背景，概括主要内容，分析其意义。

学生活动：阅读材料 3 和教材第一子目第一段进行概括、分析。

材料 3　商君治秦，法令至行，公平无私，罚不讳强大，赏不私亲近，法及太子，黥劓其傅。期年之后，道不拾遗，民不妄取，兵革大强，诸侯畏惧。

——《战国策·秦策》

背景：经济上，推广铁器牛耕，社会生产力进一步发展；政治上，宗法分封遭到破坏，各诸侯国要求实现富国强兵；文化上，百家争鸣，法家求变的思想顺应了历史潮流。见表 1-10。

表 1-10　商鞅变法

领域	内容	意义
政治	废除世卿世禄制；奖励军功；建立县制	打击了贵族特权；确立了封建土地制；使秦国实现富国强兵，为秦统一奠定了基础。
经济	废除井田制，奖励耕织	
社会	实行什伍连坐法	

◆ 北魏孝文帝改革

探究问题 2：北魏孝文帝改革的背景是什么？主要内容是什么？有何意义？

教师活动：引导学生分析北魏孝文帝改革的背景，概括主要内容，分析其意义。

学生活动：阅读史料和教材进行概括、分析。

背景：魏晋南北朝时期，多民族政权并存，相互之间征伐不断；鲜卑族建立北魏并统一北方；民族交融成为历史发展的潮流。见表1-11。

表1-11　北魏孝文帝改革

时间	内容	意义
前期（冯太后）	俸禄制、均田制、三长制	有效地巩固了北魏政权，促进了北方社会经济的发展。
后期（孝文帝）	迁都洛阳、易服装、改汉姓、说汉话、通婚姻	加快了北方各族人民的交流，缓和了民族矛盾，缩小了南北差距，为中国统一多民族国家的发展做出重要贡献。

◆ 王安石变法

探究问题3：王安石变法的背景是什么？主要内容是什么？有何意义？

材料4　本朝鉴五代藩镇之弊，遂尽夺藩镇之权。兵也收了，财也收了，赏罚刑政，一切收了，州郡遂日就困弱，靖康之役，虏骑所过，莫不溃散。

——《朱子语类》

教师活动：引导学生分析王安石变法的背景，概括主要内容，分析其意义。

学生活动：阅读材料和教材进行概括、分析并填充表格。

背景：北宋加强中央集权，造成了积贫积弱的局面；边境受游牧民族的袭击；王安石变法失败。见表1-12。

表1-12　王安石变法

目的	内容	影响
富国	向农民提供贷款、拨巨资从事商业经营	达到了富国的目的，增加了大笔的收入；强兵效果不明显；改革措施欠妥当，损害了农民的利益。
强兵	实行兵农合一的征兵制	

◆ 张居正改革

探究问题4：张居正改革的背景是什么？主要内容是什么？有何作用？

材料5　富有四海不曰民之脂膏在是也，而侈兴土木。……天下更贪将弱，民不聊生，水旱靡时，盗贼滋炽。自陛下登极初年亦有这，而未甚也。今赋役增常，万方则效。

——海瑞《治安疏》

教师活动：引导学生分析张居正改革的背景，概括主要内容，分析其作用。

学生活动：阅读材料和教材有关内容进行概括、分析。

背景：明朝中后期，政治腐败；阶级矛盾尖锐；府库空虚。见表1-13。

表1-13 张居正改革

领域	内 容		作 用
政治	大力整肃吏治，加强官吏考核	考成法	暂时缓解了统治危机
经济	裁减开支，清丈土地，改革税制	一条鞭法	增加财政收入，社会矛盾相对缓和

教师帮助学生理解重要概念：一条鞭法——把各州县的田赋、徭役以及其他杂征总为一条，合并征收银两，按亩折算缴纳，简化了税制，方便征收税款，同时使地方官员难于作弊，进而增加财政收入。

小结：比较商鞅变法、孝文帝改革与王安石变法、张居正改革。见表1-14。

表1-14 中国古代改革比较

改 革	目 的	结局	性质	认 识
商鞅变法	富国强兵，确立封建制度	成功	封建化改革	1. 顺应历史潮流的改革能够推动生产力的发展； 2. 改革结局不同说明改革是艰难曲折的； 3. 改革是为适应生产力变化的生产关系调整。
孝文帝改革	缓和民族矛盾，确立封建制度	成功		
王安石变法	富国强兵，挽救统治危机	失败		
张居正改革	挽救统治危机	失败		

【设计意图】通过列表对比，帮助学生迅速掌握中国古代封建化改革的必然性、内容和历史作用。

学习任务二　救亡图存的出路探索——中国近代的改革探索

◆ 戊戌变法

探究问题5：戊戌变法的背景是什么？主要内容是什么？有何作用？

材料6 《时局图》（图略）

材料7 1895—1898年的七年间，新增加的商办企业，其资本在上万元以上的约有62家，资本总额约为1247万元。

——郑师渠《中国近代史》

材料8 能变则全，不变则亡；全变则强，小变则亡。

——康有为《上清帝第六书》

教师活动：引导学生分析戊戌变法的背景，概括主要内容，分析其作用。

学生活动：阅读史料和教材进行概括、分析。

背景：甲午战后，民族危机加深；民族资本主义初步发展；资产阶级维新派宣传新思想。见表1-15。

表1-15 戊戌变法

领域	内容
政治	裁撤冗官冗员，允许官民上书言事
经济	鼓励私人兴办工矿企业，发展农工商；改革财政，编制国家预算
军事	裁减绿营，训练新式军队
文化	废除八股，改试策论
教育	开办新式学堂

作用：戊戌变法冲击了旧式官僚；推动资本主义的发展；起到了思想启蒙的作用。

过渡：1898年9月21日，慈禧太后发动戊戌政变，戊戌变法失败。

探究问题6：戊戌变法为什么会失败？

材料9　规模太大，志气太锐，包揽太多，同志太孤，举行太大。当此，排者、忌者、挤者、谤者，盈街塞巷，而上又无权，安能有成？

——康广仁《致易一书》

教师活动：引导学生阅读材料9和"历史纵横"进行分析。

学生活动：阅读材料9并结合教材，分析得出结论。

资产阶级的力量薄弱；依靠没有实权的以光绪皇帝为首的帝党；缺乏政治经验，变法措施过于冒进；遭到了顽固派的大力阻挠。

◆ 清末新政

探究问题7：清末新政的背景是什么？主要内容是什么？有何影响？

教师活动：引导学生阅读教材，归纳概括清末新政的背景、内容和影响。

学生活动：阅读教材，归纳概括。

背景：民族危机和统治危机日益严重。

内容：改革教育、派遣留学生、编练新军、振兴商务、奖励事业。

影响：客观上推动了民族资本主义的发展；未能挽救统治危机，推动了辛亥革命的爆发。（关于民国时期的改革可以交由学生自学。）

小结：近代中国人民为救亡图存作出的各种探索均以失败告终，说明了什么问题？

无论是地主阶级还是资产阶级，都不是先进的阶级，都不能找到挽救中国的正确道路。

【设计意图】近代改革均以救亡图存为主题，因此三个改革具有一定的相似性。根据重难点确立，侧重解读戊戌变法的内容、影响和失败的原因，其他改革以学生概括为主，最终得出结论：地主阶级与资产阶级都不能带领中国人民实现民族复兴的任务。

学习任务三　伟大复兴的大道坦途——新中国成立以来的重要改革

◆ 社会主义基本制度的确立（1949—1956）

探究问题8：为什么说社会主义基本制度的确立是中国历史上最深刻、最伟大的社会变革？

材料10　我们建立了社会主义制度，实现了中国历史上最广泛最深刻的社会变革。我们创造性地实现了由新民主主义到社会主义的转变，全面确立了社会主义的基本制度，使占世界人口四分之一的东方大国进入了社会主义社会。这是中国社会变革和历史进步的巨大飞跃，也极大支持和推进了世界社会主义事业。

——江泽民《在庆祝中国共产党成立八十周年大会上的讲话》

教师活动：引导学生根据教材并结合材料10分析社会主义基本制度确立的意义。

学生活动：学生阅读教材概括1949—1956年间新中国确立的社会主义基本政治制度和经济制度，并从中国和世界两个角度分析其意义。

新中国成立，实现了民族独立；土地改革，恢复国民经济；民主改革，先后确立了中国共产党领导的多党合作和政治协商制度、人民代表大会制度和民族区域自治制度，颁布了《中华人民共和国宪法》；三大改造，确立了生产资料的公有制，中国进入社会主义初级阶段。

意义：从中国说，实现了从新民主主义到社会主义的转变；从世界说，推进和支持了世界社会主义事业。

◆ 全面建设社会主义的探索（1956—1966）

探究问题 9：在全面建设社会主义时期取得了哪些有益的探索？出现了什么失误？

教师活动：引导学生根据教材概括该时期的探索并客观评价。

学生活动：阅读教材概括、分析。

背景：吸取苏联经验和教训，探索一条适合中国国情建设社会主义的道路。

社会主义道路的探索：《论十大关系》和中共八大——中共八大二次会议——大跃进、人民公社化运动——八字方针——国民经济调整。

评价：积极方面，初步建立起现代建设所需的物质技术基础；培养了经济文化建设的骨干；积累了党领导社会主义建设的经验。局限方面，犯了"左"倾错误，中国的社会主义探索出现了严重曲折。

◆ 改革开放与全面深化改革（1978 年至今）

①中共十一届三中全会——改革开放

探究问题 10：中共十一届三中全会的主要内容是什么？有何意义？概括 1978—2001 年我国改革开放的举措。

教师活动：引导学生阅读教材概括。

学生活动：阅读教材概括。

时间：1978 年 12 月。

主要内容：工作中心转移到经济建设上来；实行改革开放。

意义：改革开放的起点，我国进入社会主义现代化新时期。

举措：第一，改革——农村实行家庭联产承包责任制；城市经济体制改革；1992 年确立社会主义市场经济体制的目标。

第二，开放——创办经济特区—沿海港口开放城市—沿边沿江—内陆中心城市的开放—加入世界贸易组织。

探究问题 11：1978 年以来的改革开放已经取得很大成就，为何还要全面深化改革？

材料 11　教材第 26 页学思之窗。

教师活动：引导学生阅读材料分析。

学生活动：阅读材料分析。

改革遇到攻坚期和深水区，矛盾与问题更加突出；用改革开放的办法来解决改革开放中的问题。

②十八大以来——全面深化改革

探究问题 12：中共十八大以来我国全面深化改革开放的主要举措有哪些？

教师活动：引导学生阅读教材概括。

学生活动：学生阅读教材概括。

2012 年，中共十八大确立全面建成小康社会和全面深化改革开放的目标。

2013 年，十八届三中全会对全面深化改革作出总部署、总动员。

2017 年，中共十九大将全面深化改革总目标列为习近平新时代中国特色社会主义思想的重要内容并载入党章。

2019 年，十九届四中全会，提出坚持和完善中国特色社会主义制度、推进国家治理体系和治理能力现代化的总体目标。

过渡：1978 年改革开放以来，我国的现代化建设取得了许多伟大成就，积累了许多宝贵的经验。

探究问题 13：总结改革开放为中国社会主义现代化建设积累的宝贵经验。

教师活动：引导学生分析。

学生活动：分析、讨论、总结。

改革必须坚持中国特色社会主义方向；必须不断推进马克思主义中国化；必须坚持和完善中国共产党的领导；必须坚持以人民为中心的价值导向；必须坚持解放思想、实事求是、与时俱进、求真务实等。

【设计意图】新中国成立以来的重要改革，代表了以中国共产党领导的无产阶级对中华民族伟大复兴道路的正确探索。通过史料分析，使学生认识为何新中国以来的改革取得的成就及不同时期改革措施的选择，具有历史必然性。

3. 课堂小结

改革指对旧有的生产关系、上层建筑作局部或根本性的调整变动，其实质是统治者对既定制度的调整。改革是历史前进的动力，改革措施须符合时代潮流，改革是对旧体制旧事物的挑战，必然遇到各种阻力，充满曲折，改革不是一帆风顺、一蹴而就的，要遵循客观规律循序渐进，改革需持续主动、全面发力、多点突破、纵深推进。改革没有完成时，改革只有进行时。因此，也可以说人类的文明史也是一部改革史。

4. 板书设计

中国历代变法和改革

一、穷则思变的历史传统——中国古代的重要变法和改革

1. 商鞅变法

2. 北魏孝文帝改革

3. 王安石变法

4. 张居正改革

二、救亡图存的出路探索——中国近代的改革探索

1. 戊戌变法

2. 清末新政

3. 民国时期的改革尝试

三、伟大复兴的大道坦途——新中国成立以来的重要改革

1. 土地改革

2. 社会主义改造

3. 改革开放

贵阳市第一中学／杨 华

官员的选拔与管理

一、本单元主题为"治国之本在治吏，吏治则国治"

选择性必修 1 的主题是"国家制度与社会治理"。本单元从中外人事管理角度说明了人类政治生活的发展线索。一个国家的制度实施和社会治理离不开官员，官员道德水平和能力的不同，很大程度上决定着制度实施和社会治理的效果。官员的选拔与管理，既是国家制度的重要组成部分，也是社会治理的必要前提。在不同的历史条件下，不同国家和政治制度对官员的要求不同，官员的选拔与管理方式也不同，但相互之间呈现出学习与借鉴的特点。

二、单元内容结构

本单元共 3 课内容，分别是第 5 课《中国古代官员的选拔与管理》，第 6 课《西方的文官制度》和第 7 课《近代以来中国的官员选拔与管理》，叙述了中国古代至近代以来的官员（干部、公务员）选拔与管理制度以及西方的文官制度。三课之间既有历史的时序关系，如古代中国至当代中国；也有空间的不同，如中国与西方，但彼此之间又存在着一定的相互联系，如中国科举制与西方近代文官制度的渊源关系，西方近代文官制度对近现代中国公务员制度的影响。

中国古代的官员选拔与管理经历了漫长的发展阶段，积累了丰富经验，为人类政治文明做出了重要贡献。近代西方资本主义国家探索和建立起了考试选拔的文官制度，以规避政党更替造成的政府工作动荡。晚清以来的近代中国，改科举教育为学堂教育，改科举选官为学堂选官，并在民国后尝试建立公务员制度。新中国成立后，中国共产党坚持党管干部原则，并在 20 世纪 90 年代开始建立与推行国家公务员制度。

中国古代官员的选拔与管理制度适应了中国古代社会历史的发展，西方近代文官制度是民族国家出现和资本主义发展的结果，近代以来中国公务员制度的出现和发展是中国在世界形势发生急剧变化的情况下对国家治理方式的一种调整。它们总体上与特定的历史发展相适应，都反映了生产力决定生产关系、经济基础决定上层建筑，生产关系反作用于生产力、上层建筑反作用于经济基础这一唯物史观的基本历史分析方法。

三、单元导语解读

本单元讲述的是中外历史上官员选拔与管理的发展变化及其特点。

本单元的导语分为两个部分。

第一部分是对本单元主要内容的综论和概述。

中国古代官员的选拔与管理，从西周到明清，有近3000年的历史，时间跨度大，朝代多。同时，历朝历代的官员选拔、考核与监察内容丰富，名词烦琐、生僻。教学中可以从整体上进行纵向梳理，突出阶段特征，关注官员选拔和管理在制度上的延续性，并突出不同时期的创新性，完成从局部到整体的构建。可以采取做图表等方式，提炼线索或特点，培养学生的时空观念和历史解释的核心素养。

关于西方近代文官制度的产生和发展，教学中要关注制度背后的历史背景，注意对一些政治学名词的理解，如政务、事务等。引导学生了解和认识西方近代文官制度是近代资本主义制度的重要内容，它体现了生产力发展到资本主义阶段生产关系的调整，从而培养学生用唯物史观看待历史现象、分析历史问题的能力。

近代以后，中国受到了前所未有的冲击，传统的生产力和生产方式面临巨大变革。科举制被废除后，中国开始尝试建立文官制度。新中国成立后，中国建立了中国特色社会主义干部管理制度，后来又建立了公务员制度，它们体现了继承与借鉴对历史发展的作用。教师要引导学生理解，只有与中国国情相结合，建立符合本国国情的官员选拔与管理制度，才能提高国家治理水平，促进国家的发展。

教学中，可以总结性地对中国古代官员的考核与监察制度进行评价，概括中国古代监察制度的特征；可以将西方文官制度与科举制进行比较；也可以把中国的公务员制度与西方的文官制度进行比较；可以探究怎样发展我国的干部人事制度。

第二部分是根据课程标准提出的历史学科核心素养的具体要求。

第5课　中国古代官员的选拔与管理
（示例一）

教学设计：北京师范大学贵阳附属中学　陈　波
指导教师：北京师范大学贵阳附属中学　唐　倩

一、课程标准及教材解读

（一）课程标准

了解中国古代官员选拔方式的更迭过程和不同阶段的特征，知道中央集权体制下古代中国的官员考核和监察制度。

（二）课程内容导读

本课的主题是中国古代"选才与治吏"。

本课按照时序，讲述了自先秦至明清时期（1840 年以前）历代官员选拔与管理的内容，共有三个子目。第一子目是"秦汉至魏晋南北朝时期的官员选拔与管理"，讲述了先秦时期的世官制、春秋战国时期的荐举制、秦朝的"以法为教""以吏为师"、汉代的察举制和魏晋南北朝时期的九品中正制等选官制度，以及秦汉至魏晋南北朝的官员考核和监察制度，这为以后中国古代官员的选拔与管理制度奠定了基础。第二子目是"隋唐至两宋时期的官员选拔与管理"，讲述了科举制的形成、发展，以及官员考核制度和监察制度的进一步完善。第三子目是"元明清时期的官员选拔与管理"，讲述了科举制从繁荣逐渐走向衰落，以及官员管理制度的进一步严密。各子目均是先讲述官员选拔制度，再讲述官员考核和监察制度。

（三）辅助栏目内容说明

1.子目一：秦汉至魏晋南北朝时期的官员选拔与管理

（1）学习聚焦（第 30 页）

解读：本栏目强调了秦汉至魏晋南北朝时期官员选拔的主要制度和用人特点。从先秦时期以官位世袭为主到秦汉魏晋南北朝时期的重法吏、察举制、九品中正制等，官员选拔制度随着时代的发展而不断演变。

（2）史料阅读（第 30 页）

解读：本栏目利用《晋书·段灼传》中的材料，强调了九品中正制的弊端。东汉末年，随着中央集权出现严重危机，西汉以来的选官制度——察举制出现一系列危机。为在乱世中获取人才，曹魏政权推行过"唯才是举"，后曹丕推行九品中正制。九品中正制在一定程度上解决了察举制面临的危机，也满足了汉末以来地方豪强大族在政治上的要求，成为魏晋南北朝的主要官员选拔制度，也是维护门阀士族政治利益的工具。材料中段灼给晋武帝的上表，猛烈抨击了九品中正制，尖锐指出尚书台选人不辨贤愚，中正选举只重家世、不重才能的弊端，沦为维护门阀士族政治利益的工具。

（3）图片——江苏连云港尹湾汉墓木牍《集簿》（第31页）

文物《集簿》木牍，1993年出土于江苏省连云港市东海县尹湾六号汉墓。该文物长22厘米，宽6厘米，共22行，700余字。标题"集簿"原有，书于正面牍首中央，内容记录东海郡的行政建置、吏员设置、户口、垦田和钱谷出入等方面的年度统计数字，作呈报朝廷之用，类似于地方工作报告，是我们了解西汉晚期东海郡情况的第一手资料，具有非常大的史料价值。

2. 子目二：隋唐至两宋时期的官员选拔与管理

（1）学习聚焦（第31页）

解读：本栏目指出了从隋唐至两宋时期的官员选拔制度的发展变化及影响。隋唐时期开始实行科举制，以考试选拔人才，扩大了用人范围。科举制对以后历代政权的稳定发挥了巨大作用。同时，这一时期官员管理制度也进一步完善。

（2）思考点（第31页）

解读：本栏目可以引导学生从纵向对比分析荐举制、军功爵制，尤其是察举制和九品中正制，指出科举制的不同之处。察举制和九品中正制本质上还是一种推荐制度，推荐者的主观因素对官员选拔影响比较大，而科举制是一种考试制度，考试成绩是基本依据，官员选拔标准相对客观和科学。科举制下允许符合条件者"投牒自举"，无须其他条件，官员选拔的社会基础更加广泛，这与察举制和九品中正制下选官范围局限于某一特殊阶层是明显的进步，体现了公正公平。科举制把选官权收归中央，有利于加强中央集权，而察举制和九品中正制的选人权柄往往落入世家大族手中。

（3）学思之窗（第32页）

解读：本栏目主要介绍了隋唐时期地方官员属官选用的变化及其对中央集权的影响。隋唐以前，中央只任命州、郡、县的主要官员，属官则由长官自己选用，这很容易造成各级属官只认选用自己的地方长官，从而不利于中央集权。隋唐以来，地方凡九品以上的官员都由中央任命，从而大大加强了中央集权。

3. 子目三：元明清时期的官员选拔与管理

（1）学习聚焦（第32页）

解读：本栏目说明了元明清时期科举制的变化与发展。明清时期，科举制与学校制度相结合，形成了多级考试制并采取"八股取士"的方式。科举制仍是选官的主要途径，但逐渐走向僵化和衰落。这一时期，随着专制主义中央集权的不断加强，官员管理制度进一步严密。

（2）历史纵横（第32页）

解读：本栏目通过对明朝南北卷制度的叙述，可以帮助学生理解社会经济发展对上层建筑的影响。南北卷制度是指会试录取时名额有南北地域之分。明太祖洪武三十年（1397年）二月会试三月廷试，取录的均为南方士人，这激化了南北方士人矛盾。在皇权干扰下，夏季重开科举，夏榜所取皆为北人，这被称为"南北榜案"或"春夏榜案"。后来明朝廷调整科举取录政策，在会试中实行南北卷，后演变为南北中卷，录取比例逐渐稳定为南卷55%，北卷35%，中卷10%。按照士人地域分布决定录取人数比例，是根据各地社会经济文化发展不平衡状况采取的一项重要措施，对巩固明朝政权、加强君主专制有十分重要的意义。

4. 探究与拓展

（1）问题探究（第34页）

解读：通过材料可以看到，察举制和科举制中的孝廉、贤良方正、明经等科目，都包含着对官员德的重视，而秀才、茂才、明法、进士等科目，又包含着对官员才的重视。科举制形成后，儒家经典成为士人考试的必读书，实际已将德才的关系在考试中具体体现出来了。当然，在儒家思想是正统地位的封建时代，统治者所求的"德"，更多是要求效忠朝廷，忠于皇帝，维护专制统治。

（2）学习拓展（第34页）

解读：对官员的考核不仅是一个制度体系，也是一个治理体系。张居正认为，立法不难，难的是有法必行。不要只听一个人说什么，而是要看他做事有没有成效。如果对安排的事情没有考核制度，君主心里对全局也不清楚，那么人人都会心怀侥幸，不去认真落实。这种情况下即使把古代的圣贤请出来，恐怕也做不成什么事。因此，考核制度在国家管理中有着重要作用，不仅要建立相关考核制度，更重要的是还要使考核制度落实。中国古代从秦汉至明清考核制度越来越严密，正是其重要性的表现。

二、教学设计示例

（一）教学目标

通过阅读、分析教材和相关材料，能说出中国古代不同时期的官员选拔方式，理解不同选官制度产生的背景及该选官制度的影响，并能从长时段认识中国古代官员选拔制度的发展趋势。

通过阅读材料和列表的方式，了解中国古代不同时期的官员管理制度，理解中国古代官员管理制度的特点和发展趋势。

通过了解中国古代官员的选拔方式及其管理方式的发展，体会古代中国的政治智慧，以及中国古代政治文化对世界文明产生的影响，增强文化自信，涵养家国情怀。

（二）教学重难点

教学重点：秦汉至明清中国官员选拔制度和管理制度。

教学难点：官员选拔制度与管理制度演变的背景及影响。

（三）教学设计示例

1.导入新课

运用材料导入。

材料　它的突出特征令人钦佩，这一制度在成千年中缓慢演进……当今在英国、法国和美国正在取得进展的文官考试制度，是从中国的经验中借鉴而来的。

——美国传教士丁韪良《中国环行记》

教师设置问题：根据材料并结合所学，指出材料中涉及的是什么选官制度？这一选官制度在中外历史上有怎样的影响？你有什么认识？

【设计意图】学生通过阅读材料并结合所学知识，知道该选官制度是科举制，并能感受该制度在世界文明中的影响，从而导入新课。

2.学习新课

学习任务一　选才：中国古代的官员选拔制度

探究问题1：根据教材内容和所学知识，梳理中国古代的官员选拔制度并完成表格。

学生活动：学生结合教师提供的表格阅读教材三个子目指定内容，梳理中国古代各个时期官员选拔的制度。

教师活动：教师出示表格并引导学生完善表格内容，见表2-1。

表2-1　中国古代官员选拔制度

朝代	制度
西周至春秋	世官制
春秋战国时期	军功爵制
秦朝	"以法为教""以吏为师"
汉代	察举制
魏晋南北朝	九品中正制
隋唐两宋	科举制
明清	八股取士

【设计意图】学生通过阅读教材完善表格，充分调动学生自主学习的积极性，训练快速阅读材料并准确获取信息的能力以及归纳总结能力。

探究问题2：阅读材料并结合教材和所学知识，认识先秦时期的选官制度。

材料1　文王孙子，本支百世，凡周之士，不（丕）显亦世。

——《诗经》

材料2　太古至春秋，君所任者，与共开国之人及其子孙也……大夫以上皆世族，不在选举也。

——俞正燮《癸巳类稿》

材料3　公门有公，卿门有卿，贱有常辱，贵有常荣，赏不能劝其努力，罚亦不能戒其怠惰。

——《礼记》

材料 4 （商鞅变法）斩一首者爵一级，欲为官者为五十石之官；斩二首者爵二级，欲为官者为百石之官。官爵之迁与斩首之功相称也。

——《汉书》

问题：材料 1、2 和材料 4 分别涉及先秦时期的哪种选官制度？材料 3 说明了什么问题？材料 4 涉及的选官制度有什么影响？

学生活动：学生阅读教材和材料思考。

教师活动：教师在学生学习的基础上，引导学生回顾《中外历史纲要（上册）》中有关中国古代政治制度的相关内容，分析并指出，材料 1、2 涉及的是世官制（贵族政治），这一制度选官以血缘为选官标准（分封制与宗法制相配合，政治权力分配与血缘关系相配合）。世官制虽然能够在相当程度上保证了贵族的特权地位，利于统治集团内部的稳定和团结，巩固分封制，但阻断了社会阶层之间的流动，容易滋生腐败并使整个社会缺乏活力。材料 4 涉及的是春秋战国时期实行的军功爵制，其出现的背景是春秋战国时期铁器牛耕产生和使用（生产力发展）；封建土地私有制、地主阶级、农民阶级产生，旧贵族势力的衰落（生产关系的变革）；学术下移，士人阶层兴起；争霸兼并战争，人才的重要等。军功爵制极大地冲击了贵族世袭特权，一定程度上促进社会阶层流动，促进了封建政治、经济、军事的发展，为秦的统一霸业奠定了基础。

探究问题 3：阅读材料并结合教材和所学知识，认识秦朝的选官制度。

材料 5 明主之国，无书简之文，以法为教；无先王之语，以吏为师；无私剑之捍，以斩首为勇。是境内之民，其言谈者必轨于法，动作者归之于功，为勇者尽之于军。

——《韩非子·五蠹》

材料 6 臣请诸有文学诗书百家语者，蠲（juān）除去之……所不去者，医药卜筮种树之书。若有欲学者，以吏为师。

——《史记·李斯传》

问题：指出材料 5、6 涉及的选官制度。

学生活动：学生阅读教材和材料并思考。

教师活动：教师在学生学习的基础上指出，秦朝通过"焚书"，确立了法家思想的地位和"以法为教""以吏为师"的重法吏的选官制度。

探究问题 4：阅读材料 7、8、9 并结合教材和所学知识，认识汉代的选官制度。

材料 7 （汉武帝元光元年）初令郡国举孝廉各一人。

——《汉书·武帝纪》

材料 8 不举孝，不奉诏，当以不敬论；不察廉，不胜任也，当免。

——《资治通鉴·汉纪·武帝元光六年》

材料 9 举秀才，不知书。察孝廉，父别居。寒素清白浊如泥，高第良将怯如鸡。

——《晋书·段灼传》

问题：指出材料 7、8 涉及的选官制度并结合所学知识和材料 9 分析其影响。

学生活动：学生阅读教材和材料，思考讨论。

教师活动：教师在学生学习的基础上指出，汉武帝通过"罢黜百家，尊崇儒术"，使儒家思想成为社会正统，在此基础上推行新的选官制度——察举制。察举指由地方先考察而后推举，重点考察被举者在乡里的舆论评价和为官能力，然后推荐为官或提拔任用。察举制为汉代选拔了很多人才，维护了汉朝的统治，同时，通过察举制，也进一步扩大了儒家思想的影响，巩固了儒家思想的正统地位。但由于察举制自下而上的选拔方式，容易造成地方把控选官权柄，尤其是当中央权威不在之时，所以东汉末期，察举制度遇到了严重的危机，出现了"以名取人"和"以族取人"的现象。这些都严重损害了察举的公平性，使察举制逐渐走向崩溃。

探究问题5：阅读材料10、11并结合教材和所学知识，认识魏晋南北朝时期的选官制度。

材料10　魏氏革命，州郡县俱置大小中正，各以本处人任诸府公卿及台省部吏、有德充才盛者为之，区别所管人物，定为九品。

——《通典·选举典》

材料11　今台阁选举，涂塞耳目，九品访人，唯问中正。故据上品者，非公侯之子孙，则当涂之昆弟也。

——《晋书·段灼传》

学生活动：学生阅读教材和材料思考讨论。

教师活动：教师在学生学习的基础上指出，东汉末年以来的乱世局面下，曹操曾推行"唯才是举"，强调才能。魏晋南北朝时期主要推行九品中正制，由朝廷任命中正官，根据家世、道德、才能，把士人分为上上至下下共九个等级，作为授官的主要依据。九品中正制创立之初，选官权由中央控制，从而在一定程度上加强了中央集权。但逐渐地，九品中正制演变为只注重家世，出现了"上品无寒门，下品无势族"现象，成为维护士族特权的工具，甚至有"王与马，共天下"，皇权遭到极大威胁。到了隋代，随着门阀制度的衰落，特别是庶族地主的崛起，此制终被废除。教师结合教材"史料阅读"帮助学生对九品中正制形成较为全面的认识。

积极意义：①起到选拔人才的作用：选拔标准家世、品德、才能并重；②有利于加强中央的权力，即将官吏任免权收归中央，剥夺了州郡长官自辟僚属的权力。

局限性：后期形成"上品无寒门，下品无势族"的局面，成为维护门阀统治的重要工具。

【设计意图】引导学生阅读分析材料，并结合教师的叙述与补充，梳理九品中正制演变的基本脉络，能辩证分析该制度并形成客观认识。

探究问题6：阅读教材第二子目和材料12，分析科举制产生的背景。结合第二、三子目教材内容和"思考点""史料阅读""历史纵横"栏目以及材料13—18，了解隋唐至两宋时期科举制不断完善的举措，了解元明清时期科举制的发展，并分析科举制的影响。

材料12　隋唐时期……庶族地主阶级强烈要求分享政治权力，唐代统治者也在治国方针上确立了"人尽其才，才尽其用""选天下之才为天下之务"的原则。从南北朝时代考试取士措施中发展起来的科举制便在这样的氛围中确立。

——邓嗣禹《中国科举制度起源考》

材料13　唐世科举之柄，专付之主司，仍不糊名。又有交朋之厚者为之助，谓之"通榜"。

——洪迈《容斋随笔》

材料14　故不问东西南北之人，尽聚诸路贡士，混合为一，而惟材是择。又糊名、誊录而考之……其无情如造化，至公如权衡，祖宗以来不可易之制也！

——欧阳修

材料15　科举制度的最大优点是从根本上打破了豪门世族对政治权力的垄断，使国家行政机构的组成向着尽可能大的社会面开放。

——王炳照《中国科举制度研究》

材料16　间接助成国内风俗教化之统整……

——钱穆

材料17　八股之害，等于焚书，而败坏人才，有甚于咸阳之郊所坑者四百六十余人也。

——顾炎武

材料18 （科举制度）为所有西方国家以考试录用人员的文官考试制度提供了一个遥远的榜样。

——崔瑞德《剑桥中国隋唐史》

学生活动：学生通过阅读教材和材料并结合所学知识分析思考。

教师活动：教师在学生学习的基础上指出，科举制产生的背景主要有：①曾经的选官制度——九品中正制已经无法选拔真正的人才，且由于世家大族对选官权的垄断，中央集权甚至皇权受到严重威胁；②庶族地主阶级的崛起，强烈要求分享政治权力；③隋唐政府政策的调整，从而推动了新的选官制度的产生；④前代选官制度"重才"标准的延续与继承等（这里可以帮助学生习得分析背景的重要方法之一：历史原因、现实需要）。

两宋时期，通过锁院制度、誊录制度、糊名弥封以及进一步取消考试资格限制等措施，使科举制度得到进一步的发展完善，成为选拔官员的主要途径。

元朝在保留传统选官方式的同时，也时断时续地使用科举制选拔人才。明清时期科举制发展为"八股取士"，主要从四书五经中命题（这里可以利用教材历史纵横栏目，引导学生了解明朝科举考试中的南北卷制度，讨论科举取士与经济社会发展的关系）。1905年，科举制正式被废除。

科举制的影响（要求学生从积极和消极等方面客观分析）：

积极方面：①打破特权垄断，促进社会阶层流动，利于社会公平公正；②推动儒学发展，益于整个社会形成重学风气；③提高官员文化素质，利于提升行政效率；④选官权有朝廷把控，从而加强了中央集权；⑤为世界文明的发展做出了重要贡献等。

消极方面：①以考试成绩为选官的主要依据，重才轻德；②容易形成官本位思想；③容易禁锢思想，抑制科技发展，这也是明清时期的中国未能顺利转型的重要原因等。

【设计意图】学生通过阅读材料及分析，梳理科举制度发展演变的基本脉络，并通过史料实证等方法，加深对科举制的认识，培养学生阅读材料并准确提取信息、对比分析的能力和唯物史观、时空观念、史料实证、历史解释、家国情怀等学科素养。

探究问题7：结合所学完成中国古代选官制度发展趋势表格（表2-2），概括中国古代选官制度的发展趋势（选拔方式、标准、范围等）。

表2-2 中国古代选官制度发展趋势

时期	选官制	选拔方式	标准	选官权
西周至春秋	世官制	世袭	血缘	奴隶主
春秋战国	军功爵制	军功大小	军功	国君
汉代	察举制	察访荐举	品行	地方
魏晋南北朝	九品中正制	品评	门第	中央
隋唐至清	科举制	考试	才学	中央

学生活动：学生结合所学知识完成表格填写并思考分析中国古代选官制度的发展趋势。

教师活动：教师在学生学习的基础上指出以下几点：

①选官方式：由世袭、推荐到考试，趋向公平、公开、公正；

②选官标准：由家世门第演变为学识才学，趋向科学和公平；

③选官权力：从地方到中央，体现中央集权加强；

④选官范围：由封闭到开放。

然后，以材料19作为学习中国古代选官制度的小结：

材料19 我国古代的选官制度，是一笔巨大的历史遗产。在世界上很难找到一个国家的选官制度，像我国这样严密、完整、丰富，具有长期的连续性。我国古代选官制度在发展过程中，体现出一些基本原则，如平等的原则（尽管在很大程度上是虚伪的）、公开的原则（尽管营私舞弊历代层出不穷）、择优的原则（尽管统治者的主观意志每每起决定作用）等，形成多层次的选拔考试、试卷密封、考评人员隔离回避等基本做法，都是伟大的创造，不仅今天适用，而且还将适用于更长的历史时期。

——黄留珠《中国古代的选官制度》

【设计意图】引导学生运用"经济基础决定上层建筑"的唯物史观去认识中国古代选官制度的演变趋势，培养学生唯物史观、历史解释、家国情怀等核心素养，加深对中国古代官员选拔制度的认识和理解。

学习任务二 治吏：中国古代官员的管理

探究问题8：阅读教材各个子目的指定内容，完成表格（表2-3，表2-4），指出中国古代各个时期的官员考核和监察制度，并结合材料20—26分析中国古代官员考核和监察制度发展过程中呈现出的特点及影响。

表2-3 中国古代官员考核制度

朝代	制度/措施	考核期限	考核对象	考核结果
秦汉	上计制	每年岁末	地方行政长官	赏罚依据
隋唐	吏部	每年	九品以上官员	升降依据
明朝	考满	三年/六年/九年	任职期满官员	升迁降调依据
	考察	三年/六年	外地官员/京官	查处贪/酷/不作为
清朝	京察/大计	三年	京官/外省官员	奖惩依据

表2-4 中国古代官员监察制度

范围	秦汉	隋唐	两宋	元朝	明清
中央	御史大夫	御史台（御史大夫）	御史台（台谏合一）	御史台	都察院 六科给事中
地方	汉武帝划分13州部，刺史监察	唐太宗划分十道监察区	划分路作为监察区	行御史台 肃政廉访司	明朝御史巡按各省

材料20 刺史每年八月巡视所部郡国，"省察治状，黜陟能否，断治冤狱，以六条问事"……刺史秩六百石但代表朝廷，故"位卑而权重"。十三部刺史的设立，加强了朝廷对地方的控制。

——白寿彝《中国通史》

材料21 垂直体系"位卑权重"的格局，使垂直体系中的官员能够利用他们"权重"的优势，想方设法改变自己"位卑"的处境。汉代的御史大夫升为三公、刺史变为州牧，以及尚书台由少府属下转化为后来的最高行政机关，都说明了这一点。

——刘文瑞《中国古代政治制度》

材料22 唐代的监察机构分为谏官组织和御史台两部分。谏官负责规劝皇帝；御史台负责监察百官。御史台实行分署办公，构成一个严密的中央监察系统。宋代为了加强对监察机构的控制，实行了台谏合一制度，除了最高监察机关——御史台外，还有皇帝派遣的"通判"负责对各州官吏的监察。元代提高了监察机构的地位，比较重视监察制度的规范化，制定了一整套监察法规。其中《设立宪台格例》是中国监察制度史上第一部完整的中央监察法规。

——摘编自汤建华、宋晓辉《中国古代监察制度的演变及借鉴意义》

材料23 洪武十五年，罢谏官，设六科给事中，正七品。六科官员直接对皇帝负责。六科给事中被称为"风宪之司"（可以风闻奏事），掌"稽查六部百司之事"，有单独上奏言事、监督和弹劾百官的权力。明朝还有特殊的厂卫制度。

——《关于明朝监察系统的若干整理》

材料24 清代的科道官可"纠动百司，辨明冤枉及一应不公不法事"。弹劾的对象有"皇子、诸王及一内外大臣官员"。

——刘战、谢茉莉《试论清代的监察制度》

材料25 在历史演进中，监察体系相对于行政机构的独立性越来越强。历代政府重视监察法规建设，使之逐步完善。为防止地方分离，整肃吏治，历代统治者都重视对地方的监察。监察御史作为风纪之官，品秩虽低，权势却十分显赫，甚至享有"便宜从事"和"风闻奏事"的特权。

——林志强、张旭日《中国古代行政监察制度特征研究》

材料26 监察体制的建立，在一定程度上有利于监督官员规范执政，防止官员贪污腐败。当然，专制制度的本质决定了监察体制的实际效能必然是有限的。监察官员并不代表社会履行职责，而只是帝王的耳目和工具。监察官员乃至监察机构贪赃枉法的情形司空见惯。

——人教版教材《历史》必修一

学生活动：学生阅读教材，梳理中国古代各个时期官员考核和监察制度并完成教师提供的表格，结合所给材料，以部分典型监察制度为例，思考中国古代官员考核和监察制度发展过程中呈现出的特点及影响。

教师活动：教师引导学生结合所学知识和教材内容完善表格并讲述：中国历代统治者多重视对官吏的考核，因为官吏考核制度事关行政效率、吏治清明乃至民心向背，对国家发展的重要性不言而喻。秦汉时期推行上计制度。中央通过预算和决算方式考核地方官吏，即要求地方官吏每年年初把赋税收入预算上呈朝廷，年终再把实际收入和开支损耗等报告朝廷，中央政府两相比较，就可以判断出相关主政官员之政绩优劣。相较于秦汉，魏晋南北朝时期的官吏考核制度更趋完善，通过严明升降制度对官吏加以考核。唐代是中国古代官吏考核制度的成熟阶段，尚书省下的吏部位列"六部"之首，其下设置考功司专门负责文官考核。宋、元、明、清时期是中国古代官吏考核制度的完善和继续发展阶段。主要制度基本因袭唐制而略有损益。这一时期的官吏考核重点由"任贤使能"逐步转向加强对官吏的控制，这与当时专制主义中央集权加强的趋势是一致的。

中国古代官吏考核制度具有种种优势，因而能够有力推动吏治的发展和行政效率的提高，为社会秩序的良性发展起到重要保障作用。但是，由于阶级和时代局限性，中国古代官吏考核制度也存在一定问题：缺乏自下而上的官吏考核监督机制，考核只局限于上级对下级的监督，缺乏下级对上级、百姓对官员的监督；官吏考核与专制制度相结合，使其具有鲜明的等级性，难以做到同一标准面前一视同仁；中国传统"人治"社会的特性使得考核的具体规章制度和标准难以落到实处。

通过表格比较分析，引导学生认识中国古代官员考核制度的发展呈现的几个特点：考核方法与考核法规趋于严密；考核注重官员个人品德和能力；考核结果与官员奖惩紧密结合；监察与监督人员介入考核过程。

关于中国古代官员监察制度，教师讲述：中国古代对官员的监察早在先秦时期已具雏形，但正式的监察制度形成于秦汉时期。秦始皇一统天下，置御史大夫。汉设御史台，归属办理宫中内务的少府，在中国历史上第一次出现了专门的监察机构。汉武帝时期将天下分为十三个监察区，由位卑权重的刺史代表皇帝对地方豪强和高官实行监察。至魏晋以后，监察制度的变化有二：一是御史台从少府中独立出来，成为由皇帝直接掌握的独立监察机构；二是不再设置固定的地方监察机关，改由中央不定期地派遣巡御史监察地方官吏；而御史的职权，也不断加强。唐代将御史台分为三院，各司其职，使监察制度更趋完善。宋代监察制度的变化主要有二，一是台谏合一，御史拥有谏官的议事权，谏官拥有了御史的监察权；二是在地方设立通判，兼掌对地方知州的监察，成为皇帝在地方上的耳目。元代尤重监察御史，御史台与出令的中书省互不统属；御史大夫有权直接选任台官，因而大大提高了监察官员的地位。明清两代改御史台为都察院，虽有左右都御史掌院，但各道监察御史的活动则直接受皇帝节制，不受都御史统辖，甚至还有"风闻奏事"的特权，从而大大增强了监察机构的活动范围及权力。

结合表格内容分析，学生可以认识到，中国古代官员监察制度呈现出以下几个特点：①监察机构设置多有传承；②监察机构独立设置，监察系统日渐严密，与行政机关分离；③注重法规制度建设，监察法规较为系统完善；④以轻制重，监察官往往是位卑权重，监察机构权力呈扩大的趋势；⑤依赖皇权，为皇权服务。

关于对中国古代监察制度的评价，教师引导学生从积极和消极两个角度开展分析。

积极性：加强监督百官，利于清明吏治；利于加强中央集权；让后世借鉴等。

局限性：不能根本约束皇权；实际效能有限，不能杜绝官僚队伍的腐败和低效现象等。

【设计意图】引导学生阅读材料并结合所学知识，了解中国古代官员考核制度和监察制度，培养学生阅读材料并准确完整获取信息、探讨分析问题的能力和唯物史观、史料实证、历史解释等学科素养。

3. 课堂小结

官员的选拔与管理是国家制度的重要组成部分，也是社会治理的必要前提。中国古代的官员选拔与管理经历了漫长的发展阶段，在继承与发展中积累了丰富的经验，体现出了中国古人在国家制度创新与社会治理方面的卓越智慧，为人类政治文明做出了重要贡献。

4. 板书设计

中国古代官员的选拔与管理

一、选才——中国古代选官制度

1. 西周：世官制

2. 春秋战国：荐举制、军功爵制

3. 秦："以法为教""以吏为师"（重法吏）

4. 汉：察举制

5. 魏晋南北朝：九品中正制

6. 隋唐至明清：科举制（明清时期的八股取士）

二、治吏——中国古代官员考核和监察制度

1. 考核制度

2. 监察制度

（1）秦汉时期：中央——御史台、御史大夫，地方——刺史制度

（2）隋唐时期：中央——御史台、御史大夫，地方——唐朝"道"

（3）宋代：中央——御史台、谏院（台谏合一），地方——通判、"路"

（4）元朝：中央——御史台，地方——行御史台、肃政廉访司

（5）明清时期：中央——都察院、六科给事中，地方——明朝御史巡按

第 5 课　中国古代官员的选拔与管理
（示例二）

教学设计：贵阳市第一中学　聂　娟
指导教师：贵阳市第一中学　杨　华

一、教学目标

通过了解中国古代官员选拔的不同方式和阶段特征，分析选官制度、考核制度和监察制度的产生和影响。

通过列表比较中国古代不同时期的选官制度、考核制度和监察制度，了解其特点和发展趋势。

通过史料分析，让学生认识自秦汉至明清官员的选拔方式及其管理方式，体会中国古代官员选拔管理的政治智慧，增强对优秀传统政治文化的自信，涵养家国情怀。

二、教学重难点

教学重点：各主要历史时期官员选拔与管理的核心内容。

教学难点：官员选拔与管理制度演变的原因。

三、教学设计示例

1. 导入新课

运用本课导言材料。教师设置问题：根据导言材料并结合所学，指出材料中涉及的选官制度是什么？这一制度在中国历史上有怎样的影响？

【设计意图】学生在阅读导言与配图的基础上，了解汉武帝时期察举制推行的过程，标志着中国古代官员选拔制度的重大变化，加深对中国古代官员选拔与管理的认识，从而导入新课。

2. 学习新课

学习任务一　吏治：中国古代官员的选拔

探究问题 1：中国古代各个时期官员选拔的基本制度及要求分别是什么？

学生活动：学生结合教师提供的表格阅读教材，梳理中国古代各个时期官员选拔的制度及主要标准，并总结各时期选官制度的特点。

教师活动：教师出示表格并引导学生完善表格内容（表 2-5）。

表 2-5　中国古代官员选拔制度

朝代	制度	标准	特点
西周	世官制		
春秋战国时期	军功爵制		
汉代	察举制		
魏晋南北朝	九品中正制		
隋唐	科举制		
明清	八股取士		

【设计意图】学生阅读教材完成表格相关内容，培养学生阅读材料准确提取信息的能力。

探究问题 2：阅读教材第一子目，概括秦汉至魏晋南北朝时期的官员选拔制度及其特点。根据教材第一子目第二段，简要评价汉代察举制的进步性与局限性。结合第一子目"史料阅读"栏目，指出魏晋南北朝时期九品中正制出现的时代背景并分析其影响。

学生活动：学生阅读教材概括。

教师活动：教师讲述：西周时期实行分封制，被层层分割的统治权通过继承形式完成各级官吏任用，也就是世官制。

春秋战国时期，魏国变法最早，提出"食有劳而禄有功"，带有军功爵制的性质。秦是推行军功爵制最彻底的国家。军功爵制在新的历史条件下，显示了勃勃生机，影响极大。

战国中后期，商鞅、韩非倡行并在秦国实施法制教育。教师结合材料 1 引导学生理解秦的"以法为教""以吏为师"制度。

材料 1　明主之国，无书简之文，以法为教；无先王之语，以吏为师；无私剑之捍，以斩首为勇。是境内之民，其言谈者必轨于法，动作者归之于功，为勇者尽之于军。

——《韩非子·五蠹》

汉代推行察举制。察举指先考察而后推举，重点考察被举者在乡里的舆论评价和为官能力，然后推荐为官或提拔任用。东汉末期社会失序，察举制遇到深刻危机，出现了"以名取人"和"以族取人"的现象。这些严重损害了察举的公平性，察举制也随之瓦解。

魏晋南北朝时期主要推行九品中正制。九品中正制创立之初，评议人物的标准是家世、道德、才能三者并重。但后来逐渐演变为只重家世。结合教材第 30 页史料阅读栏目引导学生对九品中正制形成较为全面的认识。

积极意义：起到选拔人才的作用；利于加强中央集权。

局限性：后期形成"上品无寒门，下品无势族"的局面，成为维护门阀统治的重要工具。

【设计意图】引导学生阅读材料，并结合教师的叙述与补充，梳理该时期选官制度的演变，结合史料加深对秦汉至魏晋南北朝时期选官制度的理解。

探究问题 3：阅读教材第二子目，概括隋唐至两宋时期的官员选拔制度及其特点。结合第二子目思考点和史料阅读，认识隋唐至两宋时期科举制的发展并分析其影响。

学生活动：学生阅读教材思考。

教师活动：教师讲述，科举制是将知识分子引入统治集团，且被最高掌权者控制的选官制度，把选拔人才和任命官吏的权力从世家大族手里集中到中央政府，大大加强了中央集权。在科举制中，起决定作用的是考试成绩。到了北宋，封弥成为贡举考试中的一项重要制度。隋唐以来，科举出身的官员在高级官员中的比例，逐渐增加，到宋代已占有绝对优势。教师引导学生，结合材料2更全面理解科举制的影响。

材料2　科举的创新之处就在于为社会底层的知识分子提供了持续流动的可能。科举制度的最大合理性在于它那"朝为田舍郎，暮登天子堂"式的"机会均等"机制，对知识分子的社会心理是一种塑造，客观上激励了个人的奋斗精神。

——薛明扬《中国传统文化概论》

积极影响：①社会整合功能，否定特权制度，促进了社会阶层的流动和转化。②推动文化发展，促进了传统儒学的传承与普及，推动社会形成重学风气。③巩固国家统一，适应了"大一统"意识形态的需要，加强了中央集权。④影响世界文明，科举选才方式在唐朝时就被一些东亚国家采用；近代以来，科举制被西方国家改造成近现代文官考试制度。

消极影响：①重才轻品，过于重视才学，忽视品德，造成一些官员道德素质低下。②官本位思想，直接促进了中国古代官本位思想的发展，至今仍有消极影响。③禁锢思想，一定程度上禁锢了人们的思想；不利于科技进步和新知识、新学科的产生与发展。

【设计意图】学生通过阅读材料及分析，梳理该时期选官制度演变的基本脉络，并通过史料实证等方法，加深对科举制的认识，培养学生阅读材料并准确提取信息、对比分析的能力和史料实证、历史解释、家国情怀等学科素养。

探究问题4：阅读教材第三子目第一、二段，指出元明清时期的官员选拔制度。结合第三子目历史纵横栏目提供的材料，了解明朝科举考试中的南北卷制度，思考科举录取与经济社会发展的关系。

学生活动：学生阅读教材思考。

教师活动：教师指出，元明清时期的官员选拔制度仍然以科举制为主。明清时期的科举考试更加细化，分为乡试、会试和殿试三级。结合历史纵横栏目，引导学生理解科举录取与社会经济发展的关系。明清时期，江南经济发达，社会安定，这推动了江南教育的发展。许多士人为躲避北方战乱，迁移江南，也为江南地区输送了大量人才。

【设计意图】充分利用教材辅助栏目，帮助学生理解元明清时期的选官制度的变化及原因，培养学生阅读材料并归纳概括的能力和唯物史观、历史解释等素养。

探究问题5：中国古代官员选拔制度的演变呈现出怎样的趋势？

学生活动：学生思考讨论。

教师活动：教师引导学生总结中国古代选官制度的演变趋势。

选拔标准：由重家世门第到重学识才能。

选拔方式：由推荐到公开考试。

选拔形式：逐渐走向制度化，形式日益严密，体现出相对公平、公开、客观的原则。

【设计意图】引导学生运用"经济基础决定上层建筑"的唯物史观去认识中国古代选官制度的演变趋势，有意识培养学生历史解释、唯物史观的核心素养，加深对中国古代官员选拔制度的认识和理解。

学习任务二　治吏：中国古代官员的管理

探究问题6：阅读教材内容，指出中国古代各个时期的官员考核制度，总结中国古代官员考核制度的发展过程中呈现出的特点并分析其影响。

学生活动：学生结合教师提供的表格阅读教材，梳理中国古代各个时期官员考核制度的相关信息。

教师活动：教师引导学生结合所学知识和教材内容完善表格（表2-6）。

表 2-6 中国古代各个时期官员考核制度

朝代	制度/措施	考核期限	考核对象	考核结果
秦汉	上计制			
隋唐	吏部			
明朝	考满			
	考察			
清朝	京察/大计			

教师讲述：中国历代统治者多重视对官吏的考核，因其事关行政效率、吏治清明乃至民心向背。教师利用教材《集薄》木牍帮助学生理解中国古代官员考核制度。

秦汉时期推行上计制度。中央通过预算和决算方式考核地方官吏。魏晋南北朝时期的官吏考核制度更趋完善，通过严明升降制度对官吏加以考核。唐代是中国古代官吏考核制度的成熟阶段，吏部位列"六部"之首，其下设置考功司专门负责文官考核。宋元明清时期是中国古代官吏考核制度的完善和继续发展阶段。这一时期的官吏考核重点由"任贤使能"逐步转向加强对官吏的控制，这与当时专制主义中央集权加强的趋势是一致的。

中国古代官员考核制度的发展呈现的几个特点：考核方法与考核法规趋于严密；考核注重官员个人品德和能力；考核结果与官员奖惩紧密结合；监察与监督人员介入考核过程。

中国古代官吏考核制度具有种种优势，因而能够有力推动吏治的发展和行政效率的提高，为社会秩序的良性发展起到重要保障作用。但是，由于阶级和时代局限性，中国古代官吏考核制度也存在一定问题：缺乏自下而上的官吏考核监督机制，考核只局限于上级对下级的监督；官吏考核与专制制度相结合，使其具有鲜明的等级性；中国传统"人治"社会的特性使得考核的具体规章制度和标准难以落到实处。

【设计意图】引导学生阅读材料并结合所学知识，了解中国古代官员考核制度，培养学生阅读材料并准确完整获取信息、探讨分析问题的能力和史料实证、历史解释等学科素养。

探究问题7：阅读教材内容（表2-7），指出中国古代各个时期官员监察的相关举措。

表 2-7　中国古代监察制度

范围	秦汉	隋唐	两宋	元朝	明清
中央	御史大夫	御史台（御史大夫）	御史台（台谏合一）	御史台	都察院 六科给事中
地方	汉武帝划分13州部，刺史监察	唐太宗划分十道监察区	划分路作为监察区	行御史台 肃政廉访司	明朝御史巡按各省

学生活动：学生结合教师提供的表格并阅读教材，梳理中国古代各个时期官员监察制度的相关信息。

教师活动：教师讲述，监察制度作为封建社会的产物正式形成于秦汉时期。秦始皇一统天下，置御史大夫。汉设御史台，归属办理宫中内务的少府，在中国历史上第一次出现了专门的监察机构。汉武帝时期将天下分为十三个监察区，由刺史代表皇帝监察地方。魏晋以后，监察制度的变化有二：一是御史台成为由皇帝直接掌握的独立监察机构；二是不再设置固定的地方监察机关，改由中央不定期地派遣巡御史监察地方；而御史的职权，也不断加强。唐代将御史台分为三院，各司其职，使监察制度更趋完善。宋代监察制度的变化主要是在地方设立通判兼掌对地方官的监察，成为皇帝在地方上的耳目。元代尤重监察御史，御史台与出令的中书省互不统属；御史大夫有权直接选任台官，因而大大提高了监察官员的地位。明清两代改御史台为都察院，虽有左右都御史掌院，但各道监察御史的活动则直接受皇帝节制，不受都御史统辖，同时扩大并加强了监察御史的活动范围及权力。

引导学生结合表2-7分析中国古代监察制度发展呈现出的特点。通过比较分析，学生认识到：监察机构设置传承有序；监察法规较为系统完善；监察与教育和监督结合；重视舆论对吏治的监察。中国古代的权力监督机制有利于整顿吏治；有利于维护君主专制中央集权。但是，在皇权专制下，监察制度服务并受制于皇权，实际效能有限。

【设计意图】学生通过阅读教材完善表格中各时期官员监察制度的相关内容，充分发挥学生的学习自主性，锻炼学生归纳总结、探讨分析问题的能力和历史解释等学科素养。

3. 课堂小结

官员的选拔与管理是国家制度的重要组成部分，也是社会治理的必要前提。中国古代的官员选拔与管理经历了漫长的发展阶段，在继承与发展中积累了丰富的经验，为人类政治文明做出了重要贡献。秦汉以来，中国古代的官员选拔与管理制度始终围绕着君主专制的加强、中央集权的强化而不断变化，是巩固王朝统治、强化专制的一种手段，更体现出了中国古人在国家制度创新与社会治理方面的卓越智慧。

4. 板书设计

中国古代官员的选拔与管理

一、选才——中国历代选官制度

1. 周至春秋：世官制

2. 春秋战国：荐举功劳制

3. 汉代：察举制

4. 魏晋时期：九品中正制

5. 隋唐至明清：科举制

二、治吏——中国古代官员的考核与监察

1. 考核制度

（1）秦汉时期：上计制

（2）隋唐：官员考核归吏部

（3）宋朝：严格考核

（4）明朝：考满和考察

（5）清朝：考课制度

2. 监察制度

（1）秦汉：以御史大夫御史中丞为首的中央监察体系、汉代刺史制度

（2）隋唐：御史台

（3）宋朝：台谏合一

（4）明清：都察院和六科

第6课 西方的文官制度
（示例一）

教学设计：贵阳市第一中学　陈　倩
指导教师：贵阳市第一中学　杨　华

一、课程标准及内容解读

（一）课程标准

了解中国科举制与西方近代文官制度的渊源关系，知道西方近代文官制度的特点，以及对近现代中国公务员制度的影响。

（二）课程内容导读

本课主题是"西方文官制度的时代性"，主要介绍西方文官制度的形成、发展、特点及影响，体现时代与政治设计之间的紧密关系，帮助学生理解经济基础与上层建筑之间的关系。本课在整个单元中起着承上启下的连接作用，西方文官制度一定程度上受到中国古代科举制的影响，同时也为近现代中国公务员制度提供了经验和借鉴。

本课按照时间和逻辑顺序设置了三个子目。第一子目"西方文官制度出现的背景"讲述了近代西方文官制度形成之前的选官方式及官员录用上存在的问题。第二子目"西方文官制度的建立"介绍了西方文官制度的建立过程，突出政务官和事务官分类是政府在资本主义基本制度建立前提下提高治理能力的举措。第三子目"西方文官制度的特点和影响"介绍了西方文官制度的特点，说明了文官制度的实质，既承认它的进步性，也客观地指出它的局限性。

（三）辅助栏目内容解读

1.子目一：西方文官制度出现的背景

（1）学习聚焦（第35页）

解读： 随着资本主义的发展，政府需要处理的事务越来越复杂，需要建立起能迅速处理日常事务的职业官僚体系。工业革命后教育和思想的发展，平等公正的意识更加深入人心，人们要求政府向人民开放公职、改革录用制度。可见，资本主义的发展需要高效的官员录用制度，文官制度应运而生。

（2）思考点（第36页）

解读： 工业革命极大地提高了生产力，巩固了资产阶级的统治；工业革命后，资本主义国家管理的事务日益繁杂，公共服务类的事务急剧增多，需要有学识、有能力和有经验的管理人才；工业革命后资产阶级的统治已经巩固，他们不再担心封建势力复辟，法治开始逐渐取代人治，对国家治理人才的要求已经逐渐摆脱党派利益之争；工业革命后，平等参政的思想深入人心。

2. 子目二：西方文官制度的建立

（1）学习聚焦（第36页）

解读： 在工业革命、资产阶级代议制、启蒙运动、科举制等因素的共同作用之下，西方文官制度首先在英国建立。文官制度相较于之前的恩赐制、政党分肥制等更加利于资本主义制度的发展，由此其他资本主义国家也在学习英国文官制度的基础上，结合本国实际，建立了文官制度，文官制度成为资本主义国家选官用官与政务处理的主要形式之一。

（2）历史纵横（第36页）

解读： 早期大学基本没有设置考试，可考的最早的大学考试是1219年在意大利波伦亚举行的有关民法和习惯法的考试，但这些考试并不是书面考试，也不具备竞争因素。西方最早的书面考试开始于1702年，剑桥大学三一学院的理查德·本特利首次使用试卷对学生进行考试，之后牛津大学、东印度公司等都逐渐使用考试方式选用官员。1791年，法国大革命期间的法国也开始采用考试形式选官。1800年前后普鲁士也使用考试选官，但因为没有政务官与事务官的区分，所以不被视为文官制度的开端。本则"历史纵横"说明书面考试在形式上为文官制度的出现奠定了基础。

（3）学思之窗（第36页）

解读： 本栏目主要说明了文官制度中公开考试择优录用的选官方式和依据工绩的奖励和晋升制度。结合材料，可以认识到英国文官制度改革的措施是公开竞争选拔人才和建立完整的奖罚制度，目的是选拔能够胜任政府公共工作的官员，由此可见，这份报告的核心思想是考试择优录用，优先奖励能者。

3. 子目三：西方文官制度的特点和影响

（1）学习聚焦（第37页）

解读： 西方文官制度为维护资本主义统治、提高政府办事效率而建立，在时代背景和国家需要的共同作用下，它具有公开考试择优选用、政治中立、忠实执行国家政策、退休和晋升、长期任职等特点。这相较于旧的选官用官制度是巨大的进步，符合资本主义时代发展的需要，对资本主义国家的发展产生了重大影响。

（2）历史纵横（第37页）

解读： 19世纪末20世纪初，文官在任时通过努力工作取得优异成绩，可以得到晋升，这可以提高官员的工作积极性。文官退休以后也可以享受比较优厚的待遇，可解除他们的后顾之忧。这些举措都促进了资本主义国家治理水平的提高。

（3）史料阅读（第37页）

解读： 史料节选自《彭德尔顿法》，亦称《1883年文官制度法》。此法确立了文官录用和组织的原则，即竞争考试原则、文官地位相对稳定原则、文官政治中立不为党派利益服务原则。同时规定设立一个文官事务委员会，作为全面执行文官制度法的中央机构。这一法案标志着以功绩制为基础的美国现代文官制度的建立。

4. 探究与拓展

（1）问题探究（第38页）

解读： 两则材料的作者身份比较特殊，对文官制度的评价存在差异。结合材料中"职业性""效率""反民主""僵化""奴才"等词可以发现，由于文官的职业性和专业性，他们不受政府更替的影响，能够提高政府工作效率并保持国家治理的稳定性。但文官制度是资本主义发展的产物，具有阶级性，负责执行资产阶级制定的国家政策，是资产阶级统治国家的工具。

（2）学习拓展（第38页）

解读： 文官制度实行公开考试择优竞选，规范了西方国家政府行政部门事务官的选用和管理，有利于选拔优秀人才，巩固资本主义统治；文官制度实行两官分途，实现了政治和管理的分离，有利于政府工作的稳定性和持续性；文官制度实行政治中立和无过错常任制度，保证了政府工作的稳定性；晋升和退休制度可以调动文官的工作积极性，提高工作效率。总之，文官制度促进了资本主义国家的发展。

二、教学设计示例

（一）教学目标

了解西方文官制度的建立过程，认识西方文官制度是资本主义国家经济、政治发展的重要体现，培养学生时空观念及唯物史观核心素养。

了解中国科举制与西方文官制度的关系，知道近代西方文官制度的特点和历史背景，认识生产力发展对国家政策与制度的影响。

通过史料分析和讨论探究，客观评价近代西方文官制度，提高对历史事物的解释水平，培养学生历史解释核心素养。

（二）教学重难点

教学重点：近代西方文官制度的特点。

教学难点：近代西方文官制度的历史背景。

（三）教学设计示例

1. 导入新课

教师活动：介绍《格列佛游记》第三章小人国跳绳选拔章节，设置问题"英国的选官制度出现了什么问题？应该如何进行解决？"引入新课。

【设计意图】《格列佛游记》是学生熟悉的文学作品，节选其中的故事情节设置历史情境问题，吸引学生的学习兴趣，从而导入新课。

2. 学习新课

学习任务一　时代必然——文官制度建立的背景

基础知识梳理：结合教材信息，完善文官制度建立的时间轴，如图 2。

学生活动：结合教材完成时间轴。

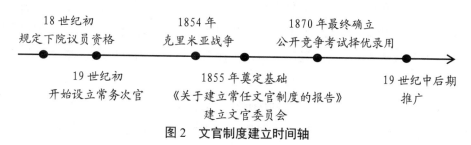

图 2　文官制度建立时间轴

教师活动：对文官制度建立的过程进行补充与完善。

【设计意图】学生阅读教材完成时间轴，了解文官制度建立与发展的基本事实，提升阅读与归纳材料的能力，同时培养学生的时空观念核心素养。

探究问题 1：阅读教材 34 页第一子目第一、二段和材料 1，分析文官制度建立的背景。

材料 1　（19 世纪前期）生产力水平的大提高导致政府管理职能的膨胀，政府面临着许多新课题。工业资产阶级要求参与行政管理，建立一个廉洁而高效的政府，更大程度地维护他们的既得利益。（同时）资产阶级兴起之时就提出的天赋人权、人人平等、主权在民的思想经过几百年的发展，已经深入人心。英国的斯坦顿父子对中国政府官吏选拔的种种描述，在英国产生广泛的影响。

——鲍红信《英国近代文官制度的建立》

学生活动：阅读教材和结合材料思考分析。

教师活动：教师讲述：英国旧的选官制度存在严重弊端。随着资本主义的迅速发展，时代要求建立文官制度。具体的因素包括：①经济上，英国工业革命的开展，促进生产力极大提高，工业资产阶级强烈要求获得政治权利，参与行政管理，建立高效的政府成为共同的呼声；②政治上，资产阶级代议制逐步完善，资产阶级力量进一步加强；③思想上，启蒙运动的开展，民主观念深入人心，为文官制度建立提供了理论依据；④导火索，克里米亚战争失利，人民对政府的管理能力强烈不满，推动英国政府进行用官制度改革；⑤其他：中国科举制为西方文官制度的建立提供了经验。

【设计意图】通过阅读史料和分析，对文官制度建立以及时代背景进行层层剖析，学生从中理解文官制度是资本主义发展的必然结果，资本主义的发展、生产力的提高推动选官制度的发展完善，利于培养学生的唯物史观素养。

探究问题 2：中国的科举制与西方的文官制度有何渊源？

材料 2　现在各国的考试制度，差不多都是学英国的。穷流溯源，英国的考试制度原来还是从我们中国学过去的。

——孙中山

材料3　英国的文官制度与中国的科举制不是一回事，在考试科目、考试内容、答题形式和选拔方式等方面都有明显不同，这种不同是因为社会生产方式和政治制度不同，因此不能说西方文官制度就是学习了中国的科举制。

——《选择性必修一·教师教学用书》

教师活动：提供两则观点相反的材料，引导学生思考中国科举制与西方文官制度的渊源并进行总结。

学生活动：学生思考分析。

教师活动：教师讲述，关于科举制和文官制度的关系目前在学术界仍然存在不同的看法。孙中山及部分学者认为西方文官制度来源于中国的科举制，部分学者认为英国的文官制度与中国的科举制不是一回事，英国的文官考试录用制度最大程度上是受英国剑桥大学和牛津大学考试录用学生的影响，中国科举制和英国的文官制度虽然都是以考试录用人员，但在考试科目、考试内容、答题形式和选拔方式等方面都有明显不同。

【设计意图】对于科举制与西方文官制度的关系，目前在学术界仍存在不同看法，提供两则不同观点的材料供学生思考和开放性讨论，培养学生的问题思辨能力和史料实证、历史解释等核心素养。

学习任务二　文官制度的特点——新制之优

学生活动：阅读教材第二子目第一、二段，分析文官制度的内涵。

教师活动：在学生阅读分析的基础上教师小结。

文官：文官又称公务员。西方公务员有两种含义，广义的公务员既包括选举产生与政府共进退的政府官员（政务官），也包括常任制的、非选举产生的政府公务人员（事务官）。狭义的公务员仅指事务官，这里我们说的文官即事务官。

文官制度：文官制度又称公务员制度，就是由国家法律或法令规定的各级文官的分类、考试、录用、考核、奖惩、传递、培训、晋升、调动、解职、退休、保障等一系列规章制度和管理制度。

【设计意图】对文官制度进行名词解释并对政务官和事务官进行区分比较，学生理解文官制度的内涵，形成对文官制度的准确认识，培养学生的史料阅读能力及历史解释核心素养。

探究问题3：文官制度具有哪些特点？

材料4　（英国）确立了文官考选制度。规定由独立于党派政治之外的文官委员会来主持文官考选事宜，采取公开竞争、择优录用的方式选拔文官；……文官作为从事具体的行政管理及法令实施工作的人员，不受选举与执政党更迭的影响，只要无过失就不受免职处分，可一直工作至退休。文官不得参加政治活动，不得兼任议员或政务官员，不得参加政党和营利性经济活动。并规定高级文官的考试科目分为必考科目和选考科目两种。

——范文超《英国文官制度变迁初探》

材料5　情境设置：汤姆是一名立志成为优秀高级文官的毕业大学生。在遵循文官制度的前提下，你有什么建议吗？

学生活动：学生思考分析。

教师活动：教师对文官制度的特点进行补充和总结。

文官制度特点：

①公开考试，择优录取——文官录用都必须经过公开考试，公平竞争，成绩优异者优先得到录用，同时，考试内容丰富、专业性和规范性强、实用性强。

②政治中立，服从领导——文官要在资产阶级各政党之间严格保持中立，必须忠实执行政府的各项政策。

③职务常任，论功晋升——和政务官的任期制不同，文官只要没有严重过错，便可任职到退休。同时，文官根据工作成绩得到晋升或惩罚。

【设计意图】以汤姆的晋升之路为线索，通过具体的案例分析和史料解读，学生可以了解文官制度的运行机制和特点，认识西方文官制度的进步性，理解文官制度建立的历史意义，培养学生的史料实证与历史解释核心素养。

学习任务三　文官制度的评价——利弊共存

探究问题4：如何认识和评价文官制度？

材料6　见教材问题探究。

学生活动：学生思考分析。

教师活动：教师讲述对文官制度的评价。

利：①规范了西方国家政府行政部门事务官的选用和管理。

　　②实现了政治和管理的分离，有利于政府工作的稳定性和持续性。

　　③促进了国家治理水平的提高；有利于巩固资本主义统治。

弊：①根本目的是维护资本主义统治，无法避免资本主义矛盾带来的各种弊端。

　　②容易滋生官僚习气和僵化现象。

　　③文官人数急剧膨胀，大大增加了国家财政负担。

　　④文官的层次越来越多，出现争权夺利现象，一定程度上影响政府工作效率。

　　⑤妇女长期没有和男子平等的待遇，在文官体系内长期没有得到重视。

本质：为资产阶级服务。

【设计意图】学生通过前面的学习后对西方文官制度的形成背景、发展历史、运行机制、特点等都有了基本的认识，在此基础上提供两个角度不同的材料，学生据此对西方文官制度进行评价，形成对西方文官制度的全面辩证的认识，培养学生的史料实证和历史解释核心素养。

3.课堂小结

随着时代的发展和需要，选官用官制度经历了不断地调整与变革。在资本主义发展的时代背景下，多种因素共同作用推动西方文官制度建立和发展。英国文官制度对资本主义制度的发展产生了积极作用，也推动了其他国家选官制度的改革，中国的公务员制度也受到西方文官制度的影响。

4.板书设计

西方文官制度

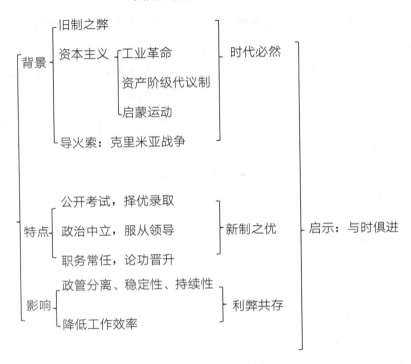

第 6 课　西方的文官制度
（示例二）

教学设计：北京师范大学贵阳附属中学　陈　波
指导教师：清镇市第一中学　刘　相

一、课程标准

　　了解中国科举制与西方近代文官制度的渊源关系，知道西方近代文官制度的特点，以及对近现代中国公务员制度的影响。

二、教学设计示例

（一）教学目标

　　能够叙述西方主要国家建立近代西方文官制度的史实，分析近代西方文官制度建立的原因，认识西方文官制度产生的必然性；归纳近代西方文官制度的特征。
　　能够结合西方资本主义国家的发展历程，辩证地认识近代西方文官制度的影响。

（二）教学重难点

　　教学重点：西方文官制度出现的背景和特点。
　　教学难点：西方近代文官制度的历史评价。

（三）教学设计示例

1. 导入新课

　　教师活动：解读文官制度的概念。
　　文官：也称公务员，一般是指经过公开考试被政府择优录用，在中央及地方行政机构中长期固定地担任文职工作并具有一定等级的工作人员。文官制度：文官制度又称公务员制度，就是由国家法律或法令规定的各级文官的分类、考试、录用、考核、奖惩、传递、培训、晋升、调动、解职、退休、保障等一系列规章制度和管理制度。

【设计意图】扫除概念理解障碍，初步了解本课要旨，明确学习目标。

2. 学习新课

学习任务一　西方文官制度出现的背景

探究问题1：西方传统选官制度的弊端凸显。

材料1　约14世纪后，随着民族国家的兴起，中央权力加强，国家的管理职能增多，国王需要更多的职业官员协助统治和管理，于是开始任命亲信担任政府官员。主要选取标准是效忠国王。他们类似于国王的家臣或仆从，官职、薪俸都依赖国王的恩赐，因此这种官员选用方式被称为"恩赐制"或"赐官制"。光荣革命后，君主、大贵族、掌权的议员和内阁大臣任用亲信，买卖官位，谋取利益，使得政府官职常常成为个人赡恩徇私、相互赠授的礼品。

学生活动：阅读材料和教材第35页第一段并结合所学，了解西欧中古时期教士和封建领主对社会管理的重要作用。了解国王赐官制形成的主要原因，理解这种选官制的弊端。

教师活动：引导学生认识这一时期，西欧社会管理主要依靠教士和封建领主，随着国王权力的扩大，需处理的事务越来越多，国王往往挑选身边的人来处理这些事务，国王恩赐的官员只是为国王和显贵服务，类似于仆从，认识旧官吏制度的弊端不适应社会发展的需要。

【设计意图】通过对材料的阅读，培养学生的史料实证和历史解释能力，同时引导学生知识链接《中外历史纲要（上册）》，树立专题史与通史学习的融通意识。

材料2　在政党制度建立初期，在选举中获胜的执政党都把政府的官职作为战利品酬劳，对该党有功和对选举胜利作出贡献的人，而对其政治，经济文化水平，工作能力等考虑不多，甚至根本不加考虑，公开进行"肥缺分赃"。

——古燕《西方政治的稳定器》

材料3　"加菲尔德被刺杀"图片（第35页）。

学生活动：阅读材料2，结合教材第35页第二段，了解"17—18世纪，欧美国家逐渐建立起资本主义制度，……出现了所谓的'政党分肥制'"，理解中古时期"官职恩赐制"对"政党分肥制"的影响，分析"政党分肥制"的主要弊端。观察材料3"加菲尔德被刺杀"图片（教材第35页），思考：这一事件反映的本质问题是什么？

教师活动：引导学生阅读教材和材料，帮助学生了解传统官制演变的进步性（从忠于个人到忠于政党，从贵族化渐趋平民化），但仍存在严重的局限性。

【设计意图】通过分析材料，认识"政党分肥制"下执政党和政府官员瓜分国家权力的做法不但造成腐败泛滥，还严重影响政府工作的连续性和稳定性，降低了行政效率。培养学生史料实证和历史解释的素养。

◆ 工业革命后要求高效廉洁文官制度的发展趋势

材料4　工业革命的完成使英国急需清廉高效的政府为其经济扩大张服务，选拔有效的班子充实政府职务，改革呼声越来越高。

——据梁宁森《英国文官制度的起源》

学生活动：阅读教材本子目第二、三段，结合《中外历史纲要（下册）》第五单元第10课，思考：

为什么说工业革命推动文官制度的建立？

教师活动：总结西方传统选官制度的弊端不适应社会发展需要，工业革命引发了资本主义社会的变革，社会政治力量对比也发生了变化，这推动着政治体制从贵族化向精英化、平民化演进。工业革命使资本主义社会经济规模扩大，社会分工更为复杂，要求政府进行高效的专业化和制度化管理，这要求文官具备较高的知识水平和管理能力，于是需要一套合适的文官制度选拔和管理官员。

【设计意图】通过史料分析，了解传统官制的演变及弊端，认识工业革命呼唤新的职业官僚体系的时代趋势，理解工业革命是推动西方近代文官制度建立的主要因素，引导学生认识工业革命推动文官制度的建立体现了经济基础决定上层建筑的唯物史观。

学习任务二　西方文官制度的建立

◆ 英国近代文官制度的最终确立

材料 5　教材第 36 页历史纵横。

材料 6　教材第 36 页学思之窗。

材料 7　教材第 36 页学习聚焦。

学生活动：阅读教材第二子目，结合材料 5—7 梳理英国文官制度的形成过程，了解剑桥、牛津大学的书面考试制度对英国近代文官制度形成的影响。了解其他资本主义国家近代文官制度建立的基本史实及英国近代文官制度改革对其他资本主义国家的影响。

教师活动：指导学生阅读教材。

【设计意图】通过教材阅读和史料阅读，让学生了解英国以渐进的方式来推进文官制度的形成与完善，其他资本主义国家也在学习的基础上，结合本国实际建立本国文官制度。改革的成功为文官制度改革提供了可资借鉴的经验，使人们普遍认识到，竞争考试是淘汰不合格的文官、提高文官队伍素质、达到政府廉洁与高效价值目标的有效手段。改革还培养了推动随后文官制度改革的一批改革者，发挥了重大作用。理解《关于建立英国常任文官制度的报告》对英国现代文官制度形成的奠基作用。

学习任务三　西方文官制度的特点和影响

◆ 西方文官制度的特点

材料 8　教材第 36 页学思之窗。

阅读材料，想一想：这份报告的核心思想是什么？

材料 9　教材第 37 页史料阅读。

阅读材料，想一想：这份材料说明了什么？

材料 10　教材第 37 页历史纵横。

学生活动：阅读材料 8、9、10 并结合教材第三子目概括西方文官制度的特点。

教师活动：指导学生通过阅读教材内容，归纳西方文官制度建立过程中表现出的特点：通过公开考试择优选拔文官；通过功绩考核建立合理的晋升和淘汰机制。文官必须保持政治中立；英国是"文官之母"；制保障；两官分途；资产阶级各政党之间严格保持中立"论功晋升"。

【设计意图】通过阅读《美国文官法》等相关史料，理解西方文官制度的特点，进而培养学生的史料实证意识和历史解释能力。

◆ 西方文官制度的影响

材料 11　教材第 38 页问题探究。

阅读材料，谈谈你对西方文官制度的看法。

学生活动：阅读材料，结合教材第 37 页最后一段内容，认识西方文官制度的主要影响；开展小组讨论，选出代表发言，其他小组补充。

教师活动：引导学生阅读材料，帮助学生从以下几方面理解。

形成的背景：过去官员选拔方式落后，官僚体系紊乱；代议制的发展和完善；工业革命后，工业资产阶级力量的壮大，人们要求平等参与政府工作的愿望等。

进步性：坚持公平性、择优性、中立性等原则，提高了官员的行政素质，提高了行政效率，有利于政府工作的连续性和稳定性等。

局限性：是资产阶级统治的工具，容易滋生官僚习气和僵化现象，加重政府负担，出现争权夺利现象等。

【设计意图】通过史料分析，对西方的文官制度进行评价，让学生辩证看待西方文官制度的积极意义和弊端，进而培养学生们的唯物史观、历史解释和家国情怀等素养。

3. 课堂小结

本节课主要包括三个部分的学习内容。首先，分析了西方文官制度建立的背景，其根本原因是工业革命的推动，生产力的发展。由此我们认识到任何制度的建立都是一定时代的产物。第二部分，我们梳理了西方文官制度建立的过程，从中可以体会到一个成功政治制度的构建不会是一帆风顺，必然会经历挫折。最后，认识文官制度的特点和影响，从而对其有更加全面的认识。

4. 板书设计

西方的文官制度

一、西方文官制度出现的背景

1. 西方传统选官制度的弊端凸显

2. 资本主义"政党分肥制"的形成

3. 工业革命后要求高效廉洁文官制度

二、西方文官制度的建立

1. 英国近代文官制度的最终确立

2. 其他资本主义国家近代文官制度的建立

三、西方文官制度的特点和影响

1. 西方文官制度的特点

2. 西方文官制度的影响

第 7 课　近代以来中国的官员选拔与管理
（示例一）

教学设计：贵阳市第一中学　吴冬梅
指导教师：贵阳市第一中学　杨　华

一、课程标准及内容解读

（一）课程标准

了解近现代中国公务员制度，知道西方近代文官制度对近现代中国公务员制度的影响。

（二）教材内容导读

本课按照时间顺序设置的第一子目讲述晚清时期是中国古代传统选官制度走向衰落，新式选官制度逐步设立的过渡时期。第二子目讲述了民国时期逐步建立与完善以考试为主的文官选拔制度。孙中山对文官制度的设计，北洋政府时期文官考试制度建立，南京国民政府时期的公务员制度得以发展完善。第三子目讲述新中国成立后，干部制度是中华人民共和国政治制度的重要组成部分，20世纪90年代后公务员考试录用制度逐渐建立。

（三）辅助栏目内容解读

1. 子目一：晚清选官制度的变革

（1）学习聚焦（第39页）

解读：晚清时期是中国近代文官制度转型期，培育了现代文官制度的基础。科举制度的废除，改变了千余年来科举任官的格局。近代文官任用制度在清末新政中得以革创，虽未得到完全实施，但推动了文官制度改革的进程，并对民国文官任用制度产生了积极的影响。清末文官考试任用制度改革的初步探索，在一定程度上改善了政府官员的人员结构，提高了政府机构的行政管理效率，使中国官僚政治的运行机制出现了若干新元素和新气象，顺应了社会转型时期的需要。

（2）史料阅读（第40页）

解读：本则史料分析了废除科举的现实原因和国际原因，说明废除科举和兴学堂的迫切性。一是废除科举可以改变各国对清政府的看法态度，换取列强信任；二是可使留学生为求功名而潜修所学，不受蛊惑；三是只有尽快兴办学堂，振兴教育，培养人才，才能改变内外危机；四是有利于抵制日益高涨的民主革命运动，使清朝统治转危为安；五是对学堂和科举的区别有了更明确的认识，由原来的人才选拔及教育，转而更为强调无人不学的国民教育、普通教育，提升国民素质和谋生能力，效忠朝廷。

2. 子目二：民国时期的官员选拔制度

（1）学习聚焦（第40页）

解读： 民国时期官员选拔制度以考试为主。依据孙中山的文官考试思想，南京临时政府制订了《文官考试令》《文官考试委员会官职令》《任官令》等草案，以考试制度选拔官员，建立独立的考试院主管人才的选拔和任用。孙中山的设计，为提高行政效率和奠定民主政治的基础做出了贡献。北洋政府时期文官考试制度建立。国民政府在北洋政府时期文官制度基础上，继承吸收中国传统考试制度和西方文官制度的精华，先后公布《公务员任用条例》《考试法》《公务员任用法》，建立公务员制度。

（2）历史纵横（第41页）

解读： 材料介绍了民国时期的文官、公务员等级制。

（3）史料阅读（第42页）

解读： 此材料介绍了1929年公布的《考试法》关于参加高等考试以备荐任职的应试人的资格要求，包括学历文凭，学识能力，工作经验等。甄别应试资格条件和考试，是旧人事制度向现代文官制度转变的重要措施，有利于提升官员的业务素质和行政能力，也有利于保持行政的连续性与稳定性。

3. 子目三：中华人民共和国的干部制度和公务员制度

（1）学习聚焦（第42页）

解读： 党管干部原则是干部工作必须始终坚持的一项根本原则，其实质是保证党对干部人事工作的领导权和对重要干部的管理权。公务员是我国干部队伍的重要组成部分，公务员制度也是我国干部管理制度的重要组成部分，建立和推行公务员制度是干部人事制度的重大改革，适应了社会主义市场经济体制建立的需要。

（2）历史纵横（第42页）

解读： 材料对"干部"的概念进行解释说明。

（3）思考点（第42页）

解读： 关键在于了解"干部"和"公务员"概念，认识二者的关系，联系时代背景进行思考。一是从现代人事制度发展的趋势分析，二是从当前中国社会发展、国家治理需求的角度进行分析。一方面，建立公务员制度是加强干部人事工作法制化建设的根本措施，是中国干部人事制度从人治走向法治的重要开端。因为法制化是现代人事制度的基本特点，各国都在总结本国经验和借鉴外国经验的基础上建立健全本国人事制度体系，并制定了有关法律法规。另一方面，实行公务员制度具有重要的现实意义：一是有利于形成广纳群贤、人尽其才、能上能下、能进能出、充满活力的用人机制；二是对包括各级党政领导干部在内的广大公务员的严格管理，有利于树立和落实科学发展观和正确的政绩观，有利于加强党的执政能力。

（4）历史纵横（第43页）

解读： 按照我国《公务员法》的规定，公务员是指依法履行公职、纳入国家行政编制、由国家财政负担工资福利的工作人员。除行政机关外，公务员涵盖中国共产党、人大、行政、政协、审判、检察和民主党派七大机关的工作人员。

（5）学思之窗（第43页）

解读：本栏目要求将选自2018年修订的《中华人民共和国公务员法》与正文中叙述的2005年通过的《中华人民共和国公务员法》相关条文进行对比，分析其中的变化。解答这一问题一是须要找出变化，二是分析变化的原因。变化在于改非领导职务为职级，实行职务、职级并行制度，重新设置了职级序列。原因：随着中国特色社会主义进入新时代，党和国家事业取得了历史性成就，中国社会发生了历史性巨变，对公务员队伍建设提出了新要求，一些规定不适应、不符合新形势的要求，需要与时俱进地加以修订完善。加强对公务员队伍的统一领导、党管干部等要求要进一步体现到具体规定中。

4. 探究与拓展

（1）问题探究（第43页）

解读：本题可分为中华民国时期和新中国成立以来两个阶段进行叙述。孙中山的文官考试思想奠定了近代中国文官制度的基础。1913年，北洋政府颁布《文官考试法草案》等法案，标志着文官考试制度的建立。南京国民政府时期，文官考试制度有了新的发展。一是正式设置考试院作为国民政府最高考试机关，考试院负责考选、铨叙事宜，是公务员制度的主要执行者和监督者；二是1929年颁布了《考试法》等法规，初步形成了公务员法律法规基础。新中国成立后，国家公务员录用制度经历了一个发展过程。20世纪90年代，国务院发布《国家公务员暂行条例》，国家公务员选用制度初步建立。2005年，全国人大常委会通过中国第一部公务员管理法《中华人民共和国公务员法》，标志着我国公务员管理步入法制化轨道。2018年，我国进一步修订和完善了《中华人民共和国公务员法》。

（2）学习拓展（第43页）

解读：本题的关键一是了解清末选官制度变革的主要表现，二是认识人才培养和官员选拔的密切关系。从传统教育的内容和对学生出路、读书人个人命运的影响两个角度阐释。晚清时期是中国社会大转型的时期，清末选官制度的变革表现在传统的科举选官被学堂选官、留学毕业生选官制度取代。学堂出身的人不仅可以获得与科举出身相应的待遇，还可以享受优先进入仕途的待遇，这对读书人来说具有巨大的吸引力。因此，传统教育由于无法与当时的选官制度接轨而遭到抛弃。学堂选官深刻地影响了读书人的命运，还表现在：新学制下读书人的受教育机会增多，可以选择新式学堂和出国留学等不同渠道；从学习内容看，虽然仍有传统的经学，但学生也开始接触新知识和新思想，新式学堂教育改变了读书人的知识结构和价值观念；学堂毕业生进入教育、科研、工业、商业、财会、医学、法律、新闻、出版、艺术，以及政府、军队等各个社会领域的职业阶层，充实了新式知识分子群体。

二、教学设计示例

（一）教学目标

通过了解晚清选官制度的变革，以及近现代中国公务员制度建立和发展的过程，使学生认识到自古以来我国官员的选拔与管理制度与时俱进的特点，培养其家国情怀核心素养。

通过分析近代以来官员选拔制度变化的原因，使学生能够在特定时空条件下对其进行辩证具体的评价，理解历史发展中的继承与借鉴。

结合西方近代文官制度的内容和特点，分析其对中国近现代公务员制度的影响和我国当代公务员制度与它的异同。使学生能够认识到只有建立符合中国国情的官员选拔与管理制度，才能提高国家的治理水平，促进国家的发展。

（二）教学重难点

教学重点：晚清时期科举制度的废除，近现代官员选拔制度的发展历程。

教学难点：我国干部人事制度改革的原因和公务员制度建立的意义。

（三）教学设计示例

1. 导入新课

教师活动：出示近年公务员招考情况图表，思考，为什么现代很多人争相报考公务员？从科举制度的废除到现代公务员制度的建立经历了怎样的时代嬗变？

【设计意图】利用社会热点导入学习本课内容，引发学生兴趣，关注现实问题并启发学生思考。同时帮助学生认识本节课的重点内容。

2. 学习新课

学习任务一　晚清选官制度的变革

教师活动：晚清时期随着列强侵略，民族危机不断加深，以儒家经典为主要内容的考试科目与社会需求严重脱节。传统文化教育和选官制度不断受到西学的冲击和挑战。有识之士为挽救民族危亡进行了不懈的探索，清政府也不得不适时改革。引导学生探究晚清选官制度的变革历程。

探究问题1：在新的时代背景下，晚清政府选官制度进行了怎样的变革？

学生活动：通过阅读教材第38页，概括晚清选官制度的变革举措。

①戊戌变法期间，加设经济特科。在康有为等人建议下，废八股，改试策论。

②新政时期，1901年，清政府通令各省书院改为大学堂，各州府县改为中小学堂，并设蒙养学堂。1904年清政府颁布《奏定学堂章程》，设立学堂选官制度。后又确立留学毕业生选官制度。1905年，科举制正式被废除。

教师活动：指导学生阅读教材"史料阅读"中的袁世凯等《立停科举推广学校折》，分析他们主张废除科举制的理由，认识学堂教育取代科举教育的必要性。

学生活动：阅读分析史料，明确史料观点，一是废除科举可使各国改变对清政府的看法态度，换取列强信任；二是兴办学堂，振兴教育，培养人才，才能改变内外危机；三是有利于抵制日益高涨的民主革命运动；四是重视国民教育、普通教育，有利于提升国民素质和谋生能力。总之，以维护清王朝统治为最终目的。

教师活动：在废科举的同时，清政府对传统官制进行改革：裁减冗署冗官，改总理衙门为外务部，陆续设农工商部、巡警部、学部等部门，瓦解了传统的六部建制。这一时期的文官设置，以西洋官制为模式，打破了传统的以六部为中心的中央行政体制，使立法、行政、司法（法部）三大机关逐渐分立，反映了与西方资本主义政体模式接轨的动机，基本建构了中国文官的近代框架。

探究问题2：晚清官员选拔发生了哪些新变化？具有怎样的新的时代特征？

材料1　该学制纵向分作三段七级，除去蒙养院为三段六级：第一段为初等教育，由初等小学堂（5年）、高等小学堂（4年）二级构成；第二段为中等教育，由中学堂（5年）一级构成；第三段为高等教育，由高等学堂（3年）、分科大学（3—4年）、通儒院（5年）三级构成。横向分作三部分：在直系各学堂之外还有师范教育和实业教育两个独立的系统。此外，属于高等教育性质的还有译学馆、方言学堂、进士馆和仕学馆。由此构成了纵向初等、中等、高等三级相衔接，横向普通、师范、实业的格局和框架。

——刘虹《癸卯学制》百年简论

材料2　该学制（《奏定学堂章程》，即癸卯学制）规定学堂的立学宗旨是："无论何等学堂，均以忠孝为本，以中国经史之学为基。俾学生心术壹归于纯正，而后以西学瀹其智识，练其艺能，务期他日成材，各适实用，以仰副国家造就通才，慎防流弊之意。"

——徐惟诚《中国大百科全书》

学生活动：结合教材和材料1、2分析晚清官员选拔的变化。方式上：由科举选官变为学堂、留学毕业生选官。内容上：由精通四书五经变为经时济世的通才。形式上：由选拔官员变为育人、取才合于学校。

新的时代特征：从变革原因看，受西学传播影响；从变革目的看，为挽救民族危机和政治革新服务；从社会转型看，近代化趋势明显。

教师活动：如何评价晚清选官制度变革的得失？

材料3　学堂选官制度中，轻视官员的培养即学堂教育过程这一环节，导致中央对学堂教育控制力的减少，它加速了地方对中央分离异己势力的增长，最终促使学堂选官制度走向解体，同时也加速了清代的崩溃。

就留学选官而言，许多留学生，在中西对比之下，他们感悟振兴中华的最大障碍是列强的侵略和清政府的专制腐败统治，因而走上立志推翻清王朝的斗争，不再以功名利禄为目的。从此意义上讲，清末选官制度加速了清王朝的灭亡，培养了掘墓者。

——张靖《晚清选官制度变革研究》

学生活动：阅读材料3，分析评价晚清选官制度变革的得失。

教师活动：新的选官制度，改善了政府人员结构和知识结构，将中国传统任官制度与西学结合，有利于选官制度的近代化。本质上没有摆脱传统的学而优则仕的思维，学生以学堂教育猎取功名。新生的知识分子通过新式学堂和留学教育，感悟振兴中华的最大障碍是列强的侵略和清政府的专制腐败统治，从而奔向了立宪和革命。从此意义上讲，清末选官制度加速了清王朝的灭亡，培养了掘墓者。

【设计意图】引导学生从唯物史观的角度通过晚清时代背景认识科举选官制度变革为时代必需，更好地理解晚清选官制度因时而变的必然性。此环节涉及学堂选官、留学生选官制度，学生不太熟悉，结合教材，配合图示，使教材知识化繁为简。通过史料分析晚清选官制度改革的进步性和局限性，提升学生史料分析和历史解释能力。

教师活动：清末种种新的文官录用方式，均未经过周密筹划，属于填补因科举制废除后选官制度出现的真空而采取的权宜之计。1911年，清政府开始拟定《文官考试任用章程》，试图使文官录用制度规范化，但其建立现代文官选任制度的尝试刚刚开始，即随着大清王朝的覆灭而夭折。1912年中华民国建立后，南京临时政府同样十分重视官员的选拔制度，特别是文官选拔制度的建设。

学习任务二　民国时期的官员选拔制度

学生活动：阅读教材，概括孙中山的文官考试思想，分析其特点。

教师活动：1912年，孙中山就任中华民国临时大总统，立即把他关于建立现代文官制度的构想付诸实践。他在临时政府设立了专门的文官管理机构——铨叙局，负责文官的考录、任免、升迁等事务。在民国初创的短短几个月时间里，孙中山令法制局拟定了官员选拔方面的法规草案，进行文官选拔的制度建设。尽管南京临时政府存在时间太短，这些法案并未实施，但已构建起近代文官制度的基本框架，进一步奠定了现代中国选官制度的基础。

探究问题3：比较北洋政府与南京国民政府的选官制度的异同点，并分析二者的关系。

材料4　向来保简荐任职任用者，固已不尽可问，然至少总有一篇履历，可以搪得过铨叙局。今则只须大议长写一私函，谓某人请保简任职，或总统下一名条，而院秘书厅即须仰希意旨，无中生有，替某人造一份履历，说得如何天花乱坠，连办院呈带办指令，五分钟光景，而简任职头衔已飞到某人头上矣。

——《北京政治丑态之一幕》，《申报》1923年3月1日

材料5　事实上，国民政府的公务员制度虽规定较详细，却并未能动摇其专制独裁基础，反而在吏治腐败和专制事实面前，徒具形式，得不到严格执行。对此，国民党六届二中全会也不得不指出，"多年来官僚主义早已构成政治上的最大弊害，而以敷衍塞责、假公济私为尤甚"。在当时，对政府官吏的贪污舞弊，不仅"不能批评，且须为之隐蔽"。因此，公务员制度及其有关法律规定多被践踏，成效甚微。

——白钢《政治制度史》

学生活动：阅读教材并结合材料4、5思考。

教师活动：在学生归纳的基础上，教师指出，二者的关系是，后者以前者为基础，后者的法律更加完善，具有更强的开放性和平等性。同时小结——民国时期的官员选拔制度，是孙中山先生设计的民主共和蓝图中以考试成绩为选拔标准的选官制度。但是由于专制集权的政治文化传统，公民文化政治素养相对较低，工业化水平较低，国民政府一党专政，中央政府与地方实力派的矛盾，政府公信力和执行力相对较弱，民国时期国内政局长期动荡等原因，拉帮结派、任用亲信的现象始终没有禁绝。

【设计意图】通过阅读教材和分析史料，学生了解民国时期的孙中山的文官考试思想，培养学生提取有效信息和归纳概括的能力，理解近代官员选拔制度与中国传统考试制度和西方文官制度的历史渊源；通过教材研读和问题探究，明确北洋政府和南京国民政府选官制度的得失，学会辩证分析历史事物，认识政治文明演进的渐进性。

学习任务三　中华人民共和国的干部制度和公务员制度

探究问题4：理解公务员制度是干部制度的组成部分。在干部人事制度改革中，为什么要坚持贯彻党管干部的根本原则？

学生活动：阅读教材及第 42 页历史纵横，概括新中国成立以来的干部制度发展历程。

教师活动：教师在学生概括的基础上总结，新中国成立后，沿用民主革命时期中共中央及各级党委组织部门统一管理的干部制度；从 1953 年开始，随着干部队伍不断扩大，党中央决定建立在中央及各级党委组织部统一领导、管理下分部分级分类管理干部的制度；改革开放后，干部制度进入改革完善阶段，在坚持贯彻党管干部的根本原则下，逐渐实现了科学化、民主化、法制化、现代化的建设；中共十八大以来干部队伍建设更加规范化、制度化，廉政建设取得很大成绩。教师还需补充说明干部制度"四化"建设和廉政建设的表现。

学生活动：讨论，为什么说党管干部原则是中国特色社会主义干部管理制度的根本？

教师活动：在学生讨论的基础上，教师小结，党管干部原则，是党的领导在干部工作中的重要体现。1938 年，毛泽东同志在党的六届六中全会干部人事制度改革研究会上提出了党管干部的思想。1953 年，中共中央作出《关于加强干部管理工作的决定》，对党管干部原则作出明确规定。1962 年，邓小平同志强调，党要管党，一管党员，二管干部。对执政党来说，最关键的是干部问题。1989 年，中共中央《关于加强党的建设的通知》明确了党管干部原则的基本内涵。此后，党的历次全国代表大会和党的重要文件，都强调必须坚持党管干部原则。用人权是最重要的执政权之一。在改革中，放弃党管干部原则就等于放弃党的领导、放弃党的执政地位。党管干部是干部人事制度改革必须始终坚持的基本原则，任何时候都不能动摇。（中共十九大报告：坚持党对一切工作的领导。党政军民学，东西南北中，党是领导一切的。）

探究问题 5：在中国特色社会主义干部管理制度形成过程中建立和推行公务员制度的原因。公务员制度建立的意义是什么？

材料 6 "国家干部"这个概念过于笼统，缺乏科学分类，因而使干部范围越来越大，干部队伍越来越庞杂，反映不出各种人员的不同特点和结构的现状……管理权限过分集中……管理方式陈旧单一，用管理党政干部的单一模式管理所有干部，不仅不利于人才的成长，而且还强化了全社会的"官本位"意识……管理制度不健全，用人缺乏法治……领导部门和领导干部的主观随意性很大，严重影响了人事工作的科学化、法制化和现代化进程。这些干部人事制度中的重大缺陷和弊端，使我们长期面临两大难题：一是年轻优秀的人才难以脱颖而出，二是用人问题上的不正之风难以避免。

建立和推行国家公务员制度已成为我国经济体制改革和建立社会主义市场经济的迫切需要……我国经济体制由传统计划经济向现代化的市场经济过渡，这种经济体制的重大转变要求作为上层建筑重要组成部分的组织人事工作做成相应的调整和转换，才能适应新经济体制的要求。……没有公开就很难平等，没有平等就没有竞争，没有竞争就很难择优，因此要在竞争中去选人和用人。

——江峰《发扬我国干部人事制度的优良传统 建立有中国特色的国家公务员制度》

学生活动：根据材料 6 思考分析。

教师活动：在学生分析的基础上教师概述，一是因为传统干部人事制度存在诸多弊端，比如，干部概念缺乏科学分类；传统干部管理制度下，管理权限过分集中，管人与管事相脱节；管理制度不健全，用人缺乏法治等。二是公务员制度的建立，是社会主义市场经济发展的根本要求。三是当前和平开放的国际环境，也为我们借鉴西方的文官制度提供了良好的条件。公务员制度的建立是干部人事制度改革的必然结果。1993 年公务员制度开始推行，随后公务员考试录用制度建立。2005 年，《中华人民共和国公务员法》通过，标志着公务员制度正式形成。2006 年《中华人民共和国公务员法》正式实施以来，公务员考试录用制度得到了全方位的推进和改善，考试录用规模和范围不断扩大。教师强调：我国公务员制度的建立发展，立足中国国情，既有对自身深厚文明的传承，也借鉴了西方的文官制度精华，具有鲜明的时代特征。

探究问题 6：中国公务员制度与西方文官制度的异同。

材料 7　贯彻党的基本路线是建立公务制度的指导原则。公务员必须执行党的路线、方针和政策……西方公务员制度则强调所谓政治中立，要求公务员不得以公务员身份参加党派活动，在公务活动中不得带有党派的政治倾向性。

我国的公务员制度是党的干部制度的一个组成部分，各项具体管理制度是按照党的干部路线、方针、政策来制定的……西方公务员制度则强调公务员管理是独立于党派之外的管理系统，不受政党干预，政党不得直接管理公务员。

按照德才兼备的标准选拔和任用干部，坚持任人唯贤，反对任人唯亲，是我们党和国家干部人事工作的一贯原则……西方公务员制度在用人标准上，只强调所谓"专才"或"通才"。

我国公务员必须全心全意为人民服务、廉洁奉公、不贪污受贿、不谋私利，并接受群众监督……西方公务员则是一个独立的利益集团，他们同政府的关系是雇员同雇主的关系。

我国不搞多党制和所谓政治中立，要求所有公务员在政治上都与党中央保持一致。而西方公务员制度则实行"两官分途"，强调政务官"政治化"，事务官"职业化"。

——舒放、王克良《公务员制度教程》

学生活动：结合材料 7 思考分析。

教师活动：在学生分析的基础上，教师指出，与西方的文官制度相比，中国的公务员制度具有鲜明的特色：一是政治原则上坚持党的基本路线，西方文官则坚持政治中立；二是管理体制上坚持党管干部的原则，西方的文官制度不受政党干预；三是选用标准上坚持德才兼备的用人标准，西方强调业务知识和能力是第一位；四是不搞"两官分途"，西方的文官则有政务官与事务官之分；五是服务对象上为人民服务，西方文官则是受雇于政府，为资产阶级服务；六是根本目的上是维护广大人民的根本利益，完善巩固人民当家作主，西方文官则是维护资产阶级利益，巩固资本主义统治。两者共性：录用过程的公开化、平等化，组成人员的专业化，管理体制的法制化等，体现了政治文明的普适性和多样性。

【设计意图】本环节针对学习聚焦"党管干部原则"做了适当补充，帮助学生理解党管干部原则是中国特色社会主义干部管理制度的根本。增加干部人事制度改革的背景材料便于理解公务员制度建立的必要性和意义。通过对中西方公务员制度的比较分析，了解中国公务员制度的特色，认识政治文明的多样性和相互借鉴的特点。

3.课堂小结

晚清废除科举制度，设立学堂选官制度和留学生选官制度，推动传统的官员管理体制向近代化的转型；北洋政府以考试方式选拔官员，南京国民政府正式建立近代公务员制度，实现近代官员管理制度化、法制化；中华人民共和国成立后，坚持党管干部原则，建立并完善国家公务员制度，形成中国特色社会主义干部管理制度，为社会主义发展提供政治保障。

纵观晚清以来选官制度的变革，都是在国家形势急剧变化的情况下所做出的国家治理方式的调整。由此可见，建立现代化、符合国情的选官和管理制度，对提高国家治理水平，促进国家发展具有重要意义。

4. 板书设计

近代以来中国官员的选拔与管理

一、晚清选官制度的变革（1840—1912 年）

1. 兴学堂、废科举

2. 设立学堂选官制度和留学毕业生选官制度

二、民国时期的官员选拔制度（1912—1949 年）

1. 孙中山的文官考试思想

2. 比较北洋政府与南京国民政府的选官制度的异同

三、中华人民共和国的干部制度和公务员制度（1949 年以来）

1. 改革开放前：沿用干部制度

2. 改革开放后：干部人事制度改革，建立公务员制度

3. 比较西方文官考试制度和中国公务员制度异同

第7课 近代以来中国官员的选拔与管理
（示例二）

教学设计：北京师范大学贵阳附属中学 陈 波
指导教师：清镇市第一中学 刘 相

一、课程标准

了解近现代中国公务员制度，知道西方近代文官制度对近现代中国公务员制度的影响。

二、教学设计示例

（一）学习目标

了解近代以来，晚清、民国、当代中国官员管理制度的演变历程，了解近代以来主要历史时期选官制度的核心内容，并探究其演变的原因，认识近代中国官员选拔制度的发展趋势和特点。

能够通过了解中华人民共和国的干部制度，认识中国国情和国家治理的特色；认识近现代中国公务员制度是随着时代的需要产生和发展的；体会制度创新的意义和价值，增强对当今中国制度建设与发展的自信心和责任感。

（二）教学重难点

教学重点：了解近代以来中国选官制度变化的过程及特点。
教学难点：近现代中国公务员制度建立的原因及意义。

（三）教学设计示例

1.导入新课

出示近代三大学堂（京师大学堂、北洋大学堂、山西大学堂）的图片（图片略）。
学生活动：观察图片，阅读教材导言，思考：中国的教育制度发生了怎样的变化？
教师活动：引导学生观察图片、阅读教材导言，提取有效信息，了解三大学堂开启了中国近代教育的航程，中国近代的学堂不仅与学制的变革及高等教育的改革有关，也与选官制度的变革相关。
【设计意图】通过介绍三大学堂的历史，导入晚清科举选官制度变革的时代背景。切入新课。

2.学习新课

◆ 科举制度的变化

材料1 科举夙为外人诟病，学堂最为新政大端。一旦毅然决然舍其旧而新是谋，则风声所树，观听一倾，群且刮目相看，推诚相与；而中国士子之留学外洋者，亦知进身之路，归重学堂一途，益将励志潜修，不为邪说浮言所惑，显收有用之才俊，隐戢不虞之诡谋，所关甚宏，收效甚巨。且设立学堂者，并非专为储才，乃以开通民智为主，使人人获有普及之教育，且有普通之知能，上知效忠于国，下得自谋其生。

——教材第40页史料阅读

思考：据材料概括清末选官制度的变化，指出清朝政府为什么采纳袁世凯废除科举制发展学堂的主张？根据材料并结合所学知识分析晚清官员选拔方式发生变化的原因？

学生活动：速读教材《中外历史纲要（上册）》第六单元第19课第108页历史纵横栏目和本课第一子目内容，梳理晚清选官制度变革的基本过程，并结合教材和材料分析问题。

教师活动：教师出示表格并引导学生完成。教师分析材料，引导让学生概括清末选官制度的变化（见表2-8）：废除科举制后实行学堂选官和留学毕业生选官制度。认识清政府采纳袁世凯主张的背景：清政府统治危机的加深，科举制度无法适应新形势下官员选拔的需要，新式学堂的推广，留学潮的出现等。根本目的是维护清朝统治。

表2-8 晚清选官制度变革

时间	大 事
1898年	加设经济特科；废除八股，改试策论。
1901年	各省书院改为大学堂，府州县学改为中小学堂，开始从学堂考试合格毕业者中选拔部分官员，对选官制度进行部分更新。
1904年	颁布《奏定学堂章程》，统一全国学制，学堂选官制正式设立。毕业考试成绩中等以上者可获相应奖励出身，由官府予以选录。
1904年	确立留学毕业生选官制度，据考试结果赐予进士、举人出身，再分配官职。
1905年	废科举，责令地方遍设学堂，将育人、取才合于学校一途。
1906年	此后，学堂选官、留学毕业生选官成为晚清官员选拔的主要方式。

【设计意图】引导学生认识废除科举制度，设立学堂选官制度和留学毕业生选官制度，是晚清选官制度的变革。

◆ 晚清选官制度变革的特点

例题1 1906年，清政府陆续举办了几届旨在选拔、任用归国留学生的"考试"，内容涉及工程、机械、理化、医学等，部分应试者获得相应的功名出身。据此可知，清朝晚期（　　　）

A.选官出现从重八股到重科学的变迁　　　B.封建正统思想仍然左右政治生活

C.新式人才选拔体系受到留学生推崇　　　D.科举制依然存在并且发挥着作用

例题2 "状元""进士""举人"，这是在科举制度下知识分子梦寐以求的"荣衔"。1905年，清政府废除科举制，但同时规定：每年举行一次归国留学生考试，合格者分别赐予进士、举人出身。这说明（　　）

A. 清政府的留学教育制度逐步完善　　B. 用考试的办法激励留学生刻苦学习

C. 近代留学运动已得到清政府认可　　D. 中国教育仍处于新旧交替过程之中

学生活动：根据两道选择题，从题干中提取晚清选官制度变革受西学传播影响、近代化趋势明显的信息，结合教材概括归纳晚清选官制度变革的特点。

教师活动：引导学生阅读题干，认识这一时期中国教育和选官制度处于新旧交替中，是为挽救民族危机、为政治革新服务的教育体制形式，更是选官制度变革的形式。

【设计意图】通过试题题干的解读，科举制虽废除，但其"考试选官"原则被沿用，将历史唯物主义内化成为学生的关键能力。

学习任务二　民国时期的官员选拔制度

◆ 南京临时政府时期

材料2　我们现在要集合中外的精华，防止一切的流弊，便要采取外国的行政权、立法权、司法权，加入中国的考试权和监察权，连成一个良好的完璧，造成一个五权分立的政府。吾今主张五权分立制以救三权鼎立之弊，论其理由，非立谈可罄，假以岁月，当博考西籍，汇为一编。

——《孙中山全集》

思考：阅读材料，结合教材知识，概况孙中山的文官考试思想，分析其特点和意义。

学生活动：阅读教材第40页最后一段并结合史料，综合评价民国初年选官制度的变革。

教师活动：引导学生通过对材料的解读和教材分析，认识在官员选拔方面，以考试制度为主，在"五权宪法"的框架之中，国家建立考试院，主管人才的选拔和任用。考试权的独立是最大特点。孙中山的文官考试思想，扬中国科举制度之利，矫西方选举制度之弊，是世界政治思想史上的一个创新。奠定了近代中国文官制度的基础，对日后民国文官制度的建设产生了重要影响。

【设计意图】坚持史论结合，学生通过材料的解析，了解孙中山的文官考试思想，同时认识到近代中国的公务员制度与科举制、西方文官制度的历史渊源，理解政治文明发展的传承性与借鉴性，以涵养家国情怀。

◆ 北洋政府时期

材料3　（北洋政府）将除议员与军官之外所有官员称为文官。对文官的任用采取留任旧任官吏与通过新式考试任用相结合的办法。1913年1月，北洋政府公布了《文官任用法草案》，确定官员任用资格主要有两项，第一是考试，第二是经历，……同时又公布了《文官考试法草案》，对考试作具体规定，……上述文官制度的实际施行范围主要限于中央政府，有实力的军阀往往自行委任官吏，……政府一直没有公布关于文官晋升的法律法规。

——赵海梅《二十世纪初北洋政府文官考试制度及其启示》

思考：根据材料结合所学概括北洋政府时期选官制度的特点。

学生活动：阅读教材第二段结合材料3，概况归纳北洋政府时期选官制度的特点。

教师活动：教师引导学生阅读材料，了解北洋政府1913年颁布《文官考试法草案》，标志着文官考试制度的建立。这一制度受西方文官制度影响，以立法、制定条例的形式实施，选拔形式多样、考试和资历并重，带有军阀割据色彩。

【设计意图】通过阅读教材和分析史料，提高学生史料概括归纳的能力，理解北洋政府的官员选拔制度与中国传统考试制度和西方文官制度的历史渊源。认识其特点。

◆ 南京国民政府时期

材料4　1929年公布的《考试法》规定，参加高等考试以备荐任职的应试人，需具有下列资格之一：

一、国立或经立案之公私立大学独立学院，或专科学校毕业，得有证书者；二、教育部承认之国外大学独立学院或专科学校毕业，得有证书者；三、有大学或者专科学校毕业之同等学历，经检定考试及格者；四、确有专门学术技能或著作，经审查及格者；五、经普通考试及格四年后或曾任委任官及与委任官相当职务三年以上者。

——《国民政府公报》第232号（1929年8月2日）

思考：根据材料4并结合教材第41页第四段，归纳并总结南京国民政府时期公务员选拔制度的特点？

材料5　民国时期的文官、公务员等级制。

北洋政府的文官分为行政官、外文官、司法官、技术官、警察官五种，有四级九等。南京国民政府的公务员等级制度，继承了北洋镇府的文官等级制度并有所变通。根据1933年制定的《暂行文官官等官俸表》的规定，公务员分为四等三十七级。

——教材第41页历史纵横

学生活动：阅读材料4、5和结合教材第41页第四段，提炼信息，思考情境问题。

教师活动：引导学生阅读和分析材料，帮助学生了解南京国民政府选官制度的特点：受西方影响；设立独立的考试机构；以立法形式实施；党派军治色彩浓厚；流于形式；具备一定的资格条件；允许女子参加考试；甄别审查任用资格；孙中山文官考试的思想主张得到了确立；以北洋政府时期的文官制度为基础。

【设计意图】通过教材研读和问题探究，培养学生提取信息和解读史料的能力，认识南京国民政府公务员制度的进步性和局限性，学会多角度、全方位了解历史制度，客观辩证分析问题。

学习任务三　中华人民共和国的干部制度和公务员制度

◆ 干部制度的建立

材料6　新中国成立前，"干部"指在共产党和共产党所领导的军队及革命团体中担负一定领导责任的人员，以及在共产党领导的苏维埃政府、边区政府、工农民主政府中担任一定公职的人员。新中国成立后，"干部"一词的含义变化不大，主要指中国共产党组织、国家机关、群众团体的工作人员，以及国营企事业单位的管理人员和各类专业技术人员。

——教材第42页历史纵横

学生活动：阅读教材历史纵横，了解干部、国家公务员的概念。学生阅读教材，概括出新中国成立之后干部制度发展的内容及原则。

教师活动：讲述，概念解释。建国初期，沿用民主革命时期由中共中央及各级党委组织部门统一管理的干部制度。后来，又建立了在中共中央及各级党委组织部门统一领导、统一管理下的分类管理的干部制度。改革开放后干部制度的改革与完善，逐步实现了干部管理的科学化、民主化、法制化、现代化，初步建立起中国特色社会主义干部管理制度。中共十八大以来，干部队伍建设更加规范化、制度化，严格依法依规办事，特别是在干部的廉政建设方面不断完善各项制度和规定，取得很大成绩。

【设计意图】引导学生认识：干部制度是中华人民共和国政治制度的重要组成部分，包含国家干部人事管理体制、原则、机构，以及干部选拔、任用、考核、监督、交流、培训等内容。经历了奠定基础、初步建立、规范化和制度化三个时期。党管干部原则是中国特色社会主义干部管理制度的根本，建立和推行公务员制度是干部人事制度的重大改革。

◆ 干部制度的改革和完善

材料7　公务员是指在各级政府机关中，行使国家行政职权、执行国家公务的人员。除行政机关外，中国共产党机关、人大机关、政协机关、监察机关、审判机关、检察机关、民主党派机关的公职，他们依法履行公职，属于国家行政编制，由国家财政负担工资福利。

——教材第43页历史纵横

材料8　第四章　录用

第二十三条　录用担任一级主任科员以下及其他相当职级层次的公务员，采取公开考试、严格考察、平等竞争、择优录取的办法。

——教材第43页学思之窗

思考：阅读材料，对照教材相关内容，分析其中的变化。

材料9　新建立的公务员制度，在公务员的范围、职位体系、录用、奖惩、培训、工资福利与保险等各个环节借鉴了发达国家公务员制度的有益经验，大体上是可以与国际接轨的制度，但又具有中国特色。如：对公务员没有"政治中立"的要求，没有"政务官"与"事务官"之分，各级政府的组成人员包括由同级人民代表大会任免的人员，都在公务员之列。

——白钢《政治制度史》

思考：指出新中国公务员制度的特点。并结合教材第43页材料分析推行公务员制度的意义。

学生活动：阅读材料8、9，结合时代背景分析新中国公务员制度的特点及意义。

教师活动：引导学生阅读材料8，指出主要变化在于改非领导职务为职级，实行职务、职级并行制度，重新设置了职级序列。引导学生阅读材料9，指出特点，借鉴了发达国家公务员制度的有益经验，但又具有中国特色。意义：克服党管干部弊端，提升官员素质；适应改革开放和现代化建设需要；为国家管理人员的队伍建设增添了活力；树立为人民服务宗旨。

【设计意图】学生通过探究，认识中华人民共和国建立后，逐步实现了干部管理的科学化、民主化、法制化、现代化，初步建立起中国特色社会主义干部管理制度。中共十八大以来，干部队伍建设更加规范化、制度化，严格依法依规办事，特别是在干部的廉政建设方面不断完善各项制度和规定，取得很大成绩。

材料10　西方公务员的录用虽然宣称是民主的、平等的，但其形式平等多于实质平等，种族、民族问题的存在使得公务员录用的民主、平等难以真正实现。相比之下，我国法律明确规定……民族自治地方人民政府和各级人民政府民族事务部门录用公务员时，对少数民族报考者予以适当照顾，充分反映了我国公务员录用中追求实质上的平等。……"党管干部"是我们党的干部人事制度的一项基本原则，是与我国的政治制度、政党制度息息相关的，与西方国家要求公务员保持"政治中立"形成鲜明对比。因为公务员制度作为新时期的人事制度，仍然是党的干部人事制度的重要组成部分。

——王宝明《〈中华人民共和国公务员法〉专题讲座》

思考：根据材料，说明我国公务员制度与西方公务员制度的不同之处。

学生活动：阅读材料，结合所学说明我国公务员制度与西方公务员制度的不同之处。

教师活动：引导学生依托教材"历史纵横""学思之窗""思考点""史料阅读"创设的历史情境，促进学生掌握近现代中国公务员制度的建立过程及特点，把握本课学习聚焦的核心内容。

【设计意图】通过对比分析，能正确认识西方和中国公务员制度的差别。西方：形式平等多于实质平等，要求公务员保持"政治中立"。中国：追求实质上的平等，以"党管理干部"为基本原则。培养对比分析能力，涵养家国情怀等素养。

3. 课堂小结

废除科举制度，设立学堂选官制度和留学毕业生选官制度，是晚清选官制度的变革。清末文官录用方式的改变，对政府官员结构有一定程度的改善，但均属挽救统治危机的权宜之计。

以考试方式选拔官员，是民国时期官员选拔制度的主体，并依此建立起公务员制度。民国文官制度继承、吸收了中国传统考试监察制度和西方文官制度的精华，在发展中逐渐走向开放和平等，但在实施过程中漏洞百出，任用亲信、拉帮结派现象始终无法禁绝。

党管干部原则是中国特色社会主义干部管理制度的根本。改革开放以来，初步建立起科学化、民主化、法制化、现代化的中国特色社会主义干部管理制度，建立和推行公务员制度，推进了国家管理人员队伍建设，适应了改革开放不断深化的需要，有利于国家治理的现代化。

4. 板书设计

近代以来中国官员的选拔与管理

一、晚清选官制度的变革

1. 学堂选官

2. 留学毕业生选官制

二、民国时期的官员选拔制度

1. 北洋时期文官考试制度

2. 南京国民政府公务员制

三、中华人民共和国

党管干部和公务员制

第三单元

法律与教化

贵阳市第一中学／牟永良

一、本单元主题为"国家治理的重要工具——法律与教化"

　　课标对本单元的内容规定，可以总结为两个方面——国家治理"硬"的一面与"软"的一面。"硬"的一面是法律，"软"的一面是教化。法律是统治阶级意志的体现，由国家制定或认可，受国家强制力保证执行，是国家制度不可或缺的重要组成部分，具有强制约束力，因此是国家治理"硬"的一面。教化指政教风化，强调道德感召和自律，是法治的有效补充，对社会和个人的约束力是相对软性的，因此是国家治理"软"的一面。法律与教化相辅相成，代表了统治阶级进行国家治理的硬、软两手。

二、单元内容结构

　　本单元共有3课内容。第8课《中国古代的法治与教化》涉及课标中的"知道中国先秦时期成文法的产生过程，以及这一时期思想家对于德治、法治关系的讨论""知道自西汉起历代王朝法律、礼教并用的统治手段"两部分内容，主要叙述了中国古代的法治与教化两种治理手段并用的发展演变历程。第9课《近代西方的法律与教化》涉及课标中的"了解近代西方法律制度的渊源和基本特征，知道宗教伦理在西方社会发展进程中的作用"，主要叙述了近代西方法律制度的历史渊源和基本特征，以及宗教伦理在国家治理和社会发展中的作用。第10课《当代中国的法治与精神文明建设》涉及课标中的"了解当代中国的法制建设和精神文明建设成就"，主要叙述了当代中国的法治建设和精神文明建设的成就，向我们展示了当代中国依法治国的建设成就。

　　本单元有三个学习要点：一是中国古代法治与教化的发展演变。中国古代的法律从先秦时期开始，内容日益丰富，体系逐渐完备，最终形成了中华法系。教化在中国古代主要通过儒家道德礼义教化民众，经历了长期的发展演变过程。到宋朝时，儒学向基层渗透，儒学士人投身基层教化，以乡约教化民众。到明朝后期，乡约逐渐带有强制力。清朝乡约基本延续明朝的模式，经政府利用和推广之后具有约束力，并与法律合流。二是近代西方的法律和教化。西方法律以罗马法为基础，逐渐发展出了以判例法为主要法律渊源，以遵循先例为基本原则的英美法系；以成文法为主要法律渊源，强调宪法的根本法地位，一般不承认判例效力的大陆法系。西方的教化体现为宗教伦理，无论是宗教改革之前的基督教，还是宗教改革之后的天主教与新教，都通过宣传宗教教义，深刻影响人们的思想意识和日常行为。三是当代中国的法治与精神文明建设。新中国成立后法治建设取得显著成就，至2010年形成了中国特色社会主义法律体系，推动我国社会主义制度不断自我完善和发展，为实现中华民族伟大复兴奠定了坚实的法治基础。当代中国的社会主义精神文明建设也属于教化。改革开放前热爱社会主义的政治氛围，全心全意为人民服务的行动准则；改革开放后的"五讲四美三热爱"，加强爱国主义教育，弘扬社会主义核心价值观，都是当代中国精神文明建设的具体表现，凝聚成为实现中华民族伟大复兴的强大精神力量。

在这三个学习要点中，第一要点的中国古代国家治理中礼法并用的特点，既是重点内容也是难点内容，学生在理解这一特点时会有一定的难度。第二要点中西方宗教伦理在社会教化中的作用，第三要点中当代中国精神文明建设在国家治理中的教化作用，都是重点内容，需要结合典型史料进行重点讲解。

三、单元导语解读

本单元讲述的是古今中外国家治理的两种重要手段——法律与教化，尤其是重点介绍了古代和现代中国的法治与教化，突显了文化自信。

本单元导语分为两个部分：

第一部分简要概述了本单元的主要内容，介绍了法律与教化作为社会治理工具的相同点与不同点。相同点即两者均为统治阶级进行国家治理的工具；不同点在于，法律着眼于防范与惩处，教化着眼于教育和引导。二者相辅相成，共同承担国家治理的任务，发挥硬的和软的功用。导语还介绍了法律与教化在古代中国、近代西方和当代中国的不同特征：礼法结合是中华法系的重要特点；强调司法独立、保护个人权利是近代西方法律的特点；推进全面依法治国、弘扬社会主义核心价值观，是当代中国法律与教化的核心特征。第二部分是本单元学习内容的学业目标要求。

在教学过程中，教师要根据这些学业目标的要求，运用历史教学资源，培养学生的历史核心素养和关键能力。本单元的教学，教师应引导学生运用唯物史观的基本立场、观点和方法，通过横向和纵向梳理时空变化，运用丰富的史料，遵循论从史出的原则，比较中外法律与教化的发展演变和不同特点，并进行逐层深入的历史解释，以更好地认识法律与教化在国家治理中的作用，感受中华文明绵延不绝的独特魅力，培育家国情怀。

第8课　中国古代的法治与教化
（示例一）

教学示例：北京师范大学贵阳附属中学　陈　波
指导教师：清镇市第一中学　刘　相

一、课程标准及内容解读

（一）课程标准

知道中国先秦时期成文法的产生过程，以及这一时期思想家对于德治、法治关系的讨论；知道自西汉起历代王朝法律、礼教并用的统治手段。

（二）课程内容导读

本课主题是"礼法结合的中国古代国家治理"。

夏商时期，统治者可以随意残害奴隶，西周统治者建立了礼制，具有一定的进步性。春秋战国时期，礼崩乐坏，曾经维护社会秩序的分封制、宗法制、礼制都被严重破坏。各诸侯国国君为在乱世中能立于不败之地，纷纷寻找新的治国思想。在诸多治国思想中，以儒家的德治思想和法家的法治思想影响最大，并引发了早期的德治与法治之争。此后随着国家的统一和社会的发展，提倡以道德礼义教化民众的儒家思想，逐渐成为封建社会的主流正统思想，同时，法家所强调的法治思想也一直存在。历代统治者都强调应以法律来治理国家，都非常重视律令的编纂。汉代的"引经决狱""以经注律"，魏晋时期"律令儒家化"，都体现了儒法结合的重要趋势，尤其是唐朝的《唐律疏议》，是现存最早最完整的封建法典，是礼法结合的典范，标志着中华法系的确立，以后历代基本沿用《唐律疏议》的精神。同时，在社会基层，从汉代起经魏晋南北朝、唐朝直至明清，都存在用儒家思想教化民众的现象，如家规、乡约等，并且在封建社会后期，乡约经政府利用和推广而具有约束力，呈现出约律合流的趋势。

本课共有三个子目。第一子目"先秦时期的德治与法治"，主要讲述先秦时期儒家的德治思想与法家的法治思想，以及早期的德治与法治之争。最终，既能带来富国强兵的现实利益，又能满足各国君主专制愿望的法家思想占据上风，得到统治者的青睐。秦国正是在法家法治思想指引下最终统一六国。第二子目"秦汉至隋唐时期的法律与教化"，重点介绍了秦汉至隋唐时期治国思想的演变。秦朝运用严酷的法治思想治国却二世而亡，随着汉朝时儒家思想成为正统，儒法逐渐结合，德治和法治逐步融合，到唐朝形成了礼法结合的典范——《唐律疏议》。第三子目"宋元至明清时期的法律与教化"，介绍了宋元明清时期的法律体系基本以唐律或唐律精神为蓝本。还重点介绍了宋代以来儒学逐渐深入社会基层，以乡约形式教化乡里。至明清时期，原本由儒学士人发起的教化百姓的乡约，经政府利用和推广而具有约束力，并与法律合流。

（三）辅助栏目内容解读

1.子目一：先秦时期的德治与法治

（1）学习聚焦（第45页）

解读：本栏目强调了儒家德治思想和法家法治思想的积极意义。儒家思想要求统治者"德治""仁政"，有其积极意义，但不符合春秋战国的时代需求。正因为法家的法治思想适应了时代潮流，最终成为秦国实现统一的指导思想。

（2）史料阅读（第46页）

解读：本栏目的两则史料分别是代表法家法治思想的《韩非子•有度》，代表儒家德治思想的《礼记•曲礼》，围绕如何治国展开争论。法家认为君主应该用严酷的法律来治理国家，儒家则认为应该用礼来治理社会。教师可以引导学生分析这两则史料，明确儒家和法家在治国思想上的差异，进而理解先秦时期的德治与法治之争，同时结合时代背景帮助学生进一步理解战国时期各诸侯国国君为何会更推崇法家思想。

2.子目二：秦汉至隋唐时期的法律与教化

（1）学习聚焦（第47页）

解读：本栏目强调了汉魏以来，儒家思想和法家思想的逐步汇流，德治与法治逐步结合，形成礼法结合的新局面。至唐朝撰成礼法结合的典范——《唐律疏议》，中华法系确立。

（2）图片——张家山汉简《二年律令》（第47页）

解读：《二年律令》于1983—1984年出土于湖北江陵张家山247号汉墓，共有竹简526枚，简长31厘米，简文含27种律和1种令。律、令之名均与律、令正文分开另简抄写。《二年律令》是全部律令的总称。其内容涉及西汉初年政治、经济、军事、地理、社会生活等多方面，对研究西汉的历史具有不可估量的价值。据推断《二年律令》是吕后二年（公元前186年）施行的法律。

（3）历史纵横（第47页）

解读：本栏目补充介绍了唐朝的法律体系，即包括律、令、格、式四个组成部分。律是定罪量刑的刑法典，令是行政制度与规则，格是相对律令而言的补充意义的法典，式是关于实施律令的细则法规。根据这些补充的内容，可以帮助学生更好地理解教材正文中《唐律疏议》是中华法系确立的标志这一结论，加深学生对唐律以及中华法系的认知。

（4）图片——《唐律疏议》书影（第47页）

解读：唐高宗永徽年间，在《贞观律》基础上修订颁布了《永徽律》十二篇，后高宗又命人对《永徽律》做了细致的注释，律的每一条都有详细的解说，还自设问题来解答，撰成《永徽律疏》即《唐律疏议》。《唐律疏议》总结了汉朝以来的法律制定和阐释的经验，大量引用了儒家的经典理论，是儒家化的法典，是研究唐朝法律以及古代法律的重要文献，是中国古代法律的典型代表，是中国现存最早的最为完善的封建法典，标志着中华法系的确立。

(5) 思考点（第 47 页）

解读：本栏目设置问题要求学生思考法律与儒学的关系。教师可以引导学生从维护国家统一、统治者加强统治的现实需求着手，结合汉代以来儒学成为主流正统思想的史实开展分析讨论，认识到二者的结合，是儒学向政治、法律、文化、社会生活等各个领域渗透的必然结果，这既符合大一统的国家治理需要，也能满足皇帝专制主义的要求。因此，儒家思想自然会被更多地渗透进法律的制定和解释之中，使得儒学与法律的结合日益紧密，礼法结合的趋势也日益强化。

3. 子目三：宋元至明清时期的法律与教化

(1) 学习聚焦（第 48 页）

解读：本栏目强调宋朝以后儒学逐步深入社会基层并直面百姓。宋朝时期，儒学士人以儒家化的乡约等教化基层百姓；明清时期，乡约的内容逐步转向皇帝的圣谕，具有了强制约束力，出现约律合流趋势。这是中国古代基层治理中礼法结合的典型表现。

(2) 学思之窗（第 48 页）

解读：本栏目提供了三则史料，分别涉及宋朝的乡约、明代乡约宣讲中的"明太祖'六谕'"和清朝康熙帝"圣谕十六条"。学生通过研读，可以了解乡约所讲内容的变化。这有助于学生更好地理解乡约从基层教化工具，到成为政府基层治理工具并与法律合流的演变过程。

4. 探究与拓展

(1) 问题探究（第 49 页）

解读：通过研读三则材料，学生可以了解三则材料从不同角度，即汉宣帝的"霸、王道"，朱元璋的"教、刑"，颜钧的"礼、法"，体现了统治者并用礼、法手段进行社会治理。具体来说，汉代的"霸王道杂之"，就是主张仁义、教化的"王道"与主张武力、刑罚的"霸道"并用；朱元璋认为治理百姓需靠"教"和"刑"，分别指伦理教化与刑罚。颜钧说《大明律》其实也是"一部礼经"，守礼教便不会触犯法律，而不遵守礼教则自然就会触犯法律，必定受到刑罚，所谓"出礼入刑"。本问题探究可以帮助学生更好地理解中国古代统治者"礼法并用"的治理特点。

(2) 学习拓展（第 49 页）

解读：可以组织学生阅读《白鹿洞教规》《朱子家礼》《朱子小学》等历史文献、查阅家族族规族谱家训等，了解理学在教育、社会风俗、日常行为、思想意识等方面发挥的教化作用。这可以帮助学生进一步理解中国古代历史上礼法结合的治理模式。

二、教学设计示例

（一）教学目标

通过解读图片、文献等史料，了解中国古代成文法的产生以及德治与法治之争等史实，了解秦汉、隋唐至明清时期古代中国法治建设发展的基本历程，了解宋至明清儒学向基层渗透以及乡约逐渐与法律合流的经过。

通过分析春秋时期德治与法治之争的背景、影响，理解社会存在对社会意识的决定性作用。通过梳理汉代以来礼法结合的过程以及宋至明清乡约地位的变化，理解中国古代礼与法及其结合都是社会治理手段，感悟中国古代的政治智慧，培养学生史料实证和历史解释的核心素养，涵养家国情怀。

（二）教学重难点

教学重点：德治与法治之争、立法结合的治理手段。

教学难点：律令儒家化与礼法结合。

（三）教学设计示例

1. 导入新课

利用本课导言"孟子见梁惠王"和"商鞅见秦孝公"的故事导入。设置问题：作为战国时期的思想家、政治家，儒家代表孟子的主张为何被梁惠王拒绝？法家商鞅为什么能得到秦孝公青睐而主持变法？

【设计意图】利用结果截然不同的两个故事激发学生思维的碰撞，引导学生带着问题学习，可以迅速将学生的注意力聚焦到本课的学习——从德治、法治之争到儒家、法家之争，关注其背后的时代背景。

2. 学习新课

学习任务一　先秦时期的德治与法治、秦汉至明清的德治与法治

探究问题1：根据材料1—4，了解先秦时期的德治思想和法治思想。根据材料3、4，思考双方争论的焦点？结合教材内容和所学知识，指出儒家和法家的代表人物、观点，结合时代背景，分析德治思想和法治思想（也就是儒家和法家）在战国时期的命运。

材料1　夏商周时期颁行的刑书上只有刑名、刑种的规定，而无确切的罪名，人民对罪与非罪的区别只能依据传统的观念及社会道德、风俗习惯去加以甄别。

——武树臣《中国成文法的起源》

材料2　殷周之兴亡，乃有德与无德之兴亡，其所以祈天永命者，乃在德与民二字。

——王国维《殷周制度论》

材料3　（子产）铸刑于鼎，以为国之常法。

——《左传·邵公六年》

材料4　当郑国铸造公布刑书时，晋国叔向曾给子产一封信，责备他说："昔先王议事以制，不为刑辟，惧民之有争心也……制为禄位，以劝其从，严断刑罚，以威其淫……民于是乎可任使也，而不生祸乱。民知有辟，则不忌于上，并有争心，以征于书而徼幸以成之，弗可为也……民知争端矣，将弃礼而征于书，锥刀之末，将尽争之，乱狱滋丰，贿赂并行，终子之世，郑其败乎！"子产回信说："若吾子之言，

侨不才，不能及子孙，吾以救世也。"

——徐喜良等主编《中国通史·上古时代（上册）》第 3 卷

材料 5 教材第 46 页史料阅读。

学生活动：学生阅读教材和材料，思考讨论。

教师活动：在学生学习的基础上，教师指出：早在夏商周时期就中国这个早期的法律如《禹刑》《汤刑》《九刑》等习惯法，这是中国古代法治思想的渊源。西周的礼制和"敬天保民"的思想是德治思想的渊源。公元前 536 年子产铸刑书，是中国历史上成文法的标志，体现了法治思想及落实。法律的颁布，可以强调立法者对法安定性的决心，利于民众了解主政者所确立的是非准则，对于个人行为的后果能够有所预测；叔向反对公开刊布法律，理由是公布法律会使百姓频生争端，而不顾道德礼义。这就是早期的德治与法治之争。儒家认为只有礼可以治理社会，因为社会生活的方方面面，均需要以礼来规范，所以治理国家需行德治。法家认为只有法和刑才能治理好国家，因为法可以整顿纷乱清除诈伪，削减过度遏止错误，规范行为威服民众，所以治理国家没有比法和刑更好的了。春秋战国时期政治、经济、社会文化等各方面都发生了巨大变化。随着分封制、宗法制崩溃和郡县制的出现，君主集权的趋势日益明显；铁农具和牛耕的出现与推广，带来了井田制的崩溃和封建土地私有制的逐步确立，为君主加强集权提供了经济基础；诸侯之间频繁的战争，更是要求君主集权；文化教育的下移，使许多下层阶级有了崛起的条件。因此，在兼并战争激烈的战国时期，儒家仁政与法治思想难以落实，而法家的法治思想，既能带来富国强兵的现实利益，又满足了各国君主专制的愿望自然成为时代的选择，从而为该时期的德治与法治之争画上了句号。

【设计意图】通过史料解读，学生能对教材内容有更加深入的认识，并认识到德治与法治是很早就已经存在的两种治国理念，而且其间的斗争也很早就开始了。同时，结合儒家、法家各自的主要思想和春秋战国时期激烈的争霸兼并战争的时代需求，法家的法治思想自然成为时代选择，从而终结了这一个阶段的德治与法治之争。通过学习，有利于培养学生唯物史观、史料实证和历史解释等核心素养。

探究问题 2：秦朝以残酷的法律治理天下但二世而亡，这给后世带来了极大的反思。阅读教材第二子目内容结合材料，梳理从汉代至隋唐法治与德治两种治理思想的发展历程。

材料 6 春秋战国时期，德政与刑罚对立；西汉前期，二者逐渐融合。

——《中国法律思想史》

材料 7 董仲舒《决狱》曰：甲父乙与丙争言相斗，丙以佩刀刺乙，甲即以杖击丙，误伤乙，甲当何论？或曰：殴父也，当枭首。论曰："臣愚以为父子至亲也，闻其斗，莫不有怵怅之心，扶杖而救之，非所以欲诟父也。《春秋》之义，许止父病，进药于其父而卒，君子原心，赦而不诛。甲非律所谓殴父，不当坐。"

——李昉编纂《太平御览》第六卷，任明等校点

材料 8 《晋律》确立"准五服以治罪"原则，即以尊卑亲疏作为量刑的重要依据。

——曾宪义《中国法制史》

材料 9 德礼为政教之本，刑罚为政教之用，两者犹昏晓阳秋相须而成者也。

——《唐律疏议》

材料 10 《唐律疏议》12 篇 502 条，绝大部分都与礼有联系。比如，《唐律疏议·名例》"十恶"条中的不睦罪，就是直接取自礼。"疏议曰：礼云：'讲信修睦。'孝经云：'民用和睦。'睦者，亲也。此条之

内，皆是亲族相犯，为九族不相协睦，故曰'不睦'。""十恶"条的谋反罪、内乱罪也属于这种情况。而间接源于礼的，如"不孝"罪，《唐律疏议·名例》的"十恶"的疏议曰："善事父母曰孝。既有违犯，是名'不孝'。"其中"供养有缺"的内容确定，以《礼记》的经句为依据。疏议曰，"礼云：'孝子之养亲也，乐其心，不违其志，以其饮食而忠养之。'其有堪供而缺者"，即构成罪。此外，谋大逆、大不敬等罪内容的确定也是如此。即使刑罚的一些范畴确定，也与礼有关。如，关于"五刑"中流刑的阐释，疏议曰："书云：'流宥五刑'。谓不忍刑杀，宥之于远也。又曰：'五流有宅，五宅三居。'"说明了确定流刑的原因以及分三个等级。同样，《唐律疏议》中的疏文在解释律文时动辄就援引儒家经典。由此可见，"唐律就是通过'疏议'大量引用儒家经句，并以此为订律依据，体现礼的存在"。

——摘自乔福龙《〈唐律疏议〉礼治观探究》

学生活动：学生阅读教材和材料，思考讨论。

教师活动：在学生分析的基础上，教师指出汉初统治者在吸取秦朝二世而亡的教训基础上，调整了治国思想，出现儒法合流即德治与法治合流的趋势。汉武帝时期，随着董仲舒改造后的新儒学成为正统思想，儒家经典《春秋》《礼记》《尚书》等成为量刑定罪的指导思想，此即所谓《春秋》决狱。这表明儒家经典所蕴含的儒家伦理道德已经成为司法判决的标准，法律儒家化的新道路也就被开辟出来了；后来出现"以经注律"（即两汉经学大师用儒家经义解释现行法律，这些注释经朝廷批准而具有法律效力）；魏晋时期以儒家思想解释律令的历史现象，进一步推动了律令的儒家化；唐朝的《唐律疏议》继承了汉魏以来法律制定和阐释的经验，特别重视儒家伦理中的"孝"，有大量的律文与"孝"伦理密切相关，是礼法结合的典范，是中华法系确立的标志。（这里可以补充有关中华法系的知识：中华法系是以中国古代儒家伦理为基础的，以《唐律疏议》为代表的中国法律和仿照这种法律而制定的东亚、东南亚等封建国家法律的总称。中华法系是与大陆法系、英美法系、伊斯兰法系、印度法系并列的五大法系之一。）

【设计意图】通过阅读分析教材内容和史料，一方面帮助学生构建秦汉至魏晋中国法律发展的完整知识链条，掌握课标所要求的必备知识，培养时空观念、史料实证等核心素养；另一方面，为理解唐朝形成礼法结合为特征的中华法系，提供知识基础和逻辑准备。

探究问题3：汉代以后为什么法律与儒学的结合会越来越紧密？

学生活动：学生结合所学，思考讨论。

教师活动：在学生思考的基础上，教师可以讲述：①历史教训，秦朝二世而亡的教训；②儒学正统地位确立，董仲舒结合法、道等思想改造儒学，既神化了儒家"德主刑辅"的传统见解，又提高了刑法的地位；③大批儒家知识分子进居官吏行列，用儒学精神改造现行法律。

【设计意图】通过综合所学知识，引导学生学习分析原因的基本方法：历史经验和教训；现实需求和条件等。

探究问题4：阅读教材第三子目，了解宋元明清时期法律的发展并完成表3-1，理解这些法律及其与唐律的关系。

表 3-1 宋元明清的法律建设

朝代	法律建设
宋	沿用唐律
元	在司法实践广泛援引唐律
明	以唐律为蓝本制定《大明律》，开创律例合编体例
清	沿袭《大明律》，重视例，制定了《大清律例》

学生活动：学生阅读教材并完成表 3-1。

教师活动：在学生学习的基础上，教师讲述，宋朝法律大体上继承唐律；元朝虽然整体上对唐宋法律弃而不用，但是在司法实践中仍广泛援引唐律；明朝在继承唐律的基础上，开创出了律例合编的体例；清朝则沿袭明朝法律，制定《大清律例》。唐律基本上是以后历朝法律的蓝本。

【设计意图】通过了解宋元明清时期中国法律的发展概况，帮助学生理解"《唐律疏议》是中华法系形成的标志"这一认识。还可以帮助学生认识到中华文化具有不断传承发展创新的特点，这是中华文化的优秀特质，也是中华文化能够延续至今的一个重要原因，同时也可以让学生认识，中国古代的国家治理是非常重视法律作用的，从而涵养家国情怀的核心素养。

学习任务二 中国古代的教化

探究问题 5：结合教材内容，指出中国古代历代教化的发展。根据材料概括汉至宋及明清时期基层教化的发展变化。

材料 12 君为臣纲、父为子纲、夫为妻纲。

——董仲舒

材料 13 父不慈则子不孝。

——《颜氏家训》

材料 14 德业相劝；过失相规；礼俗相交；患难相恤。

——宋《吕氏乡约》

材料 15 孝顺父母，尊敬长上，和睦乡里，教训子孙，各安生理，毋作非为。

——明太祖"六谕"

材料 16 敦孝弟以重人伦，笃宗族以昭雍睦，和乡党以息争讼，重农桑以足衣食……黜异端以崇正学……戒窝逃以免株连，完钱粮以省催科，联保甲以弭盗贼。

——康熙帝"圣谕十六条"

学生活动：阅读教材和材料思考。

教师活动：教师在学生学习的基础上讲述，在先秦时期随着学术下移，儒家思想的影响逐步扩大。随着董仲舒改造儒学和儒学成为主流正统思想，以及汉代察举制、太学郡国学等学校教育体系的形成，乡里教化有所发展。唐朝政府推广魏晋南北朝时期重视家训的经验，强化基层教化。宋朝理学进一步渗透到全社会，通过科举制度、书院教育等方式，使理学在社会上广泛传播，甚至深入族规、家训之中，《三字经》《小学》《家礼》等也成为家庭和幼童的行为规范。宋朝以后，很多儒学士人自发投身基层教化，以道德教化为主的乡约教化乡里。到了明清时期，乡约内容主要是宣传皇帝圣谕，乡约组织也由士人自发组建发展为政府推动设立，乡约也从基层教化手段发展为具有强制力的维护统治的工具。这一发展历程，显示出乡约与法律合流的趋势。

【设计意图】通过阅读教材和史料，可以训练学生的阅读分析史料、准确提取信息的能力，学生也可以通过乡约内容和地位的变化，认识到德治与法治两种治理手段在中国古代社会逐步合流的趋势，理解礼法结合是中国古代国家治理的基本特点，利于培养史料实证和历史解释核心素养。

3.课堂小结

通过本课的学习，可以了解中国古代有关德治和法制的关系，认识到中国古代德治与法治两种治理手段逐步合流，乡约与法律逐步合流的趋势，理解中国古代国家治理综合运用德治与法治的历史必然性和必要性。

4.板书设计

中国古代的法治与教化

一、先秦时期的德治与法治

1. 夏商周时期的德治思想和法治思想

2. 春秋战国时期德治与法治之争

二、秦汉至明清时期的法律

1. 秦汉至魏晋——以经注律，律令儒家化

2. 唐律——礼法结合的典范

3. 宋元至明清时期的法律

三、中国古代的教化

1. 汉至唐朝的教化

2. 宋代的理学和乡约

3. 明清时期乡约与法律合流

第8课 中国古代的法治与教化
（示例二）

教学示例：贵阳第一中学　牟永良
指导教师：贵阳第一中学　杨　华

一、课程标准

知道中国先秦时期成文法的产生过程，以及这一时期思想家对于德治、法治关系的讨论；知道自西汉起历代王朝法律、礼教并用的统治手段。

二、教学设计示例

（一）教学目标

通过分析图片、文献等史料，了解先秦时期成文法的产生以及德治与法治之争的基本史实，知道秦汉至隋唐时期中华法系形成的经过和标志，了解宋至明清儒学向基层渗透以及乡约逐渐与法律合流的经过，培养学生的时空观念核心素养。

通过分析春秋时期德治与法治之争的背景、影响，使学生认识儒家与法家在春秋战国这一特殊时代背景下的优劣，从而理解社会存在对社会意识的决定性作用，培养学生唯物史观的核心素养。通过梳理魏晋的律令儒家化，宋至明清乡约地位的变化，理解中国古代礼法结合的治理手段，培养学生史料实证和历史解释的核心素养。

通过学习中国古代法治与教化从对立到结合的历史演变，使学生认识中国传统文化强大的生命力，增强对中国传统文化的认同感，感悟中国古代的治理智慧，培育学生家国情怀的核心素养。

（二）教学重难点

教学重点：先秦时期德治与法治之争，历代王朝法律、教化并用的统治手段。

教学难点：律令儒家化与礼法结合。

（三）教学设计示例

1. 导入新课

利用本课导言导入。设置三个问题：一是儒家的德治思想内涵有哪些？二是德治思想是否符合春秋战国时期的时代要求？三是当时有没有其他的治国思想？

【设计意图】利用导言的内容导入，引导学生带着问题学习，可以迅速将学生的注意力聚焦到本课的学习主题——从德治法治之争到礼法结合的中国古代国家治理，并且关注到治国思想背后所隐含的时代背景，为理解第一子目德治与法治之争的背景，奠定思维基础。

2. 学习新课

学习任务一　先秦时期的德治与法治

探究问题1：子产"铸刑书"及影响。

学生活动：学生根据教材内容，了解夏、商、西周时期已经运用法律治理国家了。之后，阅读分析教师提供的材料，认识先秦时期的德治与法治。

教师活动：引导学生阅读教材相关内容，了解春秋时期郑国子产"铸刑书"标志着中国成文法的产生。在此基础上，引导学生阅读材料1，了解早期的德治与法治之争。

材料1　当郑国铸造公布刑书时，晋国叔向曾给子产一封信，责备他说："昔先王议事以制，不为刑辟，惧民之有争心也……制为禄位，以劝其从，严断刑罚，以威其淫……民于是乎可任使也，而不生祸乱。民知有辟，则不忌于上，并有争心，以征于书而徼幸以成之，弗可为也……民知争端矣，将弃礼而征于书，锥刀之末，将尽争之，乱狱滋丰，贿赂并行，终子之世，郑其败乎！"子产回信说："若吾子之言，侨不才，不能及子孙，吾以救世也。"

——徐喜良等主编《中国通史·上古时代（上册）》第3卷

教师活动：教师引导学生分析，叔向反对公开刊布法律，理由是刑罚适用于乱世，公布法律会使百姓频生争端，而不顾道德礼义；子产公布法律，是强调立法者对法安定性的决心，使民众对于主政者所确立的是非准则能够事先掌握，对于个人行为的后果能够有预测的可能性，从而有利于"救世"。这就是早期的德治与法治之争。

【设计意图】通过史料解读，使学生对教材内容有更加深入的认识，并认识到德治与法治是很早就已经存在的两种治国理念，而期间的斗争也很早就开始了。通过上述的学习，一方面培养了学生史料实证和历史解释的核心素养，另一方面又为下一步学习春秋战国时期德治与法治的内涵，分析二者与时代的关系，奠定知识和思维基础。

探究问题2：儒家德治与法家法治。

学生活动：学生阅读教材内容，了解春秋战国时期儒家德治思想与法家法治思想的基本内容。进而阅读分析材料2、3，进一步理解德治与法治之争。

材料2　道德仁义，非礼不成。教训正俗，非礼不备。分争辨讼，非礼不决。君臣上下，父子兄弟，非礼不定。宦学事师，非礼不亲。班朝治军，莅官行法，非礼威严不行。祷祠祭祀，供给鬼神，非礼不诚不庄。是以君子恭敬撙节退让以明礼。

——《礼记·曲礼》

材料3　故明主使其群臣不游意于法之外，不为惠于法之内，动无非法。……故以法治国，举措而已矣。法不阿贵，绳不挠曲。法之所加，智者弗能辞，勇者弗敢争。刑过不避大臣，赏善不遗匹夫。故矫上之失，诘下之邪，治乱决谬，绌羡齐非，一民之轨，莫如法。属官威民，退淫殆，止诈伪，莫如刑。

——《韩非子·有度》

教师活动：教师引导学生归纳儒家德治和法家法治的主要内容。简单来说，儒家认为只有礼可以治理社会，因为道德风俗、纷争狱讼、君臣等级、父子兄弟、为官求学、理政治军、祷祠祭祀，等等各种事务，均须要以礼来规范，所以治理国家须行德治。法家认为只有法和刑才能治理好国家，法不会因为身为大臣而不处罚其过错，不会因为其为平民而不奖赏其善行，法可以整顿纷乱清除诈伪，削减过度遏止错误，规范行为威服民众，所以治理国家没有比法和刑更好的了。

【设计意图】通过上述学习过程，既能使学生体会并逐步掌握阅读分析古文史料的基本方法，又可以对教材内容有更加深刻的理解，为下一步分析法家为什么能够指导秦国实现统一奠定知识基础。

探究问题3：法家思想何以能指引秦国实现统一。

学生活动：学生根据上一环节分析所获得的法家法治思想，再结合《中外历史纲要（上）》当中所学习的春秋战国时期政治、经济方面的变化，分析思考为什么法家思想会成为指引秦国实现统一的思想。

教师活动：教师先引导学生回忆春秋战国时期政治经济方面的变化，认识到分封制和宗法制崩溃后，郡县制的出现，反映了春秋战国时期集权的趋势日益明显；铁农具和牛耕的出现与普及，带来了井田制的崩溃和封建土地私有制的逐步确立，为君主加强集权提供了经济基础；诸侯之间频繁的战争，更是为君主集权提供了社会条件。因此，战国时期兼并战争激烈的时代背景，富国强兵的现实需要，使得既能带来富国强兵的现实利益，又能满足君主加强集权愿望的法家思想，指引秦国实现了统一，也为春秋战国时期的德治与法治之争画上了句号。

【设计意图】这一学习过程，目的是让学生充分理解本子目"学习聚焦"的主题，即虽然儒家德治思想有积极意义，但是法家法治思想更符合战国时期各国富国强兵，统一政令的需要。通过这一学习活动，学生还可以深刻体会到社会存在与社会意识的辩证关系，感悟唯物史观核心素养的魅力。

学习任务二　秦汉至隋唐时期的法律与教化

探究问题1：以经注律，律令儒家化——秦汉至魏晋的法律与教化。

学生活动：阅读教材和材料4，了解秦汉时期法律发展的基本情况，认识当时律和令都具有法律效力。认识秦汉至魏晋出现的律令儒家化的变化。

材料4　董仲舒《决狱》曰：甲父乙与丙争言相斗，丙以佩刀刺乙，甲即以杖击丙，误伤乙，甲当何论？或曰，殴父也，当枭首。论曰："臣愚以为父子至亲也，闻其斗，莫不有怵怅之心，扶杖而救之，非所以欲诟父也。《春秋》之义，许止父病，进药于其父而卒，君子原心，赦而不诛。甲非律所谓殴父，不当坐。"

——李昉编纂，任明等校点《太平御览》第六卷

教师活动：在学生分析的基础上，教师指出汉代法律发展的特点，即运用儒家经典《春秋》对司法案件进行判决，即所谓"《春秋》决狱"。这表明儒家经典所蕴涵的儒家伦理道德成为了司法判决的标准，法律儒家化的新道路也就被开辟出来了；魏晋时期以儒家思想解释律令的历史现象，进一步推动了律令的儒家化。

【设计意图】通过阅读教材和分析史料，一方面帮助学生构建秦汉至魏晋中国法律发展的完整知识链条，掌握课标所要求的必备知识，培养时空观念、史料实证等核心素养；另一方面，为理解唐朝形成礼法结合为特征的中华法系，提供知识基础和逻辑准备。

探究问题2：唐律——礼法结合的典范。

学生活动：阅读教材，了解唐朝法律的发展情况，认识《唐律疏议》是中华法系确立的标志；了解《大唐开元礼》是秦汉以来封建礼仪制度的集大成。在了解上述基本史实的基础上，阅读材料5，进一步认识唐律是礼法结合的典范。

材料5 《唐律疏议》12篇502条，绝大部分都与礼有联系。比如，《唐律疏议•名例》"十恶"条中的不睦罪，就是直接取自礼。"疏议曰：礼云：'讲信修睦。'孝经云：'民用和睦。'睦者，亲也。此条之内，皆是亲族相犯，为九族不相协睦，故曰'不睦'。""十恶"条的谋反罪、内乱罪也属于这种情况。而间接源于礼的，如"不孝"罪，《唐律疏议•名例》的"十恶"的疏议曰："善事父母曰孝。既有违犯，是名'不孝'。"其中"供养有缺"的内容确定，以《礼记》的经句为依据。疏议曰，"礼云：'孝子之养亲也，乐其心，不违其志，以其饮食而忠养之。'其有堪供而缺者"，即构成罪。此外，谋大逆、大不敬等罪内容的确定也是如此。即使刑罚的一些范畴确定，也与礼有关。如，关于"五刑"中流刑的阐释，疏议曰："书云：'流宥五刑'。谓不忍刑杀，宥之于远也。又曰：'五流有宅，五宅三居。'"说明了确定流刑的原因以及分三个等级。同样，《唐律疏议》中的疏文在解释律文时动辄就援引儒家经典。由此可见，"唐律就是通过'疏议'大量引用儒家经句，并以此为订律依据，体现礼的存在"。

——摘自乔福龙《〈唐律疏议〉礼治观探究》

教师活动：引导学生阅读分析上述史料，更加直观地认识到唐律"一准乎礼"的特点，理解《唐律疏议》所提出的"德礼为政教之本，刑罚为政教之用"的含义，进而真正理解唐律是中国古代"礼法结合"的典范这一结论。

【设计意图】通过阅读教材和分析史料，重点在于帮助学生理解唐律是中国古代礼法结合的典范，既培养了学生的史料实证、历史解释的核心素养，又通过了解中华法系的基本特点，认识到中华文化的博大精深，培育家国情怀的核心素养。

学习任务三 宋元至明清时期的法律与教化

探究问题1：宋元明清的法律。

学生活动：根据教师的要求，阅读教材相关内容，了解宋朝至明清时期中国法律发展的基本情况，知道明朝开创了律例合编的体例。

教师活动：要求学生阅读教材内容，分析概括宋元明清时期中国法律发展的基本情况。宋朝法律大体上继承唐律。元朝虽然整体上对唐宋法律弃而不用，但是在司法实践中仍广泛援引唐律。明朝在继承唐律的基础上，开创出了律例合编的体例。清朝则沿袭明朝法律，制定《大清律例》。通过上述史实，引导学生认识到中华文化具有不断传承发展创新的特点，这也是中华文化能够延续至今的一个重要原因。

【设计意图】通过了解宋元明清时期中国法律的发展概况，让学生认识到中国古代国家治理，非常重视法律的作用。同时也让学生认识到中华文化的优秀特质，涵养家国情怀的核心素养。

探究问题2：宋至明清时期乡约逐步与法律合流。

学生活动：阅读教材，了解宋朝时期儒学向基层渗透，儒学士人投身基层教化，以乡约教化民众的史实。还要了解到明清时期，乡约内容发生了变化，重点宣讲的是圣谕，并且逐步与法律合流了。在此基础上，阅读材料6、7、8，深入理解儒学向基层渗透以及乡约从内容到地位的变化，认识中国古代德治与法治两种治理手段在明清时期的合流。

材料6　一、德业相劝；二、过失相规；三、礼俗相交；四、患难相恤。

——吕大均《吕氏乡约》

材料7　孝顺父母，尊敬长上，和睦乡里，教训子孙，各安生理，毋作非为。

——明太祖"六谕"

材料8　敦兄弟以重人伦，笃宗族以昭雍睦，和乡党以息争讼，重农桑以足衣食，尚节俭以惜财用，隆学校以端士习，黜异端以崇正学，讲法律以儆愚顽，明礼让以厚风俗，务本业以定民志，训子弟以禁非为，息诬告以全良善，戒窝逃以免株连，完钱粮以省催科，联保甲以弭盗贼，解仇忿以重身命。

——康熙帝"圣谕十六条"

教师活动： 教师引导学生分析乡约内容和地位发生的变化。内容上，从儒学士人教导民众向善互助，端正礼俗，逐步变为宣讲皇帝的圣谕，强调伦理规范、顺从统治、安分守己等。地位上，从乡村教化手段，逐步演变成统治阶级的统治工具，并且具有了强制约束力，最终与法律合流。

【设计意图】 通过阅读教材和分析史料，一方面提高学生阅读史料、解读史料的能力，使学生更好地理解论从史出的史学原则，培养史料实证和历史解释的核心素养；另一方面，又使学生通过乡约内容和地位的变化，认识到德治与法治两种治理手段在中国古代社会逐步合流的趋势，理解礼法结合是中国古代国家治理的基本特点。

3.课堂小结

通过本课的学习，使学生了解了下列知识：先秦德治与法治之争，秦汉至魏晋法律儒家化的变化，唐律成为礼法结合的典范，宋朝儒学向基层渗透，以乡约教化乡里，明清时期乡约逐步与法律合流；认识到中国古代德治与法治两种治理手段逐步合流；理解中国古代国家治理综合运用德治与法治的历史必然性和必要性；感悟中华文化的魅力。

4.板书设计

中国古代的法治与教化

一、先秦时期的德治与法治

1.春秋战国时期德治与法治之争

2.法家引领秦国实现统一

二、秦汉至隋唐时期的法律与教化

1.秦汉至魏晋——以经注律，律令儒家化

2.唐律——礼法结合的典范

三、宋元至明清时期的法律与教化

1.宋朝的法律与教化

2.明清时期乡约与法律合流

第9课　近代西方的法律与教化

教学设计：贵阳市第一中学教师　　赵　伟

指导教师：贵阳市第一中学教师　　牟永良

一、课程标准及内容解读

（一）课程标准

了解近代西方法律制度的渊源和基本特征，知道宗教伦理在西方社会发展进程中的作用。

（二）课程内容导读

本课主题是"变与不变——西方法律与宗教"。

本课分为3个子目："近代西方法律制度的渊源及发展""近代西方法律制度的基本特征""宗教伦理与教化"。第一子目"近代西方法律制度的渊源及发展"主要叙述了西方古代至近代法律制度的发展沿革，时间跨度两千多年。从古罗马的第一部成文法《十二铜表法》到《罗马民法大全》奠定了西方古代法律的基础；中古时期西方法律进一步发展，最终在近代确立了西方法律的基本框架。第二子目"近代西方法律制度的基本特征"，从理论和司法实践层面介绍了近代西方法律制度的基本特征、进步性和局限性，并对近代西方法律制度作了客观评述。第三子目"宗教伦理与教化"，介绍并分析了基督教的宗教伦理及对西方社会的教化作用。本课以西方国家为例，讲述西方古代和近代社会中法律的演变过程、演变原因及作用；以及宗教在社会管理中的作用和对人们的影响。本课通过三个子目的学习既要让学生认识到虽然法律和教化的内容发生了变化，但二者都是国家治理的重要手段——法律着眼于防范与惩处，教化着眼于教育与引导，二者相辅相成；又要让学生认识随着经济基础的变化，法律与宗教的内容和影响也在发生变化，从而理解经济基础与上层建筑之间的关系，对唯物史观有进一步的认识。

（三）辅助栏目内容解读

1.子目一：近代西方法律制度的渊源及发展

（1）学习聚焦（第50页）

解读： 本栏目要求给学生讲明"在罗马法的基础上，英国和法国分别发展了英美法系和大陆法系"，因此首先要让学生明白，罗马法律一般被视为西方法律的源头，由此展开对西方法律渊源的讲述。其次，在引导学生了解西方古代至近代的法律制度的发展沿革的变化基础上，指导学生能够简单对比英美法系和大陆法系的区别，能够分析法律制度变化的时代背景，从而让学生关注本课核心——不论古代还是近现代，法律是社会治理的重要手段之一。

（2）思考点（第51页）

解读：在法国大革命中，法国资产阶级颁布的一系列法律，体现了自由、平等和人民主权、社会契约等启蒙思想。拿破仑捍卫了资产阶级革命成果，对资产阶级法律进行了总结，最终确立了法国的资产阶级法律体系。因此，法国大革命在性质和内容等方面都对法律建设作出了重要贡献。

（3）历史纵横（第51页）

解读：介绍了近代西方两大法律体系，即英美法系和大陆法系的主要特点和适用范围。此处可引导学生通过制作表格对比两大法系的区别，并引导学生进一步分析两大法系与罗马法的关系，以体现本课的主题——变与不变。

2.子目二：近代西方法律制度的基本特征

（1）学习聚焦（第51页）

解读：本栏目强调了近代西方法律制度的基本特征。在国家权力结构层面上，无论是英美法系还是大陆法系，都坚持立法权归议会，体现了议会至上的精神。在私法方面，注重保护个人权利，包括生命权、自由权和财产权等。在司法实践层面，强调程序公正和无罪推定。我们可以聚焦三个问题：一是近代西方法律制度虽有区别，但具有共同的基本特征，这与近代西方法律维护资本主义制度息息相关；二是通过其特征客观和辩证的分析，把握近代西方法律是体现资产阶级意志的工具、是国家治理的工具；三是通过分析近代西方法律的基本特征，可以更加明确从罗马法到近代法律，西方国家法律中的变化与不变，从而更好地指向本课主题。

（2）历史纵横（第52页）

解读：讲述了近代西方法律司法实践层面的两大主要制度——陪审团制度和律师制度的历史沿革。这两大制度对保证法律的程序公正、减少法官审判失误有着极其重要的作用，后逐渐为许多国家所采用。这两大制度，均起源于罗马时期，到近代有了新的发展。

（3）史料阅读（第52页）

解读：材料体现了"无罪推定"或"疑罪从无"的思想。1764年，资产阶级正处于发展时期，提出自己的政治思想，包括法律原则；史料提到"公共保护的契约"，体现了契约原则和社会契约思想，反映了人们在法律面前平等的精神；史料还提到，如果没有确凿的证据证明一个人违法，"社会就不能取消对他的公共保护"，这体现了"无罪推定"原则。这则史料，有助于学生更好地理解西方近代法律在内容上保护个人权利，在实践上坚持程序公正和无罪推定，深刻体现了近代法律保护资产阶级利益的根本特征。

3.子目三：宗教伦理与教化

（1）学习聚焦（第52页）

解读：本栏目强调宗教伦理与教化是社会治理的重要手段之一。不管是宗教改革前，还是宗教改革后，宗教伦理都深刻影响人们的思想意识和日常行为。此处提示我们聚焦两个问题：一是宗教伦理强化教会对人们的控制，这是中世纪西方社会的重要特征；另一方面，宗教伦理也有社会教化功能，深刻影响人们的思想意识和日常行为。

（2）历史纵横（第53页）

解读：本栏目介绍了中古时期的宗教法庭，表明教会在中古时期对人们行为的约束和影响，说明宗教伦理不仅是教化，也具有强制性惩罚等作用，从而印证了宗教伦理和教化，深刻影响了人们的思想意识和日常行为。

（3）学思之窗（第53页）

解读：材料是恩格斯对中古时期的社会背景和历史发展情况，特别是宗教影响的描述与分析。首先"中世纪完全是从野蛮状态发展而来的"，分析了中古时期以前日耳曼人的文化和社会生产发展情况——"野蛮状态"，处于原始社会末期或阶级社会早期，这使得基督教可以顺利地统治欧洲。其次"一切都按照神学中适用的原则来处理"，表明无论是政治、法律，还是人们社会生活的其他方面，都受到了基督教的影响。

（4）史料阅读（第54页）

解读：引用了马克思对路德宗教改革的一段评述，充分肯定了新教在解放人们的思想、促进资本主义发展等方面的历史进步作用。同时也指出了新教强化了对人们思想行为的束缚，体现了其历史局限性。通过全面解读本则史料，有助于学生更全面深刻地理解宗教伦理在历史上发挥的积极作用和消极影响，培养学生的辩证思维能力。

4. 探究与拓展

（1）问题探究（第54页）

解读：这段材料指出了法律是对现实的抽象反映，指出了法律的实质和阶级属性。任何一种法律在本质上都是一定政治、经济基础的反映。法律以正义为其存在的基础，以国家强制力为保证实施的手段，所以法律是统治阶级意志的体现，是为统治阶级服务的，是统治阶级进行国家统治和社会治理的工具。法律是阶级社会特有的社会现象，它随着阶级、阶级斗争的产生而产生，也将随着阶级、阶级斗争的消灭而自行消亡。

（2）学习拓展（第54页）

解读：可以从英美法系和大陆法系的历史传承、具体内容和阶级属性等方面，分析它们的相同点和不同点。

相同点：英美法系和大陆法系都重视法治、都是近代西方资产阶级的法律，都与罗马法有或多或少的联系。

不同点：英美法系更多地继承了英国日耳曼人的习惯法，因此有遵循先例原则这一显著特点，法官在审判中的权力较大，注重法官的经验和判例的作用，法典编纂上多为单行法规、判例法规。大陆法系则受到中古后期罗马法复兴运动的影响，法律体系比较完备，条文严谨，概念术语准确，法官必须按照制定的法律条文审判，法典编纂上均有成文法典，等等。

二、教学设计示例

（一）教学目标

通过了解西方法律制度的渊源、发展及基本特征，知道罗马法到英美法系、大陆法系的发展变化，培养学生的时空观念；通过理解宗教改革前和宗教改革后的基督教带来的影响，培养学生唯物史观和历史解释的核心素养。

通过史料实证，让学生能全面、辩证地分析近代西方法律的基本特征并运用唯物史观对西方法律进行评价，培养学生的史料实证和唯物史观核心素养。

通过对本课的学习，使学生了解近代西方法律制度的发展变化，认识到因各国国情不同，其制度与社会治理也呈现出多样化的特点，从而理解和尊重其他国家人民的选择，逐步培养其开放、平等的世界意识及家国情怀。

（二）教学重难点

教学重点：近代西方法律制度的渊源和基本特征。

教学难点：西方宗教伦理与教化的作用和社会影响。

（三）教学设计示例

1. 导入新课

材料 1　作为"希腊人的好学生"，罗马人把希腊人建立的契约精神发挥得淋漓尽致。基督教和罗马法，都是它的集中表现。基督教，就是"与神签约"。罗马法，则是"为人立法"。

——易中天《易中天中华史·先秦》

材料 2　罗马帝国曾三次征服世界，第一次以武力，第二次以宗教，第三次以法律。武力因罗马帝国的灭亡而消亡，宗教随着人民思想觉悟的提高、科学的发展而缩小了影响，唯有法律征服世界是最为持久的征服。

——[德] 耶林《罗马法的精神》

引导学生从以上 2 则材料中提取两个关键词，并指出他们在社会治理中的各自作用和相互关系：法律的作用在于"防范与惩处"，宗教的作用在于"教育与引导"；法律和宗教在社会治理中的关系是"相辅相成"。

【设计意图】通过以上材料，引导学生对法律的作用和宗教的作用有大致的了解；并知晓法律和宗教在社会治理中的关系，从而一开始就抓住本课的主题核心"法律和宗教"。

2. 学习新课

学习任务一　近代西方法律制度的渊源与发展

探究问题 1：阅读教材第 49—50 页并结合材料 3，理解"《罗马民法大全》是近代西方法律制度的渊源"。

材料 3　资本主义生产是在简单商品生产的基础上产生的，以《查士丁尼民法大全》为代表的罗马法就是一种完整地体现了简单商品生产的法，它对这种商品生产的各种法律关系，例如所有权、债权和契约等等，都做了极为详尽的规定，为资本主义经济的发展和巩固提供了现成的法律形式。

——沈宗灵《略论罗马法的发展及其影响》

学生活动：阅读教材和材料 3，了解公元前 450 年颁布的《十二铜表法》是罗马成文法发展史的起点、公元 6 世纪的《查士丁尼民法大全》是近代法律的渊源等基本史实。

教师活动：教师引导学生分析材料 3，概括出"《罗马民法大全》为资本主义经济的发展和巩固提供了现成的法律形式"的结论，帮助学生理解《罗马民法大全》是西方近代法律制度的渊源。

学生活动：自主阅读教材第 49—50 页，归纳近代西方法律制度的发展历程，得出日耳曼法、教会法、罗马法复兴运动、英美法系、大陆法系的基本史实，了解从罗马法到英美法系、大陆法系的发展演变历程。

探究问题 2：西方两大法律体系——英美法系和大陆法系的不同之处？

学生活动：自主阅读教材第 50 页"历史纵横"，概括英美法系和大陆法系的不同。

教师活动：出示"西方两大法律体系——英美法系和大陆法系的不同之处"的对比表格（表 3-2），引导学生从法的渊源、立法与司法相互关系、受罗马法影响程度等三个方面归纳英美法系和大陆法系的不同。

表 3-2 西方两大法律体系对比

项目	大陆法系	英美法系
法的渊源	成文法为主	判例法为主
立法与司法相互关系	立法绝对中心地位、不承认判例效力、法官作用不突出	司法绝对中心地位、遵循先例、法官地位突出
受罗马法影响程度	以罗马法为基础	只吸收部分罗马法

【设计意图】近代西方法律制度的形成是一个循序渐进、不断发展的过程，从古罗马时期到中古时期一系列的法律、法典，都是近代西方法律制度形成的重要组成部分，通过探究问题 1 可以使学生对近代西方法律制度的渊源与发展有一个全面、系统的认知；同时通过探究问题 2 可以让学生对西方两大法律体系有较为清晰的对比。在上述学习的基础上，为学生学习下一子目"近代西方法律制度的基本特征"奠定知识基础。

过渡：在两千多年时间里，西方的法律不断发生着变化，到近代形成了两大法律体系，那么我们从这两大法律体系中可以看出近代西方法律制度的基本特征是什么呢？

学习任务二　近代西方法律制度的基本特征

探究问题3：完善表格3-3。如何认识近代西方法律制度？

表3-3　近代西方法律制度

项目	内容	阐释
国家权力结构层面		
法律内容层面		
司法实践过程层面		

学生活动：自主阅读教材第50—51页，归纳近代西方法律制度的基本特征。国家权力结构层面——权力制衡、三权分立；法律内容——注重保护个人权利；司法实践过程——程序公正、无罪推定。

教师活动：引导学生理解这三个层面的含义：国家权力结构层面上——法律由议会制定、行政权由行政机构掌握、司法权由法院执行；法律内容层面上——如财产权、自由权、生命权都属于保护的范围；司法实践过程层面上——有律师制度、陪审团制度，坚持无罪推定原则等。

教师展示材料4、5，分析近代西方法律制度的作用。

材料4　1764年7月，意大利人贝卡里亚提出："在法官判决之前，一个人是不能被称为罪犯的。只要还不能断定他已经侵犯了给予他公共保护的契约，社会就不能取消对他的公共保护。"

——[意] 贝卡里亚著，黄风译《论犯罪与刑罚》

材料5　西方法律制度为资产阶级利益服务，存在着许多局限性。它确认了私有财产制度，每个人财产的多少往往决定着法律地位的高低。同时，对个人权利的认定也有逐渐改进的过程。直到20世纪，黑人、原住民和妇女还在为享有完全的公民权积极斗争。

——《中外历史纲要（下）》第51页

学生活动：学生阅读材料4、5，分析近代西方法律制度的作用。

教师活动：在学生分析的基础上，教师指出，材料4体现了"无罪推定"或"疑罪从无"的思想。首先，1764年资产阶级处于发展时期，资产阶级提出了自己的政治思想，包括法律原则；作者为意大利人，属于西方社会，与本课主题中的"近代西方"一致。其次提到"公共保护的契约"，体现了契约原则和社会契约思想，反映了人们在法律面前平等的精神。最后又提到，如果没有确凿的证据证明一个人违法，"社会就不能取消对他的公共保护"，这体现了"无罪推定"原则；无罪推定原则的确立，既有利于维护犯罪嫌疑人的合法权益，也有利于实现刑事司法公正及推动其他诉讼制度的完善和发展。材料5说明西方法律制度本质上是为资产阶级服务的、为资产阶级私有制服务的，因此存在一定的局限性。

学生活动：在教师引导下，学生逐步分析近代西方法律制度产生的原因、作用、局限。

原因：近代西方法律制度是在资本主义经济发展（经济），资产阶级代议制度确立（政治），文艺复兴、宗教改革、启蒙运动（思想），以及公民权利观念发展等多重因素的影响下建立的。

作用：否定了封建君主专制制度，一定程度上缓和了社会矛盾，稳定了资产阶级统治；绝大多数法律反映了人民的愿望与要求，推动了社会的发展和进步。对亚洲及其他地区的立法活动产生了广泛影响。

局限：受时代与阶级因素的影响，西方法律制度的本质是维护资产阶级利益；确认了私有财产制度，每个人财产的多少往往决定着法律地位的高低，故占人口绝大多数的工人无产者始终不具有与资产阶级同等的法律地位；对个人权利的认定也有逐渐改进的过程，如直到 20 世纪，黑人、原住民和妇女还在为享有完全公民权积极斗争。

教师活动：小结——全面准确认识近代西方法律制度。近代西方法律制度中融入自由、平等、民主等启蒙思想，推动了人类政治文明的发展；但近代西方法律制度有着时代和阶级的烙印，是资产阶级意志的体现；后随着资产阶级民主政治的发展而不断完善。

【设计意图】引导学生对知识点进行归纳总结，理解近代西方法律制度的作用和局限，培养学生运用唯物史观辩证思考、客观看待问题的能力，并提升史料实证、历史解释、唯物史观等核心素养的能力。

过渡：除了法律之外，西方国家在国家治理方面还有另外一个重要手段——通过宗教伦理进行教化，并与法律相辅相成。

学习任务三　宗教伦理与教化

探究问题 4：如何评价西方宗教的影响？

教师活动：展示材料 6、7，此处可设计表格（表 3-4），引导学生分析归纳宗教改革前后西方宗教的发展演变、伦理教化、作用评价等。

材料 6　中世纪完全是从野蛮状态发展而来的。……在僧侣手中，政治和法学同其他一切科学一样，不过是神学的分支，一切都按照神学中适用的原则来处理。教会的教条同时就是政治信条，圣经词句在各个法庭都具有法律效力。

——[德] 恩格斯《马克思恩格斯文集·德国农民战争》第二卷

材料 7　路德战胜了虔信造成的奴役制，是因为他用信念造成的奴役制代替了它。他破除了对权威的信仰，是因为他恢复了信仰的权威。他把僧侣变成了世俗人，是因为他把世俗人变成了僧侣。他把人从外在的宗教笃诚解放出来，是因为他把宗教笃诚变成了人的内在世界。他把肉体从锁链中解放出来，是因为他给人的心灵套上了锁链。

——[德] 马克思《马克思恩格斯文集·〈黑格尔法哲学批判〉导言》第一卷

表 3-4　宗教改革前后的西方宗教

时间	发展演变	伦理教化	作用评价
宗教改革前（基督教）			
宗教改革后（新教）			

学生活动：自主阅读教材第 51—52 页并结合材料 6 概括出"宗教改革前基督教的发展演变线索——392 年基督教成为罗马国教；476 年在西罗马帝国废墟上建立的日耳曼人国家逐渐接受基督教。伦理教化特点——搜集抄录经典、宣讲教义；开办宗教学校（为主）和世俗学校；介入人们的社会生活。作用评价——保存了一些宝贵的古典文化；以讲授宗教内容为主，但在教育和文化方面也发挥了重要作用；影响了人们的思想意识和日常行为，强化了教会对人们的控制"。根据材料 7 概括出"宗教改革后，新教的发展演变——16 世纪宗教改革后，西欧的基督教分裂为天主教和新教。伦理教化的特点——反对教皇权威，主张信徒自己阅读《圣经》（即"因信称义"）；提倡节俭和积极入世。作用评价——打破天主教会精神垄断，促进思想解放、文化普及；有利于资本的积累、激发人们创造财富；束缚思想；迫害'异端'"。

教师活动：小结——引导学生认识到宗教伦理在西方社会发展进程中不可或缺的地位。

【设计意图】通过基础知识的具体阐释与归纳梳理，了解西方宗教从基督教到新教的发展演变过程；引导学生理解宗教在人们的生活、思想文化等方面都具有重要作用的同时，也存在西方宗教在束缚人们思想等方面的局限性，从而凸显唯物史观的辩证关系。

3. 课堂小结

法律是统治阶级意志的体现，受国家强制力保证执行的行为规则的总称，具有强制约束力。教化指政教风化，对社会和个人的约束力是相对软性的，强调道德感召与自律，是对法治的有效补充。近代西方国家不论是法律上，还是宗教伦理上，都与古罗马关系密切；同时既能根据时代变化丰富内涵、完善作用，又能保持某些程序和原则的不变。法律与教化相辅相成，作为国家治理的重要手段缺一不可。

4. 板书设计

近代西方的法律与教化

一、近代西方法律制度的渊源与发展

1. 渊源：《十二铜表法》；罗马帝国的《查士丁尼民法大全》

2. 发展：日耳曼法、教会法；罗马法复兴运动；英美法系；大陆法系。

二、近代西方法律制度的基本特征

1. 国家权力结构层面

2. 法律内容

3. 司法实践过程

三、宗教伦理与教化

1. 宗教改革前

2. 宗教改革后

第10课　当代中国的法治与精神文明建设

教学示例：贵阳市第一中学　　马　跃

指导老师：贵阳市第一中学　　陆贵湘

一、课程标准及教材解读

（一）课程标准

了解当代中国的法治建设和精神文明成就。

（二）课程内容解读

本课主题可定为"认知中国法治进程，感悟精神文明建设成就"。

本课涉及的历史时段包括：社会主义革命和新中国初期建设时期，"文化大革命"十年动乱，改革开放的新时期，20世纪90年代全面推进社会主义市场经济建设时期，中共十八大以来的社会主义建设新时代。

本课分为2个子目："新中国的法制进程"和"社会主义精神文明建设"。两个子目在时空线索上为并行关系，呈现了从新中国建立至今，法治建设和精神文明建设的发展脉络。在时空线索上，第一子目着重介绍了新中国建立以来的法治建设历程，主要分为4个阶段：改革开放以前社会主义法制建设时期，改革开放初期社会主义法治建设新时期，20世纪90年代以来提出建设社会主义法治国家，十八大以来进入全面依法治国的新阶段。着重呈现了在不同历史时期里，党和国家立足于基本国情，在建设社会主义法制道路和加强社会主义法治上所取得的成就。第二子目着重呈现了在不同历史时期里，党和国家对社会主义精神文明建设的方针要求，以及取得的精神文明建设成就。尤其是进入21世纪，中共十八大提出社会主义核心价值观，激发出中国人民巨大的精神力量，对社会主义建设起到了巨大作用。

（三）辅助栏目内容解读

1.子目一：新中国的法制进程

（1）学习聚焦（第55页）

解读：本栏目是第一子目的主题，涉及两个重要问题：一是新中国成立以来的法制建设为依法治国及法治建设奠定基础；二是全面依法治国是国家治理的深刻革命。本子目的教学也应该围绕这两个问题展开。同时本栏目可以作为引子，引导学生思考：党和国家要强调依法治国的原因和意义。

此处的"全面依法治国"，既包含了新中国成立以来的法律制度建设，也包括新中国成立以来党坚持和完善依法治国的法治道路。法律制度的完善是实行全面依法治国的前提和基础，我国的社会主义法制是体现广大人民意志的法律制度，是社会主义先进性的重要体现。从新中国成立以来，我国陆续制定和完善了以《中华人民共和国宪法》为核心的法律体系，确立了社会主义中国的政治制度、立法制度、司法制度。

我国法制建设一直坚持与时俱进，立足中国自身的历史发展阶段和基本国情。十年"文革"时期社会主义法制遭到严重破坏，改革开放后，中共中央强调必须加强社会主义法制，做到有法可依、有法必依、执法必严、违法必究，保证法律面前人人平等。从1982年开始我国陆续制定、修改了一系列法律法规，完善法律制度的同时，法治建设进入了新的历史发展时期。

进入20世纪90年代，随着中国全面推进社会主义市场经济建设，对法治建设提出更高要求。新中国成立以来各项法律制度的完善和丰富、党和政府在法治道路上的不断探索，是法治建设进一步加强的重要保障。正如前文所分析，完备的法制是实行法治的前提，法制的发展最终是实现法治。在授课过程需帮助学生理顺新中国成立以来法律制度的建设历程，帮助学生认识到：法律制度的不断完善与党的法治理念不断深化是相辅相成、互相促进的关系。理解了这两点，才能真正理解"全面依法治国"是新中国成立以来法治建设不断深化发展的成果，是立足中国现阶段基本国情、贯彻社会主义法治精神的必然结果，是国家治理的一场深刻革命。

（2）思考点（第56页）

解读：需要特别注意的是，学生在这一部分学习中容易混淆"法制"和"法治"二者的区别与联系，在授课中应对学生进行概念解析。

"法制"与"法治"的区别在于：

法制是法律制度的简称，法制是客观存在的社会制度；法制的产生与所有国家直接相联系，任何国家都存在法制。法制建设，即是指国家和社会运转中的各项工作，都要做到法律化、制度化，做到有法可依、有法必依、执法必严、违法必究。

法治是法律统治的简称，是一种治国原则和方法，与"人治"相对；法治即是国家机器对法律制度进行的应用、完善和改造；法律制度客观存在于所有国家，而法治并不存在于所有国家，只有民主制国家才存在法治；法治的基本要求即是严格依法办事，确保法律在国家和社会运转、各项社会调整措施中，具有至上性、权威性和强制性。

实行法制的主要标志，是指一个国家从立法、执法、司法、守法到法律监督等方面，都具备比较完备的法律和制度。实行法治的主要标志，是指一个国家的任何机关、团体和个人，包括国家最高领导人在内，都严格遵守法律和依法办事。

法制与法治的联系在于：

法律制度是法律统治的基础和前提，要实行法治，必须具备完备的法制；法律统治是法律制度的立足点和归宿，法制的发展前途必然是最终实现法治。

"建设社会主义法制国家"的重点在于党和国家职能部门建立相关的法律制度。而在新时期"建设社会主义法治国家"，重点则是在国家和社会运转中贯彻相关法律法规。一方面这对党和国家的治理能力提出了新要求，对应学习聚焦部分所提出的"全面依法治国是国家治理的一场深刻革命"；另一方面，"建设法治国家"也涵盖了更广泛的社会群体，因为法治国家不仅需要党政机关进行立法、执法、司法等工作，也需要各个社会团体、各社会群体和每一个公民参与到立法、守法、法律监督等工作中，相较于过去的法律制度的建设，法治的建设需要涉及更广泛的法律教育、法制宣传、公民教育等内容。

结合原文中"20世纪90年代，中国全面推进社会主义市场经济建设，对法治建设提出更高要求"这一论述，可以从上述两方面引导学生进行思考，可以从加强法治意识、履行公民义务、树立家国情怀等角度进行延展。

（3）历史纵横（第56页）

解读：本栏目旨在对教材中"中国特色社会主义法律体系"进行详细说明，一方面简要介绍了当代中国的法律体系，让学生进一步了解法律体系的内容和构成；一方面从法律草案公开征求意见的相关论述中，补充具体的立法环节。在授课中可对这两方面进行适当扩展，对我国的法律体系、立法过程等进行更详细的介绍。

立法是集中体现一个国家国体性质的活动。在指导学生学习我国立法制度的过程中，也可以结合其他国家的立法制度进行对比补充。我国的立法制度是社会主义法治精神的集中体现，也是社会主义民主的一种体现，与其他国家特别是西方资本主义代议制下的议会立法既有形式上的相似之处，也有本质上的不同：我国立法制度的根本是人民群众当家作主，代表最广大人民的利益，反映人民群众的呼声和要求。

（4）学思之窗（第57页）

解读：本段史料从中共中央的角度出发，阐述了依法治国在党的工作中的重要性、必要性，以及与每一个中国公民的密切关系，体现了新中国成立以来中国共产党在依法治国道路上不断探索的成果。从新中国初期重视社会主义法律制度的建立，到十年"文革"时期的曲折，再到改革开放后新时期提出法治建设的新要求，党和政府对依法治国的认识不断深化，才有了史料中推进全面依法治国的结论。在授课中可对教材前述的法治道路探索进行总结归纳，并结合教材"让人民群众在每一个司法案件中感受到公平正义"这一论述，并适当结合时事，强调法律在社会生活中的重要性，让学生真正理解坚持依法治国的原因，对第一子目的主题有更明确的认知。

2. 子目二：社会主义精神文明建设

（1）学习聚焦（第57页）

解读：第二子目介绍了新中国成立以来社会主义精神文明建设的历程，列举了新中国成立以来不同时期的社会精神文明风貌，可以适当结合相关实例，通过社会生活的变迁，生动的展现不同历史时期的社会特点，从而让学生对"社会主义精神文明建设是社会主义社会的重要特征"有更直观的认识。

一个时期的社会风貌是社会经济情况与政治风气的集中体现，在论述社会主义精神文明建设的成就时，应结合我国社会主义建设的历程，回顾新中国成立以来不同时期的政治、经济政策和建设成果，帮助学生运用唯物史观，正确认识到经济基础决定上层建筑，对不同时期的精神文明建设成果和社会风气有更全面清晰的认识。在具体授课中，也不应拘泥于教材，可以从学生每天的经历、耳闻目睹的事例入手，形象生动的展现加强社会主义精神文明建设和我们每一个人的关系，从而让学生自觉树立起社会主义核心价值观，真正把社会主义核心价值观变成日常的行为准则。

（2）思考点（第58页）

解读：该问题可结合本页史料阅读，通过展现时代背景，还原爱国主义教育和公民道德建设对社会主义精神文明建设的作用和影响。

在提出将爱国主义教育作为加强精神文明建设的基础工程加以推进的20世纪90年代，改革开放成果尚未完全展现，而随着对外开放，国人对世界特别是发达国家的认知不断加深，一部分国人惊讶于当时中国与世界发达国家的差异，对中国的前途和社会主义的前途产生了怀疑。这是如今生活在富裕繁荣的社会环境、每天都看到中国取得一个个"超越"和"腾飞"的学生们所陌生的一个时代。在这样的历史背景下，党和国家需要强调爱国主义教育，让人民树立起道路自信、理论自信、制度自信、文化自信，树立起积极向上的精神文明。正是那个年代的爱国者们努力埋头苦干，才有了现在的美好生活。这既涉及为什么学生今天能生活在一个富强的中国，也是帮助学生树立家国情怀的生动实例。

在颁布《公民道德建设实施纲要》的2001年，涉及中国加入WTO、联入互联网等重要事件。这些事件一方面加深了我国对外开放的深度和广度，另一方面也深刻影响了我国社会风气和精神风貌。在这种背景下提出加强公民道德建设，"从以德治国的高度进一步规划思想道德建设"，是适应新时期特点、树立新时代社会主义精神文明的重要举措。

在引导学生思考问题的同时，也可以结合之后教材内容中提到的社会主义核心价值观相关内容，阐述党和国家在社会主义精神文明建设过程中的前后继承与发展，从而形成更为连贯的线索脉络，同时引导出当今坚持践行社会主义核心价值观的意义。

（3）史料阅读（第58页）

解读：本栏目阐述了党和国家对爱国主义教育的要求。在授课中可结合教材中"把爱国主义作为加强精神文明建设的基础工程加以推进"这一论述，强调爱国主义精神在社会主义精神文明建设中的基础性作用。对史料中提到的"最广泛的爱国统一战线""实现'四化'、振兴中华""爱国主义教育必须坚持对外开放的原则""既要继承和发扬中华民族的优秀成果，也要学习和吸收世界各国包括资本主义发达国家所创造的一切文明成果"等具有时代特色和特殊内涵的历史名词进行解析，结合这部分内容涉及的20世纪90年代的时代背景，更好地体现加强爱国主义教育的必要性。

3. 探索与拓展

（1）问题探究（第59页）

解读：加强社会主义精神文明建设，是发展社会主义市场经济的客观要求，也是促进社会主义市场经济健康发展的重要精神保障。

改革开放后随着我国社会主义市场经济的不断发展，社会生产力和我国综合国力不断提升，人民生活水平得到提高。与此同时，市场经济下的竞争、多种所有制和多种分配制度的并存、社会财富的增加、对外开放的深化等，也深刻改变了人民的生活状态和思想状态。随着社会经济形势的变化，特别是市场经济体制的逐步建立，国家政治经济制度出现较大的变化，冲击了改革开放前形成的社会风俗，冲击了长期以来人民形成的思维习惯，涌现出了很多新变化、新矛盾。在改革开放初期，还引发了市场经济"姓资姓社"等一系列问题和争议。到1990年后期，还存在是否要加入WTO、是否要与世界经济全面接轨的争议。

中国共产党和中国政府需要根据新形势，引导人民适应政治经济制度的新变化，适应市场经济下出现的各种新事物，处理好新时期的新矛盾。如材料中提出的"引导人们正确处理竞争和协作、自主和监督、效率和公平、先富和后富、经济效益和社会效益等关系"。加强社会主义精神文明建设，才能帮助人民真正适应时代的变化，形成适应社会主义市场经济体制的社会主义核心价值观、社会生活规范，反过来促进经济发展不断取得新的成果。

（2）**学习拓展**（第60页）

解读：法治建设是加强人民当家作主的制度保障，是人民行使当家作主权利的具体体现。材料中所描述新中国成立以后宪法文字内容上的变化，实际上体现的是党在执政过程中对法治精神的认识不断深入，不断贯彻人民群众当家作主、确保公民权利，与教材中强调的"全面依法治国是国家治理的一场深刻革命"相呼应。

二、教学设计示例

（一）教学目标

通过对本课中的多个概念，如"完善法制""全面依法治国""公民道德建设""社会主义核心价值观"等进行充分的解读和认知，培养学生运用唯物史观的能力。

通过对本课中史料的分析运用，培养学生的时空观念和历史解释的能力，能够正确掌握新中国所取得的法制进程、分析实行依法治国的重大意义；掌握社会主义精神建设成就，分析践行社会主义核心价值观的意义，培养学生的家国情怀。

（二）教学重难点

教学重点：法制国家与法治国家的内涵，全面依法治国方略的历史意义；社会主义精神文明建设成就；社会主义核心价值观。

教学难点：国家全面依法治国方略的内涵，践行社会主义核心价值观。

（三）教学设计示例

1. 导入新课

导入：播放新冠疫情暴发以来我国积极抗疫的相关视频，并展现相关的新闻报道。

通过展现在突如其来的新冠疫情冲击下，党和政府以及每一个普通百姓在抗疫中的积极努力，引导学生思考——中国能迅速控制疫情，并在疫情常态化下继续保持优良的抗疫表现，依靠的是什么？

【设计意图】通过联系时事热点，创设情境引导学生进行思考，中国能挺过疫情的考验，得益于我们国家当今良好的法治环境、积极向上的精神文明风貌。从而引出本课的主题——新中国的法制进程和精神文明建设。

2. 学习新课

学习任务一　新中国的法制进程

探究问题 1：新中国成立以来的法制建设历程。

学生活动：学生自主学习，对教材内容进行归纳，按照 4 个时间段将新中国法制历程进行分析总结：

新中国成立前后——法律初创：在 1949 年新中国成立前后通过具有临时宪法性质的《共同纲领》和《婚姻法》《土地改革法》等，初步建立起法律制度。1954 年第一届全国人民代表大会通过了《中华人民共和国宪法》《中华人民共和国国务院组织法》等法律，确立三大基本政治制度以及行政、立法、司法等制度，保障了人民当家作主，巩固了革命和社会主义建设成果。

"文革"十年——遭到破坏："文化大革命"时期，社会主义法制遭到严重破坏。认识到这一时期民主和法制不完善，民主法治观念淡薄的问题。

改革开放新时期——新的发展阶段：在中共十一届三中全会上提出了法制建设的十六字方针；1982 年前后修订宪法并制定一批基本法律；在党的十五大上提出"依法治国，建设社会主义法治国家"；1999 年将"依法治国"写入宪法；2010 年形成了中国特色社会主义法律体系。

党的十八大以来——全面依法治国新阶段：党的十八大以来践行全面依法治国；修订环境保护法、食品安全法、反恐怖主义法、国家安全法等；2018 年十三届全国人大一次会议通过宪法修正案；2020 年颁布《民法典》等。

教师活动：在学生自主学习过程中，帮助学生对 4 个时间段的法制进程进行归纳，并按照时代特点分析其中的区别与联系。

可以引导学生用时间轴的形式，重点突出教材中所提到的法律，分析颁布这些法律的历史背景和意义，突出法制建设成就。其次可以结合案例展现不同时期的社会风貌，让学生形成完整的时空观念。

需要注意的是，改革开放后的法制和法治建设，特别是党正式提出全面依法治国理念，是第一子目的重点内容，在授课过程中应予以适当倾斜，重点放在党对依法治国的认识经历了怎样的变化、如何形成全面依法治国理念等。

探究问题 2：20 世纪 80 年代，中国政府修订宪法并颁布了一系列法律法规，原因是什么？从"法制"到"法治"的一字之改，谈谈你对全面依法治国的认识。

学生活动：分析 20 世纪 80 年代修宪与颁布一系列法律法规的时代背景，联系前后时段，认识到从"文革"十年中，党和人民认识到加强民主法制建设和树立法治观念的重要性。

结合教材内容，深化理解"法制"和"法治"的区别与联系，认识全面加强依法治国的重要意义。

教师活动：培养学生时空观念和历史分析能力，突破第一子目的重难点部分。帮助学生认识到我国以宪法为核心的中国特色社会主义法律基本形成，立法的科学化、民主化和立法质量不断提高。

【设计意图】通过学生自主学习，引导学生掌握基础知识，培养学生的时空观念，培养学生提取信息和解读史料的能力，通过从"建立法制国家"到"建立法治国家"的变化，看到一字之差背后体现出的党和国家治国理念的深刻转变。

学习任务二 社会主义精神文明建设

探究问题：分析不同时期社会主义精神文明建设的成就。

学生活动：通过对教材内容进行归纳，分3个时期进行总结。

社会主义革命和建设时期：新中国百废待兴，物质匮乏。中国人民发扬英勇奋斗的革命传统和艰苦奋斗的精神，涌现出一大批英雄模范集体和个人杰出代表。

改革开放新时期：党和国家在以经济建设为中心，建设社会主义物质文明的同时，也在不断加强社会主义精神文明建设；20世纪80年代，提出"五讲四美三热爱"；20世纪90年代，开展创建文明城市、文明村镇、文明行业为主要内容的三大系列创建活动；1994年中共中央把爱国主义教育作为加强精神文明建设的基础工程加以推进；2001年中共中央颁布了《公民道德建设实施纲要》，从以德治国的高度进一步规划思想道德建设。

社会主义核心价值观：在2006年提出建设社会主义核心价值体系的战略任务；中共十七大提出"社会主义核心价值体系是社会主义意识形态的本质体现"；中共十八大进一步提炼、概括，形成简明扼要、便于传播弘扬的社会主义核心价值观。

教师活动：在学生归纳的基础上，进一步通过实例展现不同时期的社会风貌。重点剖析社会主义核心价值观的意义。社会主义核心价值观是中国精神的集中体现，凝结着全体人民共同的价值追求。一方面，这体现了中国共产党执政能力的不断增强、体现了党对新时期社会主义发展道路的探索；另一方面，社会主义核心价值观的提出是应对新的国内国际形势、实现中华民族伟大复兴的重要精神保障。

3. 课堂小结

法治建设是一个国家现代化的重要保障，学习当代中国的法治建设历程，对树立学生的公民意识、培养学生的家国情怀意义重大。

新中国成立初期，党和政府就从自身国情出发，结合我国的社会主义制度，开展了一系列社会主义法律制度建设。虽然经历了"文革"对民主法制的严重破坏，但在改革开放后，党和政府根据改革开放以后的国内外形势，吸取历史教训，继续推进法治建设，从"法制"到"法治"一字之差，体现了党和政府对法治的认识不断深入、对中国特色社会主义道路的持续探索。法治建设的不断完善，是中国社会主义制度优势的重要体现。

当代中国的法治建设历经曲折，其中的成就、经验和教训都与我们每一个人的生活息息相关。一个国家的法治，首先要建立在自身的基本国情上，既不能盲目照搬教条经验，也不能脱离国家的制度特点和自身发展阶段。在对法治建设历程的深入了解中，树立正确的唯物史观，理解上层建筑与经济基础的辩证关系、上层建筑对经济建设的反作用。

4. 板书设计

当代中国的法治与精神文明建设

一、新中国的法制进程

1. 初创阶段

2. 严重破坏阶段

3. 新的发展阶段

4. 全面依法治国的新阶段

二、社会主义精神文明建设

1. 社会主义革命和建设时期

2. 改革开放新时期

3. 社会主义核心价值观

第四单元

北京师范大学贵阳附属中学／陈　波

民族关系与国家关系

一、本单元主题为"交流交融 和平共处——构建和谐、规范的民族关系和国家关系"

本单元主要讲述的是中国和西方的民族关系发展演变的历程，古代中国和近现代的国家关系。古代中国，各民族迁徙汇聚，交流互补，冲突交融，推动了统一多民族国家的发展。虽然各民族之间有矛盾冲突，但是民族交往交流交融是主流。近代以来，中华民族开启了自觉发展新阶段。新中国成立后，建立了民族区域自治制度，中华民族大团结的局面日益巩固。在世界范围内，各民族的大迁徙、大交流推动了民族和国家的变化。随着近代西方民族国家的形成，国家法也逐渐形成并成熟，国家间关系也日益被国家法规范。新中国积极参与国际事务，提倡独立自主的和平外交方针。

二、单元内容结构

本单元共有 4 课内容。第 11 课《中国古代的民族关系与对外交往》主要叙述了中国古代的民族政策和边疆管理制度的演变，以及对外交往的相关体制等内容，涉及课标中的"了解中国古代的民族政策和边疆管理制度，认识中国作为统一多民族国家的发展历程，以及中国古代处理对外关系的体制"。第 12 课《近代西方民族国家与国际法的发展》主要叙述了近代西方民族国家形成和国家法的发展历程，涉及课标中的"了解近代西方民族国家的形成情况，以及国际法的发展"。第 13 课《当代中国的民族政策》主要叙述了当代中国的民族政策以及民族区域自治制度的意义，涉及课标中的"了解当代中国民族区域自治制度的历史意义"。第 14 课《当代中国的外交》主要叙述了当代中国坚持独立自主的和平外交政策，广泛发展同世界各国的友好关系，涉及课标中的"独立自主和平外交政策的主要成就"。

本课有三个学习要点：一是中国古代的民族政策和边疆管理制度，以及对外关系体制。作为统一的多民族国家，中国古代的民族政策和边疆管理制度经历了长期的发展演变，有力地维护了国家的统一，促进了民族交融，对于中华民族共同体的形成意义重大。二是近代西方国家民族国家的形成情况，以及国际法的发展。近代西方民族国家在中世纪以来随着生产力的发展逐步形成，随之也产生了调整国家间关系的国际法，其发展演变也反映了国际格局的变动。三是当代中国民族区域自治制度的历史意义和独立自主和平外交政策的主要成就。民族区域自治制度是具有中国特色的一种制度，很好地体现了民族平等、民族团结和各民族共同繁荣的特点。独立自主的和平外交政策，致力于推动构建对话而不对抗、结伴而不结盟的国与国之间交往新路，与世界各国友好相处，推动着国际秩序和国际体系朝着公正合理、普惠均衡的方向发展。

在这三个学习要点中，第一要点的中国古代民族政策和边疆管理制度以及处理对外关系的体制，既是重点内容也是难点内容，学生在理解这一要点时会有一定的难度。第二要点即中西方近代民族国家的形成和国际法的发展，第三要点中当代中国民族区域自治制度和独立自主和平外交政策的成就，都是重点内容，需要结合典型史料进行重点讲解。

三、单元导语解读

本单元讲述的是古今中外的民族关系和国家关系，尤其是重点介绍了古代和现代中国的民族政策、制度和外交政策以及成就，突显了制度自信。

本单元导语包括两个部分：

第一部分简要概述了本单元的主要内容：中国统一多民族国家形成的历史，展现了各民族之间长期交往交流交融的历史主流；从先秦至明清，古代中国对外交往的范围不断扩大，与外部世界的经济文化交流频繁，在长期的对外交往中，始终坚持和平交往；新中国成立后，通过建立民族区域自治制度，逐渐形成了各民族多元一体的格局；近代以来，民族语言的流行促进了民族认同，自由平等思想的传播促进了欧洲各国民族意识的觉醒，最终促进了民族国家的形成，并逐步发展出了制止战争、力争用和平方式解决国家之间争端的国际法，规范着国家关系；当代中国积极参与和引领全球治理进程，为改革完善全球治理体系，推动国际秩序和国际体系朝着公正合理、普惠均衡的方向发展贡献了中国智慧。第二部分是本单元学习内容的学业目标要求。

在教学过程中，教师应引导学生运用唯物史观的基本立场、观点和方法，通过横向和纵向梳理时空变化，运用丰富的史料，遵循论从史出的原则，深入理解中国古代的民族政策和对外关系，当代中国的民族区域自治制度与独立自主和平外交政策的成就，以更好地理解中华民族多元一体的特点，感受中华文明绵延不绝的独特魅力，培育家国情怀。

第11课 中国古代民族关系和对外交往
（示例一）

教学设计：北京师范大学贵阳附属中学　陈波
指导教师：清镇市第一中学　刘相

一、课程标准及内容解读

（一）课程标准

了解中国古代的民族政策和边疆管理制度，认识中国统一多民族国家的发展历程，以及中国古代处理对外关系的体制。

（二）课程内容导读

本课主题为"汇聚与辐射——中国古代统一多民族国家的形成、发展、巩固和对外交往"。

本课是选择性必修一第四单元"民族关系与国家关系"的第一课，讲述了从秦汉至明清时期民族关系的发展历程和对外交往相关情况，介绍中国古代历朝处理民族关系的多种方式和边疆管理制度，以及处理对外关系的体制即朝贡体制。本课教学中需重点关注两个问题，一是中国古代各民族间的密切交往交流交融，尤其是中原王朝的民族管理政策和治理边疆政策，推动了统一多民族国家的形成和发展；二是古代中国与其他国家的经济、文化联系，扩大了中华文化的影响力，为世界文明的发展做出了卓越贡献。

本课共四个子目，可以分为两部分。第一、二、三子目为第一部分即中国古代民族关系，第四子目为第二部分即中国古代的对外交往。

第一子目介绍了秦汉时期的民族关系，这是我国统一多民族国家的建立时期。秦汉时期，中原王朝与周边多个民族建立了或战或和的联系，并设有专门的机构负责民族事宜。民族关系的发展，为中国古代的民族交融奠定了基础。第二子目介绍了隋唐至两宋时期的民族关系。唐宋时期是民族交往交流交融的加速发展阶段。由于隋唐王朝的强盛，周边民族大多归附中原王朝。隋唐政府通过战争、册封、设官、和亲等政策，与周边各少数民族维持了较长时期的友好交往局面。第三子目"元明清时期的民族关系"。从元代至清代，是统一的多民族国家进一步发展和巩固时期。元明清三朝，对民族地区的管理和边疆地区的治理都采取了行之有效的措施，进一步加快了民族的交往交流和交融，巩固了统一多民族国家。

第四子目"中国古代的对外交往"主要介绍了先秦以来尤其是秦汉至明清时期的对外交往情况。古代中国对外交往的范围随着陆上丝绸之路和海上丝绸之路的扩展逐渐从周边地区扩展到南亚、非洲、欧洲，交往方式既有官方交流也有民间来往，交流领域有经济、政治、文化等多个方面，以和平交往为主。

（三）辅助栏目内容解读

1. 子目一：秦汉时期的民族关系

（1）学习聚焦（第62页）

解读： 本栏目强调了秦汉时期的民族关系。秦汉时期是我国统一多民族国家奠基阶段，秦汉王朝采用多种手段加强与周边民族的交往交流交融，为统一多民族国家的形成做出了重大贡献。

（2）图片——《燕然山铭》石刻（第62页）

解读： 东汉永元（公元89年）元年，窦宪率领军大败北匈奴后，在燕然山（今蒙古国境内的杭爱山）南麓勒石铭刻纪功的摩崖文字，由班固撰文，宣扬了东汉与北匈奴之间最后一场大战的战绩与汉朝的德威。后以"燕然勒功"作为建立功勋的典故。

（3）历史纵横（第63页）

解读： 本栏目补充了三国两晋南北朝时期的民族交融状况。东汉以来，西部、北部边陲的一些少数民族主要有匈奴、羯、氐、羌、鲜卑等不断内迁至原汉民族居住区。少数民族之间、少数民族与汉族之间通婚杂居错处，频繁接触，相互影响。有的民族逐渐汉化或融入其他民族。他们交往交流内容是全方位的，不仅有政治文化，还有经济活动等。同时，中原地区大量人口南迁至长江流域一带，也加快了南方地区的民族交融进程。

2. 子目二：隋唐至两宋时期的民族关系

（1）学习聚焦（第63页）

解读： 本栏目突出了唐代民族关系的特征。隋唐时期中原王朝经济富足、文化繁荣、国力强盛，对周边少数民族有非常强大的吸引力。同时，隋唐政府实行开明的民族政策，以开放的心态对待民族间的交往，推进着民族关系的良好发展。

（2）史料阅读（第63页）

解读： 本栏目突出了隋唐时期民族交往交流的盛况。隋唐时期由于国力强盛，对周边少数民族具有强大的吸引力，他们积极与隋唐王朝交往交流。这段史料有助于理解鸿胪寺接待外国使臣的角色，与本课导入引言呼应。

3. 子目三：元明清时期的民族关系

（1）学习聚焦（第64页）

解读： 本栏目突出说明了元明清时期长期的大一统局面推动了民族关系的进一步发展。虽然辽宋夏金时期多个政权并立，且经常进行战争，但民族之间的交往交流交融从来没有中断过。元朝的大一统和元代政策的创新为民族关系的进一步发展创造了条件。明清时期在继承前代民族管理制度的基础上创造了许多新的举措，使得我国统一多民族国家得到进一步巩固和发展。

（2）**图片——大元帝师统领诸国僧尼中兴释教之印及印文（第64页）**

解读：此为元代官印（青玉材质），现藏于西藏自治区博物馆。元成宗元贞元年（公元1295年）赐给西藏第五任帝师（帝师既是佛教萨迦派的高僧，又是宣政院的首长）的印信。该印是研究西藏的政治、宗教、文化艺术等重要史料。

（3）**地图——明朝长城与九边重镇示意图（第64页）**

解读：本地图为明朝时期明政权与蒙古边境关系图。从中可以看出明朝政府为了防范蒙古骑兵的袭扰，在西起嘉峪关、东到鸭绿江一线，陆续修筑长城以防范蒙古骑兵入境袭扰，并沿线设置一系列军镇。该图可以用来说明民族关系发展的曲折性。

（4）**思考点（第65页）**

解读：长城以内主要是农耕经济模式，长城以外主要是游牧经济。这两种经济成分有着明显的互补需求。明朝在修筑长城防范蒙古的同时也沿线开放了马市，与北方各族开展贸易，从而可以获取明廷急需的马匹、牛羊等，蒙古等族也可以获取自身无法生产的茶叶、粮食。对明廷来说，马市的设置不仅是有利于解决经济问题的策略，也是有助于解决军事问题的策略，更是对边地民族所采取的一项重要的安抚政策，有利于稳定社会秩序，加强了民族之间的交往交流和交融。所以，有形的长城无法根本隔断其内外的民族关系的发展。

（5）**图片——驻藏大臣令牌（第65页）**

解读：隋唐时期，中原王朝与藏族地区的吐蕃是并立政权之间的交往；元代开始经略西藏，设宣政院进行政教合一的管理，利用佛教的影响加强统治，但控制比较松散；明朝通过敕封和建立羁縻性质的都司管辖西藏，并通过贡赐、茶马互市等进行经济交流；清代管理西藏的手段更为丰富，效果也更为显著。清朝设置理藩院管理西藏等边疆民族事务，册封西藏佛教领袖达赖和班禅，设置位高权重的驻藏大臣代表中央政府常驻西藏并总览事权主持藏政，体现了国家主权和朝廷尊严。这在相当程度上保证了中央政府对西藏地区的有效控制，巩固了统一多民族国家。后来还颁布《钦定藏内善后章程》，这是清朝治藏政策方面的纲领性文件，表明将西藏的治理纳入法制化轨道。

（6）**清朝疆域图（1820年）（第65页）**

解读：此为清朝1820年的疆域图。从图中可以看出，经过各民族之间长期的不断交融，清朝时期中国的版图已经基本确立，统一多民族国家得到进一步巩固。

4.子目四：中国古代的对外交往

（1）**学习聚焦（第66页）**

解读：本则学习聚焦概括了中国古代对外交往的概况。秦汉以来长时期中国对外交往的范围和规模呈现不断扩大的趋势，但到了明清时期，随着世界局势发生转变，中国的对外交往发生了重大转变，逐渐脱离世界历史发展的潮流。

（2）**史料阅读和文物"汉委（倭）奴国王"金印及印文（第66页）**

解读：汉委（倭）奴国王金印为纯金铸成，印面为正方形，边长2.3厘米，印台高约0.9厘米，台上附蛇形钮，通体高约2.2厘米，上面刻有"汉委奴国王"字样，于1784年出土于日本。这枚金印是东汉初年汉光武帝赐予日本国王使者。这枚金印是中日两国最早交往的证明，意义非凡。

摘自《后汉书·东夷列传》的史料记述了汉王朝与倭国交往的具体情况，倭国臣服于汉的统治，接受汉的印绶，说明我国与日本交往历史悠久。

古籍记载和出土文物可以互证。

（3）史料阅读和文物"井真成墓志"拓片（第67页）

解读：本则史料侧重介绍了唐朝与日本交往及影响。井真成墓志的发现对于研究日本遣唐使和日本国名的来源起到了重要作用。它是迄今发现的唯一一方日本遣唐使墓志。井真成墓志铭上面仅有的171字，被视为中日文化交流史上的一级历史资料，是目前见到的遣唐使制度的唯一证物，它再次证实了日本国号与中国的渊源。

（4）学思之窗（第68页）

解读：本栏目通过原始史料介绍了明清时期对民间海外贸易的管理。明清朝廷对海外贸易的态度与汉唐宋元的政策相比较，显得不是很积极。明朝开放海禁后，要求下海贸易的商船必须取得"商引"（实际上就是一种需要缴纳税费后才能获得的许可证）征收"引税"进行控制。这在一定程度上增加了海外贸易的成本，降低了民间外贸的积极性。清朝通过具有官商性质的"十三行"实际是由官方垄断了对外贸易。明清两朝的管控都不利于海外贸易的发展，这也是中国逐渐脱离世界发展潮流的表现。

5. 探究与拓展

（1）问题探究（第68页）

解读：本栏目强调了中国古代民族之间交往方式的多样性。第一，政治上的隶属关系，主要表现为在民族地区设立郡县或者羁縻性质的机构，如汉代河西四郡、西域都护府，唐朝的都督府，元明清时期的土司、都司卫所等；第二，经济上的往来，如榷场、茶马互市等，这有利于彼此间的经济联系愈加密切；第三，民族间的文化交流，如汉唐时期的和亲通婚，政治典章、文化思想等方面的交融等；第四，军事冲突。

（2）学习拓展（第68页）

解读：关于唐朝的强盛和长安的国际性大都市地位，可以从唐朝版图面积、人口数量、经济发展、文化自信、对外交往等多方面查找相关史料作为论证的依据。

二、教学设计示例

（一）教学目标

结合中国古代秦汉、唐宋、元明清等王朝疆域图，指出历朝疆域的四至，认识古代疆域的变化趋势，从版图的角度理解中国古代统一多民族国家的形成、发展和巩固。

通过材料分析并结合教材内容，了解历代的民族政策和边疆管理制度，从制度设计、文化政策、经济联系等角度认识历朝处理民族关系的智慧，认识秦汉、隋唐和元明清等朝代在统一多民族国家的形成、发展进程中所做出的贡献，理解中国古代统一多民族国家的重要意义。

结合中国古代历朝对外交往地图，了解古代对外交往的概况，认识朝贡制度是中国历代王朝处理对外关系的主要模式，认识朝贡制度是中国传统儒家思想在对外关系上的表现，理解朝贡制度对中国和世界产生的影响。

（二）教学重难点

教学重点：中国古代的民族政策和边疆管理制度，中国古代处理外交关系的朝贡体制。

教学难点：中国古代统一多民族国家形成、发展和巩固。

（三）教学设计示例

1. 导入新课

利用两组图片：一组主要是《燕然山铭》石刻、滇王之印、文成公主和松赞干布塑像、驻藏大臣令牌；一组是汉委（倭）奴国王金印、郑和下西洋示意图、利玛窦所绘《坤舆万国全图》。引导学生通过对两组图片相关信息的解读，理解图片背后的民族关系发展历程的主题。

【设计意图】学生通过观察两组图片，调动已有知识，思考各组的共同点，分别设计合理的主题，可以迅速导入新课。

2. 学习新课

学习任务一　从疆域发展角度认识中华民族的形成和统一多民族国家的发展

利用经典理论，帮助学生认识关于"民族"的概念。

马克思主义的民族定义：民族作为人们在历史上形成的一个具有共同语言、共同地域、共同经济生活以及表现于共同文化上的共同心理素质的稳定的共同体。

教师结合政治课的学习特别强调：关于民族概念中的"四个共同"——共同语言、共同地域、共同经济生活、共同文化心理等。

探究问题1：根据教材1结合所学，在地图上标明历代边疆管理的措施并归纳其特点。根据材料2、3，思考明、清统治者对待修长城的不同态度，指出康熙皇帝认为安定边疆的关键是什么？

材料1　展示秦朝、西汉、唐朝、元朝、明朝、清朝形势地图（图略，见《中外历史纲要（上）历史地图册》）。

材料2　明朝长城与九边重镇示意图（图略，见《国家制度与社会治理》插图）。

材料3　秦筑长城以来，汉、唐、宋常修理，其时岂无边患？……可见守国之道，惟在修德安民。民心悦则邦本得，而边境自固，所谓"众志成城"者是也。

——康熙皇帝

学生活动：阅读教材、材料和地图，自主完成学习任务。

教师活动：在学生自主学习基础上，教师帮助完善。然后引导学生认识历朝民族政策和边疆管理制度的差异，从而得出历代管理措施的特点：因俗而治、边疆治理多样化。明朝修筑长城并设置军镇防范蒙古骑兵的袭扰，而康熙皇帝强调"守国之道，惟在修德安民""民心悦则邦本得，而边境自固"，更多从安定民心的角度强调治理边疆的策略，把有形的万里长城化为无形的心理认同，这体现了清代统治者对民族关系和边疆治理的认识上的进步。

【设计意图】通过阅读教材和观察地图，能够训练学生快速而准确获取关键信息的能力，也有助于学生通过综合多幅历史地图，体会中国古代历朝疆域的发展概况，并能够概括其基本特点。通过对比明清统治者对长城作用的认识上的差别，学生可以体会统治思想的进步。利于培养学生的时空观念、历史解释等核心素养。

学习任务二　从经济交往角度认识中华民族的形成和统一多民族国家的发展

探究问题 2：根据材料和教材相关内容，分析汉代屯戍和明代茶马互市政策的作用。

材料 4　（屯田卒）在西域且耕且战，对确立汉朝在西域的统治，起到了重要的作用。

——刘永强《两汉西域经济研究》

材料 5　通过"茶马贸易"，中国获得了紧缺的马匹，少数民族茶叶依赖中原地区的供给，中央王朝因茶叶而掌握了"华夏边缘"地区的命脉。

——杜君立《历史的慰藉》

学生活动：学生阅读材料思考并讨论。

教师活动：在学生思考与讨论的基础上，教师引导学生分析，汉代通过屯戍，促进了边疆地区的农业生产，加强了军事部署，维护了对边疆的统治。同时，西域一带原来是游牧经济，通过屯戍政策的推行，移植了农耕经济模式；长期以来的茶马互市，体现了农耕经济与游牧经济的互动，强化了边疆地区对中原王朝在经济上的依赖，从而形成了经济向心力。这是统一多民族国家形成、发展的经济基础。

【设计意图】通过对史料的研读分析，培养学生的对比分析能力和历史解释、家国情怀等素养。学生可以认识到不同经济形态的互补性，恰当的民族政策可以加强民族之间经济联系，增强民族认同感和凝聚力，推动统一多民族国家的发展。

学习任务三　从制度设计角度认识中华民族的形成和统一多民族国家的发展

探究问题 3：根据材料和教材相关内容，①与秦代相比，指出汉代"开展"民族关系的表现。②唐代的制度设计何以体现"开明"？与秦汉相比，唐代的边疆治理有何异同？③分析元代如何"强化"边疆治理？④分析明清对历代治边的"继承"和"创新"如何体现？

材料 6　秦、西汉、唐、元、明清形势地图（图略，见《中外历史纲要（上）历史地图册》）。

材料 7　乃分处（匈奴）降者于边五郡故塞外，而皆在河南，因其故俗为属国。

——《汉书·卫青霍去病传》

材料 8　（西域都护）督察乌孙、康居诸外国动静，有变以闻，可安辑之，可击之。

——《汉书·西域传》

材料 9　自太宗平突厥，西北诸蕃及蛮夷稍稍内属，即其部落列置州县。其大者为都督府，以其首领为都督、刺史，皆得世袭。虽贡赋版籍，多不上户部，然声教所暨，皆边州都督、都护所领，著于令式。

——《新唐书·地理志》

材料 10　唐所谓羁縻之州，往往在是，今皆赋役之，比于内地。

——《元史》

材料 11　清政府要求内属蒙古"官不得世袭，事不得自专"。

——《清代绥远城军府制度研究》

学生活动：学生思考讨论。

教师活动：在学生思考与讨论基础上，教师讲述：①与秦代比，西汉疆域最明显的变化是开拓西北，通过设置西域都护府、河西四郡，推行屯戍政策，因俗而治，把西域纳入中国版图，体现了汉代民族关系的"开展"。②唐朝时少数民族在接受中央管辖的前提下享有较大自治权，显示了唐代民族政策的"开明"。与秦汉时期民族政策相同的是都设置有都护府实行因俗而治，但唐朝的制度更加复杂且完备，在军事控制的同时还注重文化熏陶，控制更加稳固。③元代实行行省制度，把前代间接的"因俗而治"调整为直接的行政统治，实现了边疆与内地的一体化，从而大大加强对边疆的控制。④明清时期继承了前代的"因地制宜、因俗而治"的政策，同时治理方式更加多元且体现出"大事集权，小事放权"特点的相关举措，加强了民族团结，强化了对边疆的控制，形成了政治的民族向心力。这是统一多民族国家发展的制度保障。

【设计意图】通过阅读地图和材料，学生可以在纵向上从制度设计的角度理解从秦汉至明清时期历朝的制度进步，如元代的行省制度、明清的改土归流等。利于培养学生阅读分析史料提取信息能力、对比分析能力和历史解释、家国情怀等素养。

学习任务四　中国古代的对外交往

探究问题 4：根据材料 12—15 和教材相关内容，完成中国古代对外交往的表格并概括古代中国对外交往的特点。指出井真成、马可·波罗、马戛尔尼的不同遭遇并分析原因。

材料 12　汉代丝绸之路示意图、唐代对外交往示意图、14 世纪前后欧亚之间的商路示意图等（图略，见《中外历史纲要·历史地图册》）。

材料 13　海洋的开通和欧亚大陆频繁的陆路交通，将中国纳入世界经济秩序之内。

——许倬云《万古江河》

材料 14　史料阅读和井真成墓志拓片（第 67 页）。

材料 15　马可·波罗经西亚、中亚抵达中国，在中国生活了 17 年，他对东方的记述掀起了西方世界的"黄金热"，西方人开始向东方进发。18 世纪，马戛尔尼访华，试图打开中国市场。乾隆认为天朝地大物博、无所不有，不需要与外界贸易，关上了对英交往的大门。

——摘编自《历史·选择性必修 1·国家制度与社会治理》（第 67 页）

学生活动：学生阅读教材并完成表 4-1。阅读材料思考与讨论。

表 4-1 中国古代对外交往情况

时期	交往情况
秦汉	汉：张骞开辟丝绸之路；甘英出使大秦；光武帝赐倭国国王金印
隋唐	隋：裴矩驻张掖掌管通商事务；常骏出航到赤土国；　唐：造纸术外传阿拉伯地区；海路交通活跃、日本派遣唐使来华，推动大化改新
宋元	宋：陆路交通阻隔，海路发达，泉州是重要的对外贸易港口；　元：通往欧洲的海陆道路通畅；意大利人马可·波罗来华，《马可波罗行纪》
明清	明：郑和下西洋、海禁；清：英国马戛尔尼使团来华、闭关锁国；签订《尼布楚条约》；两代：均维持朝贡贸易体制

教师活动：在学生学习基础上，教师指出，古代中国对外交往的特点主要有：和平交往方式为主；海陆并行，由陆路为主转向海路为主；经济与文化交流并举；由开放逐渐走向封闭等。日本遣唐使井真成"衔命远邦，驰骋上国"，将唐朝文化带到日本，推动大化改新。马可·波罗对东方的记述推动了西方人开始向东方进发。马戛尔尼访华却在中国吃了闭门羹。井真成和马可·波罗的遭遇体现了唐元时代的开放和自信，以积极包容的态度来对待外来事物，而马戛尔尼的闭门羹反映了明清时代保守封闭的对外政策，中国逐渐脱离世界发展潮流。

【设计意图】通过自主学习，培养学生归纳概括的能力。通过对比分析，学生可以从对表象思考深入到本质，学生可以从长时段来认识中国古代的对外交往，理解经济政治文化示例与对外政策的关系，理解保守封闭与开放包容政策的不同影响。从而培养唯物史观、时空观念、历史解释、家国情怀等素养。

3. 课堂小结

在历史的长河中，中华民族璀璨的文明由中华民族全体共同谱写，从秦汉到明清，各民族逐渐交融成一个密不可分的整体，推动了统一多民族国家的发展。

中国在长期的对外交往中，展现了文明古国的风范，为世界文明的发展也做出了卓越的贡献。

4. 板书设计

中国古代的民族关系与对外交往

一、多维角度认识中华民族的形成和统一多民族国家的发展

1. 从疆域发展角度

2. 从经济交往角度

3. 从制度设计角度

二、中国古代对外关系

第 11 课　中国古代民族关系和对外交往

（示例二）

教学示例：贵州师范大学附属中学　李　健
指导教师：贵阳第一中学　牟永良

一、课程标准

　　了解中国古代的民族政策和边疆管理制度，认识中国统一多民族国家的发展历程，以及中国古代处理对外关系的体制。

二、教学设计示例

（一）教学目标

　　能够运用中国古代历朝疆域图，明确历朝疆域的四至范围，了解历代的民族政策和边疆管理制度，认识中国作为统一多民族国家的发展历程以及中国古代处理对外关系的体制，认识秦汉、隋唐和元明清几代的大一统国家的建立和巩固在中国历史上的重要意义。

　　通过历代对外经济文化交流，了解朝贡制度是中国历代王朝处理民族关系和对外关系的主要模式，也是中国古代的外交关系体制。认识朝贡制度是中国传统儒家思想和封建宗法观念在对外关系上的表现，是中国向海外各国推广中华传统封建礼制的重要载体。

　　通过探讨历代各民族之间交往交流交融的方式，提升学生历史解释核心素养，涵养家国情怀。通过创造历史情境，结合史料，培养学生的论从史出的能力。

（二）教学重难点

　　教学重点：中国古代的民族政策和边疆管理制度，中国古代处理外交关系的基本体制。
　　教学难点：民族关系和对外关系的区别。

（三）教学设计示例

1. 导入新课

展示秦的疆域图和清 1820 年疆域地图，并介绍秦和清朝的疆域状况。引导分析两幅地图的区别与联系。

【设计意图】通过秦朝和清朝的疆域图对比，展示统一的多民族国家的发展情况。从地理角度看，统一的多民族国家的发展与疆域的不断扩展关系密切；从民族角度看，是汉民族逐渐与周边民族不断交往交流交融发展为密不可分的中华民族共同体。从而引发思考，中国统一的多民族国家在历史上是如何处理民族关系的？导入新课。

2. 学习新课

学习任务一　秦汉时期的民族关系

探究问题 1：秦汉时期的民族关系。

材料 1　秦朝形势图和西汉形势地图（图略，见《中外历史纲要（上）历史地图册》）。

材料 2　秦朝中央政府示意图（图 3）（据《中外历史纲要（上）历史地图册》等整理）。

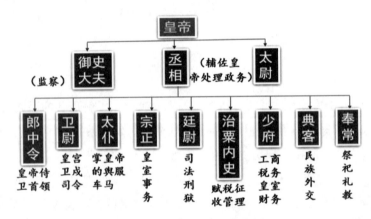

图 3　秦朝中央政府示意图

材料 3　乃使蒙恬北筑长城而守藩篱，却匈奴七百余里；胡人不敢南下而牧马，士不敢弯弓而报怨。

——贾谊《过秦论》

学生活动：观察地图，分析秦朝四周的民族分布状况；阅读材料 2、3，说明秦朝管理民族关系的方式和效果，开展讨论。结合汉代疆域图，指出汉代疆域与秦代疆域的不同，并结合教材说明汉代在处理民族关系的方法上与秦代的区别。分析汉代做法的影响。

教师活动：引导学生思考。

【设计意图】通过观察地图，让学生辨识在华夏大地上，除了有以华夏民族为主体的秦朝，在其四周还围绕着匈奴、羌、东胡等少数民族。并且通过观察秦与少数民族交界地区的长城，探讨长城的作用，并且据此推测华夏民族与少数民族的关系。培养学生的时空观念等核心素养。

由此可以说明，秦朝时期是统一多民族国家的开端，华夏民族作为统一多民族国家的主体民族，在秦朝时期与周边少数民族彼此还多处于敌对状态。并且介绍九卿之一的典客，说明秦朝时期，国家已经有负责民族关系专职部门，说明民族交往的重要性和中央政府对民族交往的重视。

通过秦汉形势图的对比分析，提升学生分析地图的能力，培养史料实证意识。让学生能辨别出，汉代较秦代疆域扩大，扩大的地区是少数民族聚集的西域地区，并且汉代已经设置了地方军政部门进行管理；通过阅读教材，让学生知道，汉代处理民族关系的方式是多样的，更加灵活的民族政策促进了民族间的交往交流交融，推动了统一的多民族国家的发展。

学生活动：归纳总结，秦汉时期的民族关系的特征。

教师活动：评价点评。

【设计意图】通过秦汉两个朝代民族关系的学习，找到秦汉时期与北方少民族的较突出的共同点，归纳秦汉时期处于统一多民族国家的发端特征。

学习任务二　隋唐至两宋时期的民族关系

探究问题2：隋唐的民族政策。

材料4　隋朝和唐朝前期形势图（图略，见《中外历史纲要（上）历史地图册》）。

材料5　唐太宗："自古皆贵中华，贱夷狄，朕独爱之如一。"

——《资治通鉴·唐纪十四》

学生活动：观察地图，分析隋唐时期民族关系的变化，并从唐太宗的言论中推测唐代的民族政策，还思考：隋唐时期的民族政策带来的影响。

教师活动：引导学生讨论分析。

【设计意图】通过对史料的研读分析，培养学生的历史思维能力和历史解释能力。使学生认识到好的民族政策可以促进各个民族之间的友好往来，带动文化交流，促进经济联系，增强民族认同感和凝聚力，推动统一多民族国家的快速发展。

材料6　北宋形势图和南宋时期疆域图（图略，见《中外历史纲要（上）历史地图册》）。

学生活动：观察地图，找出两宋时期的民族关系的特征。并结合教材内容，思考两宋时期民族关系带来的影响。

教师活动：引导学生分析。

【设计意图】通过观察地图，学生可以得出两宋时期少数民族政权和中原王朝长期处于并立甚至对峙状态的特征。政权虽然长期并立且有战争，但是长时间保持了和平状态。少数民族政权学习借鉴了汉民族的政治、经济和文化上的诸多内容，产生了对汉文化强烈的向心力和认同感。

学习任务三　元明清时期的民族关系

探究问题3：明清民族关系新局面。

材料7　明代形势图和清代疆域图（图略，见《中外历史纲要（上）历史地图册》）。

学生活动：结合教材本目内容并观察地图，分别说出明清时期处理民族关系的方式和影响。

教师活动：引导学生分析。

【设计意图】通过提取地图和教材信息，学生可以了解明清时期处理民族关系的方式与前代有所不同，特别是改土归流，促进了少数民族地区的封建化。这可以说明明清时期是统一的多民族国家最终形成时期。

中国统一多民族国家的形成，经历了从秦汉到明清两千多年的过程。在这个过程中，各民族不断交往交流交融，文化不断相互影响，最终形成了密不可分的中华民族共同体。

学习任务四 中国古代的对外交往

材料8 14世纪前后欧亚之间的商路示意图（图略，见《中外历史纲要（下）历史地图册》）。

材料9 自从汉代开通西域的丝道，中国经由这个西北的出入口，与中亚、中东及欧洲接触，两千年来从未停止。

——许倬云《万古江河》

学生活动：分组讨论，结合教材内容，观察地图，尝试说明中国古代的对外交流情况，完成表4-2。并概括中国对外交往带来的影响。

表4-2 中国古代对外交往情况

时期	交往情况
秦汉	汉：张骞开辟丝绸之路；甘英出使大秦；光武帝赐倭国国王金印
隋唐	隋：裴矩驻张掖掌管通商事务；常骏出航到赤土国； 唐：造纸术外传阿拉伯地区；海路交通活跃、日本派遣唐使来华，推动大化改新
宋元	宋：陆路交通阻隔，海路发达；泉州是重要的对外贸易港口； 元：通往欧洲的海陆道路通畅；意大利人马可·波罗来华，《马可波罗行纪》
明清	明：郑和下西洋、海禁；清：英国马夏尔尼使团来华、闭关锁国；签订《尼布楚条约》； 两代：均维持朝贡贸易体制

教师活动：指导学生归纳整理，评价与补充。

【设计意图】通过分组探究，培养学生合作探究的能力，归纳历史信息。通过对比观察学生得出的信息，了解中国古代对外交往在政治经济文化方面的影响，理解中国作为一个大国，为世界文明发展做出了卓越的贡献，奠定了世界文明古国的地位。

材料10 马可·波罗经西亚、中亚抵达中国，在中国生活了17年，他对东方的记述掀起了西方世界的"黄金热"，西方人开始向东方进发。18世纪，马夏尔尼访华，试图打开中国市场。乾隆认为天朝地大物博、无所不有，不需要与外界贸易，关上了对英交往的大门。

——摘编自《历史·选择性必修1·国家制度与社会治理》（第67页）

学生活动：概括马可·波罗和马夏尔尼在中国的不同遭遇并分析原因。

教师活动：引导学生分析评价。

【设计意图】通过对比分析，让学生找出马可·波罗和马夏尔尼在中国遭遇的不同点。可以说明中国古代长期以来的对外关系具有开放性特征，多以积极包容的态度来对待外来事物，展现了强大文明的自信心和包容性；到了清代，由于体制的僵化，导致对外交往情况发生逆转，实行闭关锁国的方式，导致对马嘎尔尼的态度产生排斥的状况。这可以说明中国在清朝时期，对外交往的状况已经发生了本质的改变，中国也将落后于世界的潮流，从而引发学生对于对外关系产生巨大变化的思考。

3. 课堂小结

泱泱大国，在历史的长河中，中华民族璀璨的文明由中华民族全体共同谱写，从秦汉一直到明清，各民族逐渐交融成一个密不可分的整体，形成了巩固的统一多民族国家。

中国在长期的对外交往中，展现了文明古国的风范，为世界文明的发展也做出了卓越的贡献。

4. 板书设计

中国古代民族关系和对外交往

一、秦汉时期的民族关系

二、隋唐至两宋时期的民族关系

三、元明清时期的民族关系

四、中国古代对外关系

第 12 课　近代西方民族国家与国际法的发展

教学设计：贵州师范大学附属中学　左天伦

指导教师：贵阳市第一中学　牟永良

一、课程标准及教材解读

（一）课程标准

了解近代西方民族国家的形成情况，以及国际法的发展。

（二）课程内容导读

　　本课主题为"战争与和平"。围绕近代以来西方民族国家的形成和国际法的发展历程，涵盖了民族国家、国际法、近代外交制度三个主要知识点。主要叙述了近代西方从专制王权国家转变为民族国家的发展历程，这是近代西方社会、政治发展的必然，也是西方资本主义发展的结果。同时，在民族国家形成过程中，由于各国都强调国家利益，国家间纷争不断，人们希望通过法律制度来处理国家间的关系。威斯特伐利亚体系奠定了国际法的基本原则，近代外交制度提供了解决问题的规则和途径。到 20 世纪，国际法在经历了两次世界大战的硝烟后，随着时代发展而向更宽泛的领域发展。这有利于世界和平、国际合作和可持续发展。同时，民族国家与国际法的形成和发展也是生产力和生产关系发展的结果，是国家治理的进步。根据上述思路，将本课主题确定为"战争与和平"。

　　本课包括三个子目。第一子目"近代西方民族国家的产生"，介绍了随着生产力和生产关系的发展，教会权力让位于世俗权力，个人对民族和国家的认同逐渐超过对君主的效忠，民族国家形成。第二子目"国际法的形成与外交制度的建立"，讲述了民族国家的产生，国家成为国际关系的主体，协调主权国家之间关系的国际法形成，人们希望通过建立一定的法律制度来处理国家之间的关系，减少武力冲突。伴随国际交往和联系的增加，近代外交制度逐渐产生。第三子目"20 世纪国际法的发展"，分析了在两次世界大战的影响下，国际法的范围和内涵日益广泛和深入，这有利于世界和平、国际合作和可持续发展。

（三）辅助栏目内容解读

1. 子目一：近代西方民族国家的产生

学习聚焦（第 69 页）

解读：本栏目突出了本目的核心要点——西方民族国家的形成，这是近代西方国家历史发展过程中一个显著特点。西方民族国家的形成，可以从两个方面理解：一方面，从中世纪后期以来，以各国首都方言为基础的语言逐渐成为各国官方语言，这强化了民族认同，促进了民族国家的形成；另一方面，法国大革命以来，自由、平等等观念逐渐深入人心，人们对国家和民族的认同逐渐超过了对宗教和国王的忠诚。因此，近代西方民族国家的产生既是社会、政治发展的必然，也是西方资本主义发展的结果。

2. 子目二：国际法的形成与外交制度的建立

（1）学习聚焦（第70页）

解读： 本栏目突出了本子目两个重点问题，即近代国际法的形成和外交制度的建立。近代国际法的形成是民族国家发展的结果，同时也催生了近代外交制度。而外交制度的建立和国际法的形成，为国际关系确立了规则，为用和平方式解决国与国之间的争端，减少战争行为开辟了新的途径。

（2）学思之窗（第70页）

解读： 本栏目选取的材料，主要说明了战争是主权国家统治者发动的，也应当由他们缔结和约束战争，强调了主权国家在国际关系中的主体地位。在教学中，通过引导学生结合教材内容和材料，从材料中提取关键信息，分析其中的核心思想，有助于学生认识格劳秀斯对国际法的主要贡献，加深对国际法内涵的理解。

（3）史料阅读（第71页）

解读： 本则史料旨在补充说明在威斯特伐利亚体系下，国家主权和独立是核心要素，各个国家通过签订条约确定国家之间的关系，坚持不能以宗教信仰为由干预协议的执行，否定了教权对国际事务或国际关系的干预。通过提取史料相关信息，有助于加深学生对威斯特伐利亚体系的认识，进一步理解国际关系中主权国家平等原则确立的实质。

（4）历史纵横（第71页）

解读： 本子目设置了两则历史纵横。第一则介绍了外交人员衔级的出现，旨在让学生了解外交人员的衔级制度是外交制度的一个重要组成部分，它的出现规范了外交礼仪，促进了外交制度的发展。第二则介绍了《万国公法》在中国的印行，一方面可以帮助学生了解近代西方产生的国际法知识传入中国的情况，另一方面也可以帮助学生掌握清政府在第二次鸦片战争之后逐步走向近代外交的相关史实，体现中外联系的唯物史观的核心素养。

3. 子目三：20世纪国际法的发展

（1）学习聚焦（第72页）

解读： 本栏目说明本子目主要聚焦20世纪国际法范围和作用的进一步发展。第一次世界大战后建立了凡尔赛——华盛顿体系，成立了世界上第一个由主权国家参加的政治性国际组织——国际联盟，充分反映了大国利益和战胜国的利益诉求，体现了国际关系中的实力原则。由于国联缺乏普遍性和权威性，加之其"全体一致"的原则，使其难以履行制止战争、维护世界和平的国际责任。第二次世界大战后，联合国成立，确立了"大国一致"原则，大大提高了国际法的执行力度，集体安全体制进一步完善。国际法的主体随着殖民体系的崩溃、新兴国家的独立而空前增多，国际法的范围和内涵也日益广泛和深入。这些都大大促进了国际法的发展。引导学生分析两次世界大战对国际关系和国际法的影响，以及对凡尔赛——华盛顿体系和雅尔塔体系下国际法的发展趋势分析，有助于培养学生时空观念和历史解释的核心素养。

（2）思考点（第72页）

解读： 本栏目设置了两则思考点，目的在于深化学生对国际法形成过程中不断发展进步的理解。对于《非战公约》的认识，通过了解当时的时代背景，知晓当时英法等国家的厌战情绪和美国的孤立主义思潮，这些国家希望维持凡尔赛——华盛顿体系的成果，因此签订了《非战公约》，希望以此维护和平，但由于各个主要大国的矛盾，公约并未真正得到履行。对于第二次世界大战后国际法的发展对当今世界的影响，学生可以用一分为二的观点来分析和评价，有利于培养学生历史解释和唯物史观核心素养。

（3）史料阅读（第73页）

解读： 本栏目旨在补充说明20世纪国际法的发展趋势以及国际法在维护世界和平与发展进程中的作用。《联合国海洋法公约》是在涉及所有国家主权的情形下，建立有利于保护海洋资源的国际法律秩序，促进国际经济公平公正发展。这表明国际法已经扩展到海洋资源利用、海洋生物和海洋环境保护方面，意味着国际法范围的扩大和国际法的发展。通过提取材料相关历史信息，有助于学生了解第二次世界大战后人们对海洋环境的重视，理解国际法在不同时期对国际治理的影响。

4. 探究与拓展

（1）问题探究（第73页）

解读：《红十字公约》规定要保护野战医院和军医院中的伤病员，他们是没有使用或停止使用武力的人。这体现了国际法对战争规则的要求和减少伤亡的目的，反映了国际法保护和平与安全的主题。《国际联盟盟约》反映了国际联盟反对战争、维护国际和平的宗旨，并要求缔约各国遵守国际公约的规定。它表明各国希望通过国际法来处理国家之间的关系，体现了国际法日益受到重视。《联合国宪章》反映了世界人民的普遍要求，即"和平与安全"，并强调了"采取有效集体办法"作为维持手段。总之，国际法的发展有利于维护世界和平，保障整个世界的可持续发展，有利于促进国际的合作与交流，也有利于维护国际人道主义机构的运转，维护人类共同利益，规范各国政府的行为。

（2）学习拓展（第74页）

解读： 近代外交制度是民族国家发展和国家主权确认的结果。因此，它的建立为以和平方式解决国家之间的争端，减少战争行为开辟了新的途径。有利于维护国际法的运行，维护世界的和平与发展。

二、教学设计示例

（一）教学目标

通过历史图片和史料的呈现，认识近代西方民族国家形成的背景，理解民族国家的形成与资本主义的发展是联系在一起的。培养学生史料实证核心素养。

通过知识梳理、情境创设和问题引导国际法和外交制度的建立、发展过程，理解威斯特伐利亚体系、维也纳体系等事件对国际法发展的贡献，国际法的发展阶段。培养学生历史解释核心素养。

通过情境创设和问题思考，归纳出国际法对国际社会的作用，总结出影响国际法发展的因素，深刻理解建立人类命运共同体的时代意义，培养学生家国情怀的核心素养。

（二）教学重难点

教学重点：近代西方民族国家的形成过程。

教学难点：专制王权在近代西方民族国家形成过程中所起的重要作用。

（三）教学设计示例

1. 导入新课

导入：展示法国民族女英雄圣女贞德的戎装像图片。公元 1337—1453 年，英国和法国之间爆发了百年战争。在战争中，法国为赶走英国军队，奋起抗争，涌现出了民族女英雄贞德，她的牺牲激起了法国人民的民族意识和家国情怀，为最后的胜利奠定了基础，成功推动了国家的统一，也为近代西方民族国家的形成和发展创造了条件。

【设计意图】通过运用教材"导言及插图栏目"里面的图片和文字，可以帮助学生了解英法百年战争促使更多的民众深刻意识到他们之间的民族差异，民族意识逐渐增强。圣女贞德的英雄事迹不仅成为了法国人民爱国热情的象征，还唤起了法国民族意识的觉醒，为近代民族国家的形成和发展创造了条件。而民族国家的出现又是国际法的产生与发展的重要前提。有利于培养学生"历史解释"和"家国情怀"的核心素养以及历史的逻辑思维能力。

2. 学习新课

学习任务一 近代西方民族国家的产生

探究问题1：认识近代西方民族国家产生的原因和过程。

教师活动：教师简要介绍西欧中世纪社会的基本概况，并引导学生阅读教材第一段落，结合材料1、2、3、4，归纳近代西方民族国家形成的原因。

材料1 "为国捐躯是一种奉献和牺牲，如果国家受到灭亡或被占领的威胁。那么为之而死也是心甘情愿的。""每一种灾难都有可能降临于我和我的家庭，但只求上帝能够拯救法兰西。"

——陈文海《法国史》

材料2 在这种普遍的混乱状态中，王权是进步的因素，这一点是十分清楚的。王权在混乱中代表着秩序，代表着正在形成的民族与分裂成叛乱的各附庸国的状态对抗。在封建主义表层下形成着的一切革命因素都倾向王权、正像王权倾向着他们一样。

——[德] 恩格斯《论封建制度的瓦解和民族国家的产生》

材料3 英国都铎王朝三位君主，亨利八世、爱德华六世、伊丽莎白一世，那么固执地发起反对教皇权控制的宗教改革运动，就是因为他们渴望摆脱罗马教廷的羁绊，使英格兰民族走上了真正的独立道路。

——姜守明《欧洲宗教改革运动与民族意识的觉醒》

材料4 在法国启蒙运动期间，启蒙思想家们批判君主专制毫不考虑民族和国家的利益，剥夺了民众的自由和平等，否认王朝国家是自己的祖国，发出了"专制之下无祖国"呼声，指出只有当臣民成为公民，成为国家的成员，民族共同体才会存在，祖国才会存在。在启蒙思想指导下，法国大革命爆发，宣布了主权在民，人人平等，国家成为大家共同拥有的祖国，"等级和阶级都不复存在，全体法国人组成了法兰西民族"。

——杨宁一《世界历史视野中民族主义》

学生活动：阅读教材和分析史料，总结出近代西方民族国家形成的原因。

历史原因：中世纪战争激发各国人民的民族意识。

政治原因：西欧各国封建割据势力遭到削弱，中央集权得到加强。

思想原因：西欧各国的宗教改革运动，打击教会势力，强化世俗权力，国家和民族认同观念日益显著。

现实原因：法国大革命及拿破仑战争，促进了欧洲各国民族意识的觉醒。

【设计意图】通过对中世纪后期欧洲社会历史的介绍，以及四则史料的分析和解读，增进学生对基础知识的理解，有利于培养学生历史解释和史料实证核心素养。

教师活动：引导学生阅读教材，归纳和总结近代民族国家的形成过程以及特征。

学生活动：阅读教材，归纳近代民族国家形成的过程和特征。

近代民族国家形成的过程——

语言：随着基督教势力的衰落和民族认同观念的兴起，英法等国民族语言的地位逐渐上升。

战争：法国大革命以及拿破仑战争，促进了欧洲各国民族意识的觉醒。

个人：对国家的忠诚度越来越超过对国王和宗教的忠诚。国家在人们的意识中越来越重要。由此，欧洲各专制王权国家逐渐转变为民族国家。

近代民族国家的特点：

民族国家往往是由多个族群组成。

民族国家主权独立。

人民有共同的价值、历史、文化语言或者体制传统。

教师活动：在学生归纳的基础上，对概念民族国家做出相关历史解释。

民族国家：指近代以来通过资产阶级革命或民族独立运动建立起来的。以一个或几个民族为国民主体的国家，其成员效忠对象是有共同认同感的"同胞"及其共同形成的体制。认同感的来源可以是传统的历史、文化、语言或者新创的政治体制。其基本特征包括民族独立和民族统一、中央集权制、主权人民化、国民文化的同质性、统一的民族市场，等等。

近代民族国家形成过程中，有两个点需要注意：一是过程词"逐步"，说明它的形成不是一蹴而就，而是有一个过程；二是民族国家主要有两种类型，但是以包含多个民族的民族国家为主。

【设计意图】通过解读教材知识，加深学生对近代民族国家过程的认识，培养学生时空观念和历史解释的核心素养。并让学生了解随着民族国家的形成，国家的主权意识增强，主权国家成为国家交往的主体、国家之间的交往需要相应的规则和秩序，促进了国际法的形成和外交制度的建立。

学习任务二　国际法的形成与外交制度的建立

探究问题：国际法形成的原因和外交制度建立的作用

教师活动：指导学生阅读教材学思之窗中《战争与和平法》材料选段，结合教材内容和材料5，分析国际法形成的原因。

材料5　根据一般规则：本人是处理自己事务的最佳裁断者，因而拥有发动战争之权力的人，乃是唯一拥有缔结和约之权力的人。由此推导，公战能够由各主权者单独发动，在王权政制下的这种权力理所当然属于君主。

——[荷]格劳秀斯《战争与和平法》

学生活动：依据材料内容，概括指出：战争是主权国家的统治者发动的，也应当由他们缔结和约束战争，强调了主权国家在国际关系中的主体地位。这奠定了国际法的基础。

教师活动：结合宗教改革的内容，讲述欧洲内部形成了新教联盟和天主教联盟的对立，以及随后爆发的三十年战争。引导学生阅读教材史料阅读中《威斯特伐利亚条约》的片段，概括条约内容以及该条约与国际法的关系。

材料6（各国）应根据本协议确定和确认享有他们自古以来的权利、特权、自由、优惠、自由行使领土权，不论是宗教的还是政治的，或是礼遇性的权利，因而他们永远不能，也不应该受到任何人以任何借口进行的骚扰。……

参加协议的所有各方应该有义务保卫和保护本和约的每一条款不受任何人的侵犯不论其信奉何种宗教……

——《威斯特伐利亚和约》

学生活动：分析《威斯特伐利亚条约》得出——

国家主权和独立是核心要素，各个国家通过签订条约确定国家之间的关系。

各国的主权独立、平等，侵略别国领土即违反"国际法"，缔约国对违约国可以进行集体制裁。

各国在处理对外关系时主要考虑的是国家利益，而不再是宗教信仰。否定了教权对国际事务或国际关系的干预。

意义：开创了用国际会议的形式解决国际争端、结束国际战争的先例，确认了缔约国必须遵守条约，各缔约国可以对违约国集体制裁的国际法基本原则。

教师活动：随着国际法的形成和发展，国与国之间的交往不断增多，传统外交方式无法满足各国需要。于是新的外交制度逐渐建立起来。引导学生阅读教材内容，探讨外交制度的建立对国际关系和国际法的发展有什么作用？

学生活动：通过阅读和分析教材内容，总结归纳出外交制度的建立为国际关系确立了一些规则，为和平方式解决国与国之间的争端，减少战争行为开辟了新的途径。这有利于维护国际法的运行，维护世界的和平与发展。

【设计意图】师生在共同探究中，调动已有知识内容和对史料的阅读，引导学生分析国际法形成的背景，外交制度建立的作用。不仅利于新知识的摄入，也有利于空间概念的形成，并提高从材料中提取信息的能力，加强学生对史料实证与历史解释的核心素养培养。

学习任务三　20世纪国际法的发展

探究问题：20世纪国际法发展的原因和影响。

教师活动：引导学生结合教材相关内容，梳理出20世纪国际法的发展历程。

学生活动：学生阅读教材内容，总结20世纪国际法发展的简要过程。

十月革命后，苏俄提出了不兼并不赔偿的原则，宣布侵略战争为反人类罪，为国际法开辟了新的发展阶段。

一战后成立的国际联盟被英法控制导致国际法遭到破坏。

联合国的成立（制裁侵略机制的成立，国际法院的成立）。

二战后新的民族国家纷纷独立，各类国际组织数量激增，推动了国际法的范围扩大。

【设计意图】通过时间线索的梳理，学生理清重要时间节点的典型事件，培养学生的时空观念核心素养，形成对20世纪国际法发展历程的理解。

教师活动：引导学生结合教材内容以及所梳理的20世纪国际法发展过程，分析推动20世纪国际法发展的原因。

学生活动：结合教材知识，归纳出国际法发展的原因：

两次世界大战使国际法遭到严重破坏的同时，也刺激人们总结经验教训，避免战争再次爆发的悲剧。

国际法在"制止战争、维护世界和平"方面的发展。

二战后，新的民族国家的独立，也推动了国际法的发展。

教师活动：通过学生的总结概括，对国际法阶段进行划分：

第一阶段，国际会议——国家治理。国家利益是压倒一切的价值，各国解决争端的主要方式是召开国际会议。

第二阶段，国际组织——国际治理。维护和平与发展不仅靠国家，也要靠各国共同成立的国际组织，不仅基于国家意志，而是逐步形成一整套治理机制。

要求学生结合材料7、8、9，分组讨论国际法的发展对世界历史的影响有哪些？

材料7　野战医院和军医院应被承认是中立的。只要这类医院内有任何病员或伤员，它们就应受到交战各方的保护和尊重。

——《红十字公约》（1864年8月22日订于日内瓦）

材料8　缔约各国，为增进国际合作并保持其和平与安全起见，特允承受不从事战争之义务，维持各国间公开、公正、荣誉之邦交，严格遵守国际公法之规定，以为今后各国政府间行为之规范，在有组织之民族间彼此关系中维持正义并遵守条约上一切义务……

——《国际联盟盟约》（1919年6月28日列入凡尔赛条约第一部）

材料9　联合国的宗旨为：

一、维持国际和平及安全，并为此目的：采取有效集体办法，以防止且消除对于和平之威胁，制止侵略行为或其他和平之破坏；并以和平方法且依正义及国际法之原则，调整或解决足以破坏和平之国际争端或情势。

——《联合国宪章》（1945年6月26日订于旧金山）

学生活动：学生以小组合作形式，阅读教材内容，总结20世纪国际法发展的简要过程，学生讨论归纳如下：

积极作用：①有利于维护世界和平，保障整个世界的可持续发展；②促进国际的合作与交流；③有利于维护国际人道主义机构的运转，维护人类共同利益等。

消极作用：一些大国为了一己私利，不惜退约或不经联合国授权就进行制裁或发动战争。这些行为严重威胁着世界和平。（可以引导学生举出近几年发生的局部战争问题）

【设计意图】运用教材中的资料，让学生从中获取有价值的信息，分析出推动20世纪国际法发展的原因以及国际法对整个世界历史的影响。一方面培养学生史料实证和历史解释的核心素养，另一方面通过引导学生结合教材内容及所学知识，有效进行历史的横向和纵向思考，一分为二地看待国际法对世界历史的影响和作用，有助于培养学生的唯物史观和家国情怀素养。

3. 课堂小结

本课通过学生自主阅读教材、教师补充材料的方式，围绕近代以来战争促进西方民族国家的形成，推动着国际法的不断发展这条线索，使学生认识到近代西方经历了从专制王权国家转变为民族国家的发展历程。由于民族国家逐渐强调国家利益，国家间战争不断，用法律形式解决争霸战争显得十分必要。威斯特伐利亚体系奠定了国际法的基本原则，近代外交制度提供了解决问题的规则和途径。到20世纪，国际法在经历了两次世界大战的硝烟后，随着时代发展而向更宽更广的领域发展，对世界历史产生深远的影响。

4. 板书设计

近代西方民族国家与国际法的发展

一、近代西方民族国家的产生

1. 背景

2. 发展

3. 觉醒

二、国际法的形成与外交制度的建立

1. 背景

2. 表现

三、20世纪国际法的发展

1. 原因

2. 表现

第 13 课 当代中国的民族政策

教学设计：贵州师范大学附属中学 刘文静

指导教师：贵阳市第一中学 牟永良

一、课程标准及内容解读

（一）课程标准

了解当代中国解决民族问题的道路，了解当代中国民族区域自治制度的历史意义。

（二）课程内容导读

本课主题是坚持民族区域自治制度，牢铸中华民族共同体意识。

本课有三个子目，三个子目依次递进，阐述了民族区域自治制度确立、发展和完善的过程。第一子目"民族区域自治制度的建立"介绍了该制度确立的背景，并将新、旧中国的民族政策变化作了对比，体现了新中国民族政策的进步发展，表明民族区域自治制度是一项符合中国国情的民族政策。第二子目"民族区域自治制度的发展"以时间为序，讲述了改革开放后民族区域自治制度的全面恢复和落实，不断走向法制化轨道，总结了民族区域自治制度的优势。这一时期，民族区域自治的操作性、规范性、稳定性得到了加强，成为国家政治生活的一项基本规范，发挥了巨大的积极作用。第三子目"中共十八大以来民族区域自治制度的完善"主要论述了基于民族工作面临的新形势和新任务，党中央继续坚持民族区域自治制度，进一步发展和创新了民族区域自治制度，突出了"牢铸中华民族共同体意识"的新使命。中国共产党经过长时期艰辛的探索和实践，找到了解决中国民族问题的正确道路，不断促进各民族的血肉联系，共同为实现伟大的中国梦而奋斗。

（三）辅助栏目内容解读

1. 子目一：民族区域自治制度的建立

（1）学习聚焦（第75页）

解读：本栏目提出了新中国处理民族问题的政策，肯定了民族区域自治制度的重要地位。民族区域自治制度符合了我国的历史条件和现实条件，是符合中国国情的一项基本政治制度。

（2）地图——民族区域自治示意图（第76页）

解读：民族区域自治示意图反映了各民族区域自治地区的分布情况。首先，通过地图可以看出中国设置了三级民族区域行政区划，即自治区、自治州和自治县（旗）。我国设立了五大民族区域自治区，且均分布在中国的边疆地区，又根据实际情况在自治区和其他非自治地区设置自治州和自治县，符合中国的现实国情。同时，也可从地图上分析出各民族在地理分布上呈现出"我中有你、你中有我"的地域分布情况。从而有利于学生理解中华各民族之间比邻而居的密切关系。

（3）思考点（第 76 页）

解读： 此栏目通过引导学生思考中国实行民族区域自治制度的原因，认识到这一制度符合中国的实际情况。教师可引导学生分别从地理条件、历史因素、现实因素三个角度对中国实行民族区域自治制度的原因进行深入分析。首先，从少数民族人口分布特点来看，形成了大杂居、小聚居的分布格局，形成了地理意义上的你中有我、我中有你、相互依存的局面。其次，从历史因素上看，各民族在长时期的发展中不断交融，形成了血缘和文化意义上的你中有我、我中有你、相互依存的局面。特别是近代以来，各民族人民共同抵御外敌入侵、共同参与了中国的革命实践，各民族在平等的基础上联合、团结，取得了革命最终的胜利，形成了一致的政治认同。从现实情况看，大部分少数民族分布在我国边疆地区，社会和经济发展情况各不相同，应采取因地制宜的措施进行管理。因此，结合地理条件、历史因素和现实因素，民族区域自治制度是一项符合中国国情和现实情况的必然选择。

2. 子目二：民族区域自治制度的发展

（1）学习聚焦（第 77 页）

解读： 学习聚焦总结了改革开放背景下民族区域自治制度的恢复、落实和发展，《中华人民共和国民族区域自治法》的颁布使得民族区域自治制度一步步迈进法制化进程。民族区域自治制度的操作性、规范性和稳定性得到加强，突出了民族区域自治制度性的一面，民族区域自治制度得到了巩固。

（2）史料阅读（第 77 页）

解读： 本栏目提供了 2001 年修订的《中华人民共和国民族区域自治法》的部分法律条文，帮助学生加深对民族区域自治制度的理解。史料介绍了民族区域自治制度的行政区划、自治地方与国家、政府的关系以及民族区域自治的相关机构。史料阅读强调了必须坚持民族区域自治制度以及各自治地区的权利，同时又强调民族自治地方应该履行的义务，即民族区域自治是在国家的统一领导下实行的，各自治地区都是国家不可分离的部分。民族自治地方的人民代表大会和人民政府，既是自治机关也是国家的一级地方权力机关和行政机关，有义务维护国家的统一。

（3）学思之窗（第 77 页）

解读： 材料反映了国家对民族自治地方的帮扶和支持，体现了国家对民族自治地方的重视。关于国家大力支持和帮扶民族自治地方的背景可从以下几个方面加以说明：一是相关的法律规定，如《中华人民共和国宪法》和《中华人民共和国民族区域自治法》中有这样的论述，各民族自治地方都是中华人民共和国不可分离的部分；国家尽一切努力促进全国各民族的共同繁荣；上级国家机关支持、帮助民族自治地方加快发展，是一项法律义务。二是改革开放后民族自治地方与东南沿海地区差距逐渐加大。三是民族自治地方的现实需要。

相关举措包括，第一，把加快民族自治地方的发展摆到突出的位置，实施西部大开发战略；第二，加大对民族自治地方的资金支持和各方面的优惠政策、加大对少数民族贫困地区的扶持力度；第三，组织发达地区与民族自治地区的对口帮扶等。

（4）历史纵横（第78页）

解读： 本栏目从管理国家事务的角度分析民族区域自治制度所发挥的作用。以历届全国人大代表的少数民族代表比例高于汉族人大代表比例的史实为切入点，说明少数民族在国家事务和地方事务管理中享有的权利，民族区域自治制度不仅发挥了促进其少数民族地区经济的发展，同时也可以有效保障少数民族当家作主的政治权利。

3. 子目三：中共十八大以来民族区域自治制度的完善

学习聚焦（第78页）

解读： 党的十八大以来，中国进入中华民族伟大复兴新时代。以习近平同志为核心的党中央继续坚持民族区域自治制度，丰富了民族区域自治制度的内涵，民族区域自治制度不断完善。在新的时代背景下，赋予了这项制度铸牢中华民族共同体意识和建设中华民族共同体的时代意义。

4. 探究与拓展

（1）问题探究（第79页）

解读： 本探究主要考查学生的分析与理解能力。江泽民同志在"两个离不开"的基础上增加了"少数民族之间也相互离不开"，精确的概括了各民族在发展中所形成的你中有我、我中有你、休戚与共的紧密关系。这既是我国现实民族关系的反映，又表达了各族人民的共同愿望。胡锦涛同志提出了"两个共同"的观点，指出新世纪新阶段民族工作的主题是"共同团结奋斗、共同繁荣发展"，民族团结奋斗和繁荣发展相辅相成、相得益彰、相互作用，民族团结的精神范畴和区域发展的物质范畴辩证统一，这是坚持和完善民族区域自治制度的关键点，也是民族工作的总原则和落脚点。2015年，习近平同志在"四个认同"的基础上增加了"对中国共产党的认同"，从而形成了"五个认同"。"五个认同"是建设各民族共有精神家园的重要内容，是牢铸中华民族共同体意识的精神纽带，它进一步维护和巩固了中华民族大家庭安定团结的和谐发展局面。因此，党和国家处理民族问题均围绕着各民族团结一体、守望相助、和睦相处等原则，团结奋斗，实现繁荣发展，不断坚持和完善民族区域自治制度。

（2）学习拓展（第79页）

解读： 学习拓展注重考查学生的史料分析和历史解释能力。通过这一史料，学生可以概括出"四个要"，并进一步分析民族地区跨越式发展的内容，不仅包含经济方面的发展问题，同时包含了民生、教育、生态保护、基础设施和对外开放等方面的问题，从而认识到民族问题的复杂性。民族问题是关系到国家边疆巩固、国家统一和社会稳定的大事，必须牢记我国统一多民族国家的这一基本国情，加快各少数民族地区的经济、政治、文化、生态等发展，凝聚各民族的智慧和力量，以实现中国梦的伟大目标。

二、教学设计示例

（一）教学目标

通过地图和梳理教材，了解民族区域自治制度确立、发展和完善的过程，认识到民族区域自治制度是我国解决民族问题的重要内容和制度保障，培养学生时空观念和归纳总结能力。

通过史料分析和对教材的整合，了解不同历史时期民族区域自治制度的发展，认识到民族区域自治制度的理论政策根据中国社会的主要矛盾和国情的变化而不断丰富，培养学生唯物史观和历史分析能力。

通过教材和史料分析，理解民族区域自治制度的重要意义，认识到必须坚持和不断完善民族区域自治制度，坚定制度自信，涵养学生家国情怀。

（二）教学重难点

教学重点：民族区域自治制度形成的原因及意义。

教学难点：认识到民族区域自治制度在实践中不断发展，加深对中国解决民族问题正确道路和制度保障的认识。

（三）教学设计示例

1. 导入新课

提出问题：中国是一个统一的多民族国家，各少数民族分布呈现什么特点？历代王朝处理民族问题的重要政策有哪些？

教师出示中国少数民族分布地图、梳理历代王朝处理民族问题的重要政策。学生通过分析，认识到少数民族分布呈现大杂居、小聚居的特点，且大多分布在中国边疆地区。通过对中国历代王朝处理民族问题重要政策的梳理，认识到在历史上长期呈现出多民族的统一状态，民族之间的交融逐渐增多。同时了解古代中国各民族间存在着矛盾和冲突。最后，教师通过补充新中国成立时少数民族所处的不同的社会发展阶段相关史实，引导学生思考新中国成立后不同阶段实行的民族政策。

【设计意图】以问题导入新课，引导学生回忆所学知识，认识到古代中国各民族间的交往情况。通过地图帮助学生分析少数民族发展中具有自然地理环境相对恶劣、文化经济发展水平相对落后等客观情况。并能认识到新中国处理民族问题的政策，理解处理民族问题的复杂性和艰巨性。

2. 学习新课

学习任务一　民族区域自治制度的建立

探究问题：新中国民族区域自治制度建立的背景、民族区域自治制度的内涵及地位。

学生活动：阅读教材第75页第一子目的正文内容，了解并归纳新中国成立初期确立民族区域自治制度的背景。

教师活动：完善并总结新中国成立初期建立民族区域自治制度的历史因素、现实条件和历史经验。教师总结建立民族区域自治制度的背景如下：

大一统是中华民族价值追求的主流，在历史发展中形成了统一多民族国家的政治认同。成为我国实行民族区域自治政策的历史依据。

近代以来各族人民同仇敌忾共同抵御外来侵略以维护国家统一和领土完整，最终取得民族解放和独立的共同经历，是实行民族区域自治制度的情感基础。

大杂居、小聚居的民族分布格局是实行民族区域自治制度的现实条件。它适应了我国交错聚居的民族分布格局，同时有利于维护国家统一和民族团结。

抗日战争和解放战争时期积累的成功经验。

因此，无论是从地理分布情况，还是从经济交流、血缘文化意义和政治认同上来看，各民族均形成了你中有我、我中有你、休戚与共的紧密关系，结成了"多元一体"的基本格局。这是当代中国一切民族政策出台的现实国情，也是理解我国民族问题和民族政策的基点。

实行民族区域自治，既承续了历史传统，又符合了现实国情。既维护了国家统一，体现了中华民族的一体性，又照顾了民族地区的差异，尊重了各民族的多元性。因此，民族区域自治制度是最适合中国国情的制度方案。

学生活动：阅读教材子目一《陕甘宁边区施政纲领》《中国人民政治协商纲领》、1954年《中华人民共和国宪法》的相关法律条文，理解民族区域自治制度及地位。

教师活动：引导学生思考以下问题：①根据材料1、2，思考民族区域自治制度与历代王朝民族政策中各民族地位的变化；②根据材料3，思考自治与统一的关系；③根据《中国人民政治协商会议共同纲领》和1954年《中华人民共和国宪法》中关于民族区域自治制度的相关规定说明该制度的地位。

材料1 依据民族平等原则，建立蒙、回民族的自治区。
——《陕甘宁边区施政纲领》

材料2 中华人民共和国境内各民族一律平等，实行民族团结。
——《中国人民政治协商会议共同纲领》

材料3 各少数民族聚居的地方实行区域自治；各民族自治地方都是中华人民共和国不可分离的部分；各自治机关都是在国家统一领导下的一级地方政权机关，依法行使规定的自治权。
——1954年《中华人民共和国宪法》

通过理解材料1、2，学生认识到民族区域自治制度所确立的民族平等原则与古代中国民族政策的有根本区别。民族平等原则是处理民族关系、开展民族工作的重要准则，例如尊重差异、包容多样等。而少数民族作为主权中国的平等成员，有利于激发民族认同感，促进民族团结，巩固国家统一等。民族团结成为党的第一代领导人治国理政的价值取向。

通过理解材料3，学生认识到各民族自治地方与其他地区不可分割的密切关系。这一关系在开展民族工作的实践中不断强化和发展，如"三个离不开"和"牢铸中华民族共同体意识"等，均是在解决民族问题的历程中关于各民族关系的不同表述。因此，民族区域自治的初心正是为了国家统一。通过立法的形式明确中央与少数民族聚居地区的关系，实现国内领土统一管辖与少数民族自主管理相结合，将国家行政权力深入边疆地区。因此，统一与自治相辅相成、辩证统一。

学生通过对《中国人民政治协商会议共同纲领》和1954年《中华人民共和国宪法》的分析，认识到民族区域自治制度具有的重要历史地位，是处理我国民族问题的重要政策。特别是1954年《中华人民共和国宪法》对于民族区域自治制度的确立具有里程碑式的意义。它将民族区域自治上升到宪法层面，使其具有了更高的法律效力。

【设计意图】通过对地图和教材正文内容，学生认识到民族区域自治制度符合了历史国情和现实国情。在维护祖国统一的基础和前提下，尊重了各民族权利的平等地位，赋予了少数民族自治区域管理本民族事务的权利，是解决民族问题的正确道路。通过对教材文本的解读，加深对民族区域自治制度及重要地位的理解，培养学生的史料分析、历史解释和概括总结能力。

学习任务二 民族区域自治制度的发展

探究问题：民族区域自治制度的发展背景、历程以及巩固民族区域自治制度的举措。

学生活动：阅读教材第二子目正文内容及史料阅读，概括民族区域自治制度的发展历程，体会民族区域自治制度地位的变化。

教师活动：梳理民族区域自治制度发展时间轴："文革"时期民族区域自治制度遭到破坏；1984年颁布《中华人民共和国民族区域自治法》民族区域自治制度纳入法制轨道；1990年"三个离不开"深刻阐述各民族休戚与共的血肉关系；1997年中共十五大明确将民族区域自治制度确立为中国特色社会主义政治的基本政治制度之一；2001年修订《中华人民共和国民族区域自治法》，民族区域自治制度不断走向法制化进程，地位不断提高，成为国家政治生活的一项基本政治制度。

教师活动：提出以下问题：①结合材料4，思考民族区域自治制度不断发展的社会背景；②结合第二子目正文和史料阅读，分析这一时期民族区域自治制度的继承和发展；③指出我国为实现和巩固民族区域自治制度的相关举措。

材料4 在社会主义改造基本完成以后，我国所要解决的主要矛盾，是人民日益增长的物质文化需要同落后的社会生产之间的矛盾。

——摘自1981年《关于新中国成立以来党的若干历史问题的决议》

学生活动：根据教材正文及材料思考分析。

通过材料4，认识到国家对民族区域自治制度的相关法律规定随着我国主要矛盾的变化和实际情况的变化而不断发展。

通过对"三个离不开"内容的分析，认识到这是对民族团结这一价值意蕴的继承和升华。通过史料阅读，认识到2001年修订的《中华人民共和国民族区域自治法》再次强调了坚持国家统一、保证各民族自治地方自治权利，同时强调了自治地方权利和义务关系相统一。

通过第二子目的学思之窗与图片，学生认识到除了在政治方面提高民族区域自治制度地位、维护区域自治地方的自治权利之外，解决民族区域自治地方的关键是发展。由于历史原因与现实因素，各民族的发展存在很大的不平衡性，而经济发展是解决各种问题的基础。因此，必须加快各少数民族地区的经济发展，共同繁荣。同时推进政治、文化、社会、生态文明等的全面发展，维护社会和谐稳定。

教师可进一步补充，改革开放以来，党和国家制定和实施了一系列民族地区经济发展和优惠政策。主要包括重点工程扶持（基础设施项目）、财政优惠、对口支援、西部大开发和民族贸易照顾等方面（青藏铁路、西气东输、西电东送、南水北调等工程）内容，坚持政治因素与经济因素的统一，真正深化各民族间休戚相关、命运与共的血肉关系，巩固各民族间的团结与国家的统一。

同时，适当介绍 2008 年拉萨"3·14 事件"和 2009 年乌鲁木齐的"7·5 事件"，引导学生思考我国在解决民族的问题中受到了哪些因素的影响？应如何继续完善民族区域自治制度，从而过渡到下一子目的学习。

【设计意图】学生通过梳理民族区域自治制度的发展过程和教师所给出的史料，认识到民族区域自治制度随着我国主要矛盾的变化而不断发展，在改革开放的时代背景下，民族区域自治制度一步步走向法制化轨道，民族区域自治制度的地位不断提高。培养学生归纳总结和历史分析能力。通过对巩固民族区域自治制度方法和途径的思考，培养学生从多角度思考和解决问题的能力，涵养唯物史观。

学习任务三 中共十八大以来民族区域自治制度的完善

探究问题：如何完善民族区域自治制度？民族区域自治制度的实施有何意义？

学生活动：梳理中共十八大以来党和国家如何发展和完善民族区域自治制度。

教师活动：梳理时间轴：中共十八大以来提出两个共同、五个认同；中共十九大提出牢铸中华民族共同体并将其写入党章。教师提出问题：①结合第三子目正文及材料 5，分析不断完善民族区域自治制度的背景以及民族区域自治制度的新内涵；②分析我国民族区域自治制度的意义。

材料 5 实现中华民族伟大复兴，需要各民族手挽着手、肩并着肩，共同努力奋斗。要以牢铸中华民族共同体意识为主线……把民族团结进步事业作为基础性事业抓紧抓好，促进各民族像石榴籽一样紧紧拥抱在一起，推动中华民族走向包容性更强、凝聚力更大的命运共同体，共建美好家园，共创美好未来。

——习近平在全国民族团结进步表彰大会上的讲话（节选）

学生活动：通过阅读材料 5，学生可以认识到新时代背景下民族区域自治制度具有新的时代意义。党的十八大的召开，宣告我国进入实现中华民族伟大复兴的历史新阶段。党的十九大报告也对中国新时代社会主要矛盾作出了新的判断和概括，为此对民族工作的任务做出了新的调整。

通过教材正文和史料认识到，新时代紧紧围绕牢铸中华民族共同体意识这一主线，突出各民族团结一体的民族关系，"各民族像石榴籽一样紧紧抱在一起"更是对这一民族关系的形象表述。特别是十九大以来，将民族团结上升到牢铸中华民族共同体意识的高度并写入党章。这是对民族团结这一价值意蕴的再一次继承和升华，赋予了新时代民族工作新内涵和新使命。

通过此部分学习，学生加深了对民族区域自治制度的理解，通过教材子目二归纳总结民族区域自治制度的重要意义：有利于维护国家统一和安全；有利于保障少数民族的合法权益，加快民族地区的经济社会事业的发展；有利于巩固和发展平等团结互助和谐的民族关系，维护社会稳定，牢铸中华民族共同体意识；有利于社会主义现代化建设发展和中国梦的实现等。

【设计意图】学生自主梳理民族区域自治制度完善过程，结合教师所给出的材料分析出时代背景，培养学生的时空观念和史料分析能力。通过对国家处理民族问题原则的把握，使学生认识到各民族的紧密关系，初步构建起中华民族共同体意识，并涵养家国情怀。

3. 课堂小结

民族区域自治制度是新中国根据我国的历史渊源与实际情况作出的符合中国实际情况的一项制度选择，它经历了从建立、发展到完善的过程。在这一过程中，民族区域自治制度的时代内涵不断丰富，体现出时代发展的新要求，是新中国民主法制建设的重要组成部分，彰显了社会主义制度的优越性。民族区域自治制度也是中国特色解决民族问题的重要内容和制度保障，我们始终坚持将民族区域自治制度作为解决民族问题的一项基本政策，坚定制度自信。

4.板书设计

当代中国的民族政策

一、民族区域自治制度的建立

（一）原因

（二）建立

二、民族区域自治制度的发展

（一）原因

（二）表现

三、民族区域自治制度的完善

（一）原因

（二）完善的过程

（三）历史意义

第14课　当代中国的外交
（示例一）

教学设计：北京师范大学贵阳附属中学　陈　波
指导教师：清镇市第一中学　刘　相

一、课程标准及内容解读

（一）课程标准

了解独立自主的和平外交政策的主要成就。

（二）课程内容导读

本课主题是"峥嵘七十年——当代中国外交的'变'与'不变'"。

本课按照时间顺序设置了三个子目："开创独立自主的和平外交""改革开放后的外交成就""中共十八大以来的中国特色大国外交"，分别介绍了新中国成立后到改革开放、改革开放到中共十八大以前以及十八大以来等三个时期的外交状况。新中国外交的根本目的是创造良好的国际环境，服务于国内的发展和人民的需求。服从于国家的根本利益，这是党和国家制定外交政策的基本出发点。新中国成立前后，党和国家就逐步确立了独立自主的和平外交原则，这是我国必须长期坚守和捍卫的基本原则和普遍价值。但随着国际环境的改变及国家发展战略的调整，我国具体的外交政策和外交战略会因时而变、因事而变。正是因为对外交原则的坚守和具体外交政策的灵活调整，我国在不同的历史时期都取得巨大的外交成就。通过本课的学习，有助于涵养学生对我国道路自信、制度自信和对党的认同、国家认同的核心素养。

（三）辅助栏目内容解读

1. 子目一：开创独立自主的和平外交

（1）学习聚焦（第80页）

解读： 本栏目突出了新中国外交史的第一阶段——新中国成立到改革开放的历史时期，我国坚持独立自主的和平外交方针，积极发展同世界各国的友好关系，在相当困难的条件下展开外交活动，拓展外交空间，为国家建设争取有利的国际环境，使新中国外交取得了巨大的成就。

（2）思考点（第81页）

解读：新中国初期的"另起炉灶""打扫干净屋子再请客""一边倒"三条外交方针，是毛泽东结合新中国成立前后的国际国内环境和历史教训的结论，体现了我党一贯的实事求是精神，是这一时期中国外交智慧的表现。

"另起炉灶"：不承认国民党政府同各国建立的外交关系，要在新的基础上经过谈判同外国建立新的外交关系。其关键就在于"不承认"，"对于国民党政府与外国政府所订立的各项条约和协定，中华人民共和国中央人民政府应加以审查，按其内容，分别予以承认，或废除，或修改，或重订"（《中国人民政治协商会议共同纲领》第55条），"凡与国民党反动派断绝关系、并对中华人民共和国采取友好态度的外国政府，中华人民共和国中央人民政府可在平等、互利及互相尊重领土主权的基础上，与之谈判，建立外交关系"（《中国人民政治协商会议共同纲领》第56条），这就使我国摆脱了半殖民地的外交地位。

"打扫干净屋子再请客"：就是彻底摧毁、取消帝国主义在中国的特权，肃清帝国主义在中国的影响。其关键是"清除"帝国主义在中国的各种残余势力。中国需先"把屋子"打扫干净，再考虑与愿意平等待我的一切国家建立外交关系。所以，新中国首先是由国家管制对外贸易，收回对中国主权危害最大海关管理权、驻军权、内河航行权。

"一边倒"：就是坚定地站在社会主义和世界和平民主阵营一边，使新中国在保障人民革命胜利成果、捍卫和平以及维护独立与主权的斗争中，不致处于孤立地位。其关键就是"站队"。在两大阵营激烈对抗、两极格局初步形成的1949年，我们必须选边站队。

（3）图片——**毛泽东与斯大林**（第81页）

1949年12月毛泽东出访苏联，两国签订了《中苏友好同盟互助条约》。本图反映的是毛泽东出访苏联期间，出席斯大林70寿辰庆典，苏方特意安排毛泽东坐在斯大林旁边，并在外国领导人中第一个发言，凸显了中苏间的特殊关系。

（4）图片——**周恩来迎接尼克松**（第81页）

经过二战后20多年的发展，国际形势发生了巨大变化：新中国的影响日益强大；资本主义世界内部美国的地位受到西欧和日本的冲击，并且美国深陷越南战争的泥潭；苏联在美苏争霸中咄咄逼人并对中国形成巨大压力；中国以外的其他亚非拉国家的力量和影响进一步增强。在这样的国际形势下，中美双方共同要求缓和关系。经过前期双方的努力，1972年2月21日，美国总统尼克松访华，周恩来在北京机场迎接。中美关系开始缓和。

2.子目二：改革开放后的外交成就

（1）学习聚焦（第82页）

解读：改革开放后，中国遵循和平发展理念，开展全方位外交，取得巨大成就。中共十一届三中全会实现了伟大的历史转折，开始了改革开放的伟大历程。随着国家发展战略的调整，我国的外交政策进行了重大调整，中国外交进入新的历史阶段。"和平与发展"的时代主题定性了我国的外交注重国内发展和促进国际和平的外交使命。

（2）图片——**邓小平会见美国总统卡特**（第82页）

中美正式建交后，1979年初，邓小平访问美国，在华盛顿与卡特总统进行了会谈。邓小平访美促进了中美关系的进一步发展，为两国在政治、经济、科技、文化等领域的交流与合作，开辟了新的广阔前景。

（3）史料阅读（第82页）

解读： 国家实力是外交的重要保障。该史料选自邓小平的讲话《目前的形势和任务》。邓小平指出，在国际事务中的作用大小和话语权，归根到底决定于我们的经济建设成就，决定于中国的综合国力。

3.子目三：中共十八大以来的中国特色大国外交

（1）学习聚焦（第83页）

解读： 中共十八大以来，改革开放事业持续深入推进，国际形势深刻变化，中国从一个地区大国发展成世界大国，民族复兴成为新时代中国外交使命。中国在外交工作上进行了一系列重大理论和实践创新，形成了习近平外交思想，指引我们走出一条中国特色大国外交新路。中国提出构建人类命运共同体的宏伟蓝图，在推动国际秩序和国际体系朝着更加公正合理、普惠均衡的方向发展中提出中国方案贡献中国智慧。

（2）学思之窗（第83页）

解读： 图表信息从1950年到2019年，与中国建交国家数量在不断增加：1950年19个，1976年111个，1979年120个，2019年180个。引导学生分析数据变化的背景，帮助学生认识，随着中国经济、政治、科技等方面的不断发展，综合国力的提升，以及坚守独立自主和平外交原则和与时俱进调整外交战略，必然提高中国国际地位，并直接推动中国外交的发展，与中国建交国家必然会越来越多。

（3）思考点（第84页）

解读： 随着改革开放取得巨大成就，中国综合国力不断增强，国际地位不断提高，影响力持续上升，积极参与国际事务，与世界的联系日益密切。中国始终奉行独立自主的和平外交原则并适时调整外交战略，以相互尊重、合作共赢为基础，走和平发展道路，以维护世界和平、促进共同发展为宗旨，秉持正确义利观，始终支持发展中国家，帮助发展中国家增强自主发展能力，提升新兴市场国家和发展中国家在国际治理体系中的话语权。中国在关键事务中主持公道，赢得更多的朋友。

（4）历史纵横（第85页）

解读： 历史纵横栏目详细介绍了二十国集团的由来、宗旨和作用，以及中国与该集团的合作。二十国集团成员涵盖面广、代表性强，GDP占全球经济的90%，贸易额占全球的80%，是当今全球经济合作的主要论坛，其宗旨是为推动以工业化的发达国家和新兴市场国家之间就实质性问题进行开放及有建设性的讨论和研究，以寻求合作并促进国际金融稳定和经济的持续增长。二十国集团成立为国际社会齐心协力应对经济危机，推动全球治理机制改革带来了新动力和新契机，全球治理开始从"西方治理"向"西方和非西方共同治理"转变。

2016年9月，中国在杭州成功举办二十国集团领导人第十一次峰会，这也是中国首次举办二十国集团领导人峰会，显示了中国在全球经济发展中的重要作用。

4. 探究与拓展

（1）问题探究（第85页）

解读： 世界百年未有之大变局，其核心是一个"变"字，变化体现在两个方面：一方面是朝着好的方向变，世界多极化趋势和经济全球化的进一步发展，以及文化交流更加密切，各国人民命运从未像今天这样紧密相连；另一方面是逆潮流的变化，霸权主义、强权政治依然存在，保护主义、单边主义不断抬头。两方面同步交织、相互激荡。"变"的本质是世界秩序重塑，全球治理机制完善。面对这一变化，中国的选择是：积极推动世界的正向发展，政治上，要坚持正义，秉持公道道义为先；经济上，要坚持互利共赢，共同发展；追求建设新型国际关系；巩固同各国的伙伴关系特别是大国关系；以"亲、诚、惠、容"的理念发展周边关系；以"真、实、亲、诚"的原则，加强中国与非洲国家休戚与共、共同发展、文明互鉴的友好合作关系；同欧洲、拉美国家也要在相互增进了解和合作中不断进步。中国不仅着眼于自身的发展，还就世界和平发展的诸多议题提出中国方案贡献了中国智慧，也即"构建人类命运共同体"。

（2）学习拓展（第85页）

解读： 中国—东盟自由贸易区，缩写CAFTA，是中国与东盟十国组建的自由贸易区。中国和东盟对话始于1991年，中国1996年成为东盟的全面对话伙伴国。2010年1月1日贸易区正式全面启动。自贸区建成后，东盟和中国的贸易占到世界贸易的13%，成为一个涵盖11个国家、19亿人口、GDP达6万亿美元的巨大经济体，是发展中国家间最大的自贸区。

为进一步提高本地区贸易投资自由化和便利化水平，在中方倡议下，双方于2014年启动自贸区升级谈判，并于2015年11月正式签署《中华人民共和国与东南亚国家联盟关于修订〈中国—东盟全面经济合作框架协议〉及项下部分协议的议定书》。2016年7月1日，议定书率先对中国和越南生效。此后东盟其他成员陆续完成国内核准程序，升级议定书生效范围不断扩大。2019年8月22日，所有东盟国家完成国内核准程序，10月22日，升级议定书对所有协定成员全面生效。

升级议定书涵盖货物贸易、服务贸易、投资、经济技术合作等领域，是对原协定的丰富、完善、补充和提升。首先，在货物贸易领域，双方优化了原产地规则和贸易便利化措施，将使域内企业更大程度享受自贸区优惠政策，降低贸易成本。其次，在服务贸易和投资领域，中国在集中工程、建筑工程、证券、旅行社和旅游经营者等部分作出改进承诺，东盟各国在商业、通信等8个部门的约70个分部门向中国作出更高水平的开放承诺。再次，在经济技术合作领域，双方同意在农业、渔业、林业等十几个领域开展合作，并未有关经济技术合作项目提供资金支持。总之，升级版就是自贸区实施各项优惠政策。在优惠政策的促进下，中国与东盟的双向贸易额和投资额都有大幅增长。

二、教学设计示例

（一）教学目标

通过阅读教材，梳理新中国外交政策和外交成就，了解新中国外交发展的基本历程。通过与旧中国外交的对比，涵养家国情怀等素养。

通过史料分析，了解新中国在不同历史阶段外交政策调整的背景，理解国家综合国力的提升和国家发展战略的调整与外交的内在联系，提升学生理解材料提取信息能力和历史解释等素养。

通过材料分析，理解新中国外交坚守的原则和核心价值，体会中国外交智慧，增强对中国参与全球治理和构建人类命运共同体的理解与信心。

（二）教学重难点

教学重点：新中国成立后的外交原则与政策，新中国外交的基本历程及成就，中共十八大以来中国特色大国外交的成就及其影响。

教学难点：结合国际国内形势，在世界范围的时空，理解当代中国外交的方针、政策以及取得的成就。

（三）教学设计示例

1. 导入新课

材料1 （2017·全国Ⅲ卷）1949年，渡江战役即将发起时，英国军舰擅自闯入长江人民解放军防线。人民解放军奋起反击，毙伤英军百余人，并要求英、美、法等国的武装力量"迅速撤离中国的领水、领海、领土、领空"。人民解放军的这一行动（　　　）

A. 有利于巩固社会主义阵营　　　　B. 是对列强在华特权的否定

C. 切断了西方国家对国民党的军事援助　　D. 反映出"另起炉灶"的外交政策

材料2 在近代中国的历史上，"外交"同"屈辱"可以说是一对孪生兄弟。周恩来曾满怀义愤地指出：中国的反动分子在外交上一贯是神经衰弱惧怕帝国主义的。清朝的西太后、北洋政府的袁世凯、国民党的蒋介石，哪一个不是跪在地上办外交呢？

——《周恩来传》

材料3 中华人民共和国外交政策的原则，为保障本国独立、自由和领土完整，拥护国际的持久和平和各国人民间的友好合作，反对帝国主义的侵略政策和战争政策。

——《中国人民政治协商会议共同纲领》

教师设问：从材料1、2、3中能获取哪些信息？根据信息能得出什么认识？这道高考题的答案应该是什么？如何解释？

【设计意图】通过理解高考题，学生能迅速调动所学知识，回顾近代中国屈辱外交，体会中国共产党独立自主的外交思想。通过解题，能提高学生学习本课的兴趣，从而导入新课。

2. 学习新课

学习任务一 开创独立自主的和平外交

探究问题1：根据教材和材料4—8，指出新中国的外交原则以及新中国初期的外交政策并分析其背景、内涵、意义。

材料4 本政府为代表中华人民共和国全国人民的唯一合法政府。凡愿遵守平等、互利及互相尊重领土主权等项原则的任何外国政府，本政府均愿与之建立外交关系。

——毛泽东

材料5 中华人民共和国的建立，开辟了中国历史的新纪元，中国外交也掀开了新的篇章。……一方面，以美国为首的帝国主义阵营对新中国实行政治上孤立、经济上封锁、军事上威胁和外交上不承认的政策，企图把新中国扼杀于摇篮之中。另一方面，刚刚取得民族独立的新中国百废待兴，孤立无援。在这种情况下……新中国领导人制定了以"一边倒"为核心的三大外交方针。

——郭永虎、张杨《社会主义外交观》

材料6 中华人民共和国外交政策的原则，为保障本国独立、自由和领土主权的完整，拥护国际的持久和平和各国人民的友好合作，反对帝国主义的侵略和战争政策。

——《中国人民政治协商会议共同纲领》

材料7 凡与国民党反动派断绝关系、并对中华人民共和国采取友好态度的外国政府，中华人民共和国中央人民政府可在平等、互利及互相尊重领土主权基础上，与之谈判，建立外交关系。

——《中国人民政治协商会议共同纲领》

材料8 帝国主义总想保留一些在中国的特权，想钻进来。有几个国家想同我们谈判建交，我们的方针是宁愿等一等。先把帝国主义在我国的残余势力清除一下，否则就会留下它们活动的余地。帝国主义的军事力量被赶走了，但帝国主义百余年来的经济势力还很大，特别是文化影响还很深。这种情况会使我们的独立受到影响。因此，我们要在建立外交关系以前把"屋子"打扫一下，"打扫干净屋子再请客"。

——周恩来《我们的外交方针和任务》

材料9 一边倒，是孙中山的四十年经验和共产党的二十八年经验教给我们的，深知欲达到胜利和巩固胜利，必须一边倒。……我们在国际上是属于以苏联为首的反帝国主义战线一方面的，真正的友谊的援助只能向这一方面去找，而不能向帝国主义战线一方面去找。

——毛泽东《论人民民主专政》

学生活动：学生思考讨论。

教师活动：在学生自主学习基础上，教师补充说明：新中国确立了独立自主的和平外交原则，这是从新中国建立以来一直坚守的外交原则和核心价值。根据新中国成立前后的国际国内环境和新中国的战略目标，党和国家制定了以"一边倒"为核心的三大外交方针，即"另起炉灶""打扫干净屋子再请客""一边倒"（见表4-3）。

新中国推行"一边倒"外交政策的历史背景：

国内形势：①历史原因，新中国是在半殖民地半封建社会基础上建立的，帝国主义与旧中国存在不平等的外交关系；而苏联支持中国革命。②现实需要，新中国成立之初，百废待兴，经济基础薄弱，综合国力不强；中苏两国意识形态、社会制度相同。

国际形势：二战后以美苏为首的两大阵营的对峙和斗争。

①有利形势，资本主义阵营削弱；社会主义阵营不断壮大；亚非拉大批民族国家独立。

②不利形势，帝国主义对新中国充满敌意，美国等国家对新中国的敌视、封锁、包围。

表4-3　一边倒外交政策的内涵和意义

内容	含义	意义
另起炉灶	不承认旧的（国民政府）屈辱外交关系，而在新的基础上另建新的平等外交关系	改变我国半殖民地时期的外交的地位，使我国在国际交往中独立自主。
打扫干净屋子再请客	是取消帝国主义在华的一切特权，清除帝国主义在华势力和影响，再考虑与西方国家建交。	巩固了新中国的独立与主权，为与世界各国建立平等互利的外交关系奠定基础。
一边倒	就是中国坚定地站在社会主义和世界和平民主阵营一边	使新中国在保障人民革命胜利成果，保卫和平以及维护独立与主权的斗争中，不致处于孤立地位。

【设计意图】学生通过阅读教材和材料，引导学生从多个角度分析问题，培养准确而完整提取有效信息的能力，提升史料实证、历史解释、家国情怀等素养。

探究问题2：简析1949—1977年中国外交取得的成就（部分典型事例）和原因。

材料10　1949年新中国成立时，中国周边的陆地邻国大多数是刚赢得独立的民族国家……他们对中国普遍存在疑惧……我们相信，中印关系会一天一天好起来的。

——《新中国外交简史》

材料11　历史表明，和平共处五项原则的提出是中华人民共和国外交发展的一个阶段性界碑，它是从革命外交向国家外交过渡的一次关键性转变，标志着新中国外交的最终形成。

——牛军《新中国外交的形成及主要特征》

问题：根据材料10并结合所学说明周边邻国对新中国"疑惧"的原因。中国如何"顺利解决"？

学生活动：学生思考分析。

教师活动：在学生思考基础上指出：在与周边国家外交谈判过程，我国提出了"互相尊重主权和领土完整、互不侵犯、互不干涉内政、平等互利、和平共处"的和平共处五项原则和"求同存异"方针，打消了邻国对中国的疑惧。利用材料11强化学生对和平共处五项原则历史意义的理解——新中国外交成熟的标志。

材料12　美国意识到自己的霸权地位已严重衰落，面对苏联的争霸，美国领导人更产生了紧迫感……为了改善在美苏争霸中美国的战略处境，美国开始接触中国。

——《中国外交史》

材料13　尽管中国人说是尼克松政府急于要求得到北京之行的准许的，但是中国自己的动机却是掩盖不住的。

——费正清《剑桥中华人民共和国史》

问题：根据材料12、13并结合所学，分析为什么说"中美关系缓和是双方共同要求"？

学生活动：学生思考分析。

教师活动：在学生思考基础教师上指出：随着西欧的联合发展和日本的崛起，美国在资本主义世界的地位受到冲击；在美苏争霸中，随着苏联军事实力迅速增强美国经济疲态明显，美国处于守势；同时美国深陷越南战争的泥潭急于脱身。所以美国需要缓和与中国的关系。20世纪六七十年代的中国面临苏联的军事威胁，急需的资金、技术等只能希望从资本主义世界获取，同时也为解决台湾问题，所以中国也需要改善与美国的关系。所以说，20世纪70年代中美关系的缓和是双方共同的要求。

材料14　关于三个世界的战略划分理论……它明确指出在复杂的国际关系中，谁是可以依靠的力量，谁是可以争取的力量，谁又是主要的敌人。依据这一理论，这一时期中国外交指导思想是依靠第三世界，争取同第二世界联合，结成广泛的国际统一战线……重点反对在争霸中处于攻势的苏联霸权主义，从而形成了"一条线、一大片"的对外战略……这一战略意味着最终抛弃两大阵营划分世界和以社会制度、意识形态决定关系亲疏的立场和观点，而是把推动世界反霸斗争和维护国家安全利益作为中国外交的出发点，……为中国走向世界以及80年代的对外开放奠定了基础。

——《当代中国外交研究》

问题：如何理解"三个世界"理论？

学生活动：学生思考分析。

教师活动：在学生思考基础上教师指出，20世纪70年代前期，"三个世界"理论是毛泽东根据二战后国际战略格局变化的新态势提出的战略思想。1974年2月毛泽东阐述了"三个世界"的理论。他认为苏美两个超级大国属于第一世界，苏美以外的西方发达国家和东欧国家属于第二世界，亚洲、非洲、拉丁美洲的广大发展中国家属于第三世界。同年4月，邓小平在联合国大会第六届特别会议上全面阐述毛泽东"三个世界"的战略思想。在当时的历史条件下，这一思想对指导中国的外交工作，坚持反对超级大国的霸权主义和战争威胁，努力建立和发展同第三世界各国和其他类型国家的友好合作关系，包括同美国实现两国关系正常化，都发挥过重要作用。

【设计意图】学生通过分析材料，可以进一步深入理解这一阶段新中国外交的灵活性，培养学生历史思维能力和历史解释素养。

学习任务二　改革开放后的外交成就

探究问题3：结合材料15—18，分析改革开放以来中国外交政策调整背景与内容。根据教材，了解改革开放到中共十八大期间中国的外交成就。

材料15　教材史料阅读栏目。

材料16　"过去我们的观点一直是战争不可避免，而且迫在眉睫……这几年我们仔细地观察了形势……由此得出结论，在较长时间内不发生大规模的世界战争是有可能的，维护世界和平是有希望的。"

——邓小平《邓小平文选》第3卷

材料17　20世纪80年代中期，邓小平明确提出和平与发展是当今世界两大主题的思想。其次是对中国在当时国际政治中的地位开始做出越来越符合实际情况的评价。第三是讲国家利益作为对外政策的出发点。十一届三中全会以后强调外交"为经济服务""为实现现代化服务"。第四是中共十二大提出独立自主的不结盟外交政策。

——《冷战与80年代的中国外交》

材料18　20世纪80年代以来，中国对援外工作管理体制和援外方式进行了重大改革，积极探索与发展中国家开展互利合作的新途径，强调在平等互利的基础上开展多种形式的经济技术合作，拓宽合作渠道，促进共同繁荣。

——《当代中国外交研究》

学生活动：学生思考分析。

教师活动：在学生思考基础上，教师引导学生分析，1978年底中共十一届三中全会召开，我国进入改革开放的新时期，追求经济发展是我国在这一阶段的重要战略。邓小平明确提出和平与发展是当今世界两大主题。我国的外交政策进行了重大调整，强调"不结盟""无敌国"外交，中国外交进入新的历史阶段。

中国遵循和平发展理念、开展全方位外交，取得巨大成就。中美建交，中苏实现国家关系正常化。

与周边国家关系是中国一直关注的问题。世纪之交，中国把巩固与发展周边关系作为外交工作的首要任务，解决了与哈萨克斯坦、吉尔吉斯斯坦、塔吉克斯坦三国的边界问题。1997年，"10+1"领导人会议机制正式建立。中国同印度、巴基斯坦、朝鲜、越南、蒙古等国的外交取得新进展。

进入21世纪，中国积极致力于与世界各大国建立不同形式的伙伴关系，把与发展中国家合作作为全方位对外开放战略的一部分。积极推动区域和国际合作，积极参与联合国为中心的多边外交活动。中国取得了巨大的外交成就。

【设计意图】学生结合材料分析改革开放以来我国外交政策调整的背景，了解改革开放后的外交实践，认识中国在改革开放后外交取得的巨大成就，了解中国在维护世界和平与安全中发挥越来越重要的作用，利于提升历史解释素养，涵养家国情怀。

学习任务三　中共十八大以来的中国特色大国外交

探究问题4：结合材料17、18和教材内容，理解中共十八大以来外交理论的创新和实践。分析中国在世界和平与发展中的作用。

材料19　当今世界正经历百年未有之大变局。一方面，世界多极化进一步发展，新兴市场国家和发展中国家崛起成为不可阻挡的历史潮流，各国人民的命运从未像今天这样紧密相连；另一方面，霸权主义、强权政治依然存在，保护主义、单边主义不断抬头，文明冲突论、文明优越论等错误论调不时沉渣泛起。

——节选自《历史·选择性必修1·国家制度与社会治理》教材85页问题探究

材料20　十八大以来，经过持续努力，中国特色大国外交全面推进，构建人类命运共同体成为引领时代潮流和人类前进方向的鲜明旗帜，我国外交在世界大变局中开创新局、在世界乱局中化危为机，我国国际影响力、感召力、塑造力显著提升。"

——《中共中央关于党的百年奋斗重大成就和历史经验的决议》(2021年)

学生活动：结合材料思考分析。

教师活动：在学生思考分析基础上，教师引导分析：长期以来，中国的自我定位一直是"发展中国家""东亚的地区大国"。十八大以来，中国与世界各地经贸联系的加强，中国经济和安全纷纷"走出国门"，中国国家利益变得日益"全球化"。随着综合国力的进一步增强，中华民族伟大复兴的中国梦成为我党在新时期的奋斗目标，我国的世界大国定位也日渐明确，这就要求我国的外交必须服务于中华民族的伟大复兴。

外交理论创新——习近平外交思想：

习近平外交思想是以实现中华民族伟大复兴为使命，推进中国特色大国外交；以维护世界和平、促进共同发展为宗旨，推动构建人类命运共同体；以共商共建共享为原则推动"一带一路"建设；以相互尊重、合作共赢为基础走和平发展道路；以深化外交布局为依托打造全球伙伴关系；以公平正义为理念引领全球治理体系改革。贯穿这些外交思想的几条原则有：以维护党中央权威为统领，加强党对对外工作的集中统一领导；以中国特色社会主义战略自信作为对外工作必须能遵循的根本要求；维护国家主权、安全、发展利益是对外工作的出发点和落脚点。

中国的外交布局：全方位、多层次、立体化的外交布局。

首先，与发达国家的关系。拓宽与发达国家的领域，与世界主要国家稳步发展。

其次，与周边国家的关系，按照"亲、诚、惠、容"理念和"与邻为善、以邻为伴"的外交方针，深化同周边国家的关系。

第三，和非洲国家的关系，提出"真、实、亲、诚"原则，加强与非洲国家的团结合作。

十八大以来的外交实践：

在习近平外交思想指导下，针对不同性质的国际关系提出不同的外交定位：中国努力推进"新型大国关系"中美共建外交，战略伙伴的中俄和中欧关系，亲、诚、惠、容的中国周边关系，友谊合作的中非、中拉关系，务实合作的中国与中东关系等，积极参与国际机构建设，提出新的全球治理理念。中国不仅着眼于自身的发展，还就世界和平发展的诸多议题提出中国方案，推动国际秩序和国际体系朝着更加公正合理、普惠均衡的方向发展贡献中国智慧。

【设计意图】认识十八大以来，在习近平外交思想指导下，中国走出了特色大国外交新路。分析中国外交布局的特点，提升历史解释素养。了解中国推动国际秩序和国际体系朝着更加公正合理、普惠均衡的方向发展，涵养家国情怀。

学习任务四　新中国外交坚守的核心原则和普遍价值

探究问题5：结合材料21—23和所学知识，理解新中国成立以来是外交实践中坚守的核心原则和普遍价值。

材料21　事实证明"一边倒"战略并没有导致中国对苏联的极大依附而失去内政外交的自主性和灵活性。"一边倒"战略只是将苏联等社会主义阵营放在外交战略的首要位置，并不排除同资本主义国家的来往尤其是经济层面的合作……六十七年代的"联美抗苏"也同样保持了独立自主原则的完整性。进入八十年代，我国形成外交新战略的核心就是不结盟，不对抗，不针对第三国，实行全方位开放。

——《峥嵘七十年：新中国外交的"变"与"不变"》

材料22　"和平共处五项原则"最初只是处理中印关系的指导原则，因其内容符合国际法基本精神和当时广大新独立国家的心理诉求，因而最终成为一项崭新的重要的国际关系准则。"和平共处五项原则"强大的生命力来源于其所承载的国际公义和普遍价值，如今中国处理国家间关系的许多理念都无不饱含"和平共处五项原则"的智慧，在以后的发展过程中该原则不仅将因中国的持续强大而得到更广泛的认同从而塑造国际规则，这种良好局面也将反过来助力中国的崛起。

——《峥嵘七十年：新中国外交的"变"与"不变"》

材料23　作为邻国众多、环境复杂的大国，处理好周边关系是外交工作的重中之重。新中国七十年虽发生过中苏、中印、中越等冲突，但这些事件是当时恶劣国际大环境和周边环境共同造成的，在事后的谈判中中国同样将处理好与近邻的关系视为外交重点。改革开放后，中国提出"以邻为伴、与邻为善""睦邻、富邻、安邻"的政策。进入新时代，中国外交依然将周边国家放在首要位置，不仅重视与其的双边关系，也高度重视与周边地区性组织的多边关系。

——《峥嵘七十年：新中国外交的"变"与"不变"》

学生活动：结合材料思考分析。

教师活动：在学生思考分析基础上，教师指出：70多年的外交，我国始终坚守和捍卫"独立自主""和平共处五项原则""睦邻友好"等原则。独立自主原则是新中国外交政策的核心指导原则，也是各项外交战略所追求的核心价值。"一边倒"战略和20世纪60年代的"联美抗苏"，从表面上看似乎都有违独立自主原则，但事实证明"一边倒"并没有使中国失去外交的自主性和灵活性，"一边倒"战略并不排除同资本主义国家的来往尤其是经济层面的合作，因此独立自主原则并没有丧失。同理，"联美抗苏"阶段也保持了独立自主原则的完整性。独立自主原则在改革开放以来表现为"不结盟"政策，积极发展与其他国家的各种伙伴关系与合作协议。进入新时代的中国外交，必将继续坚守独立自主原则。"和平共处五项原则"最初只是处理中印两国关系的指导原则，由于其理念的无可置疑性与公正性而得到广泛的应用，最终成为一项崭新的重要国际关系准则。70多年的新中国外交史证明，"和平共处五项原则"所承载的普遍价值得到了中国始终如一的捍卫和国际世界的广泛应用，其强大的生命力来源于其所承载的国际公义和普遍价值。新中国外交始终坚守睦邻友好原则。即使在处理周边国家关系中出现过挫折，但在事后的谈判中中国依然坚持睦邻友好的原则，依然将处理好与近邻的关系视为外交重点。改革开放之后睦邻友好原则得到进一步的发展，如"以邻为伴、与邻为善""睦邻、富邻、安邻"以及构建和谐周边的理念都是在睦邻友好原则的基础上发展而来的。进入新时代的全方位中国特色大国外交依然将周边国家放在首要位置，并展现出新特点，不仅重视与周边国家的双边关系，也高度重视与周边的区域性组织的多边关系。

3. 课堂小结

"70年来，在中国共产党坚强正确领导下，中国人民团结奋斗，砥砺前行，取得了举世瞩目的巨大成就；中国外交开拓进取，攻坚克难，走过了波澜壮阔的历史征程。"(时任外交部部长王毅)。新中国70多年的外交经历了"变"与"不变"的峥嵘岁月，"变"表现在新中国外交理论与实践的与时俱进，对传统外交理念和战略的突破与创新，"不变"表现在新中国外交对既有核心原则的坚守，对普遍价值的始终捍卫。正因为外交的灵活性与原则性的有机统一，新中国外交70年取得巨大的外交成就，助推新中国的崛起。

4. 板书设计

当代中国的外交

一、新中国70年外交的"变"

（一）新中国前期的外交——独立自主，坚决维护国家主权

（二）改革开放前期——韬光养晦，创造和平环境

（三）中共十八大以来的中国特色大国外交

二、新中国外交的"不变"——坚守的核心原则和普遍价值

第14课　当代中国的外交
（示例二）

教学示例：贵州师范大学附属中学　刘　娟
指导教师：贵阳第一中学　牟永良

一、课程标准

了解独立自主的和平外交政策的主要成就。

二、教学设计示例

（一）教学目标

运用时空定位，分析新中国成立、改革开放、中共十八大以来等不同时期的外交政策的调整和取得的成就，认识当代中国外交取得的突破。

通过史料分析，结合国际国内形势，了解国际国内形势变化对外交政策的影响，理解国家综合国力的提升与外交的内在关系。

分析不同时期的外交政策调整和成就，提高对中国当代外交发展的深入认识，增强对中国参与全球治理和构建人类命运共同体的理解与信心。

（二）教学重难点

教学重点：新中国成立后的外交政策调整与原则，新中国外交的基本历程及成就，中共十八大以来中国特色大国外交的成就及其影响。

教学难点：结合国际国内形势，在世界范围的时空，理解当代中国外交的方针、政策以及取得的成就。

（三）教学设计示例

1. 导入新课

2019年5月15日，亚洲文明对话大会在北京开幕，中华人民共和国国家主席习近平出席亚洲文明对话大会并发表题为《深化文明交流互鉴　共建亚洲命运共同体》的主旨演讲。亚洲文明对话大会是继博鳌亚洲论坛之后，中国主要面向亚洲搭建的又一重要对话合作机制。习近平指出：我们应该坚持相互尊重、平等相待，美人之美、美美与共，开放包容、互学互鉴，与时俱进、创新发展，夯实共建亚洲命运共同体、人类命运共同体的人文基础。习近平强调，未来之中国，必将以更加开放的姿态拥抱世界、以更有活力的文明成就贡献世界。这次演讲展现了中国力量，那么当代中国外交是如何发展的呢？

【设计意图】使用教材导入部分的图片，补充习近平在亚洲文明对话大会开幕式的演讲内容，让学生直观感受到中国的国际地位，引出对当代中国外交的成就的探究。

2.学习新课

学习任务一　开创独立自主的和平外交

探究问题1：新中国开创独立自主的和平外交的背景和影响？怎样理解新中国制定的三条外交方针？

教师活动：引导分析。

学生活动：观察分析。

新中国实行独立自主的和平外交的历史背景。

（1）国际形势

二战后以美苏为首的两大阵营的对峙和斗争。

①有利形势：资本主义阵营削弱；社会主义阵营不断壮大；亚非拉地区大批民族国家独立。

②不利形势：帝国主义对新中国充满敌意，美国等国家对新中国的敌视、封锁、包围。

（2）国内形势

①历史：新中国是在半殖民地半封建社会基础上建立的，帝国主义与旧中国存在不平等的外交关系，而且在华有特权。

②现实：新中国成立之初，百废待兴，经济基础薄弱，综合国力不强。

结合材料1—4和教材，理解新中国制定的三条外交方针的内涵。

材料1　凡与国民党反动派断绝关系、并对中华人民共和国采取友好态度的外国政府，中华人民共和国中央人民政府可在平等、互利及互相尊重领土主权的基础上，与之谈判，建立外交关系。

——《中国人民政治协商会议共同纲领》第56条

材料2　对于国民党政府与外国政府所订立的各项条约和协定，中华人民共和国中央人民政府应加以审查，按其内容，分别予以承认，或废除，或修改，或重订。

——《中国人民政治协商会议共同纲领》第55条

材料3　中华人民共和国联合世界上一切爱好和平、自由的国家和人民，首先是联合苏联、各人民民主国家和各被压迫民族，站在国际和平民主阵营方面共同反对帝国主义侵略，以保障世界的持久和平。

——《中国人民政治协商会议共同纲领》第11条

材料4　一边倒，是孙中山的四十年经验和共产党的二十八年经验教给我们的，深知欲达到胜利和巩固胜利，必须一边倒。积四十年和二十八年的经验，中国人不是倒向帝国主义一边，就是倒向社会主义一边，绝无例外。骑墙是不行的，第三条道路是没有的。我们反对倒向帝国主义一边的蒋介石反动派，我们也反对第三条道路的幻想。

——毛泽东《论人民民主专政》

"另起炉灶"方针。周恩来在《我们的外交方针和任务》中提到的："另起炉灶"的核心就是不承认国民党政府同各国建立的旧的外交关系，而要在新的基础上同各国另行建立新的外交关系。对于驻在旧中国的各国使节，我们把他们当作普通侨民对待，不当作外交代表对待。

"打扫干净屋子再请客"方针。帝国主义总想保留一些在中国的特权。对于帝国主义同中国建交的问题，"我们的方针是宁愿等一等"，把帝国主义在中国的残余势力清除一下。中国要在同他们建立外交关系以前"把屋子"打扫一下。有步骤地彻底地摧毁帝国主义在中国的控制权，不承认国民党时代的一切卖国条约。首先由国家管制对外贸易，收回对中国主权影响最大的海关管理权、驻军权和内河航行权。

"一边倒"就是要坚定地站在社会主义和世界和平民主阵营一边，使新中国在保障人民革命胜利成果、捍卫和平以及维护独立与主权的斗争中，不致处于孤立地位。

【设计意图】学生结合教材和材料，让学生分析新中国开创独立自主的和平外交的背景和影响，培养学生史料解读的能力，提升史料实证素养。

探究问题2：简析1949—1977年中国外交取得的成就和原因。

教师活动：引导分析。

学生活动：合作探究，自制表格或思维导图，梳理本阶段中国外交取得的成就，并分析成绩背后的原因。

（1）新中国成立初期的外交

①新中国成立之初，中国与苏联、保加利亚、朝鲜、印度、印度尼西亚等国家建交。

② 1954年，中国倡导以和平共处五项原则作为国际关系准则。

中国政府为了增进中印两国的关系，本着睦邻友好与和平共处的政策，同印度政府派遣的代表团在北京进行了关于中印两国在中国西藏地方的关系问题的谈判。中国总理周恩来在接见印度代表团时，首次提出了和平共处五项原则作为处理两国关系的原则。印度在谈判中也同意这五项原则。1954年，中印双方签订了"关于中国西藏地方和印度之间的通商和交通协定"，并互换了照会。协定的序文确定中国提出并经印度同意的互相尊重领土主权、互不侵犯、互不干涉内政、平等互利、和平共处的五项原则。1954年6月周恩来总理访问了印度、缅甸。在中印和中缅会谈联合声明中，中印、中缅共同倡导了和平共处五项原则。此后，和平共处五项原则为世界许多国家所接受，成为处理不同社会和政治制度国家之间相互关系的基本原则。中国在处理国家关系中，一贯坚持和平共处五项原则。

③ 1955年，万隆会议上，中国提出"求同存异"方针。

1955年29个亚非国家和地区的政府代表团在印度尼西亚万隆召开亚非会议，这是亚非国家和地区第一次在没有殖民国家参加的情况下讨论亚非人民切身利益的大型国际会议。这次会议由于在万隆召开，所以也称万隆会议。万隆会议主要讨论了保卫和平，争取民族独立和发展民族经济等各国共同关心的问题。主要目的是促进亚非国家之间的经济文化交流，并共同抵制美国与苏联的殖民主义和新殖民主义活动。

对于万隆会议，帝国主义特别是美国从一开始就抱着极端敌视的态度。它通过报刊等宣传机器来贬低会议的意义，散布会议不可能达成任何协议的悲观论调，企图煽动一些国家在会内制造难题，使会议达不成协议。周恩来在大会上作了发言。周恩来开宗明义地指出，"中国代表团是来求团结而不是来吵架的"，"是来求同而不是来立异的"，强调会议应将亚非国家的共同愿望和要求肯定下来，这是我们中间的重要问题；至于亚非国家中存在有不同的意识形态和社会制度，这并不妨碍求同和团结。他以中国在艰难的革命过程中是依靠自己的努力取得胜利的亲身经历，来说明中国人民一贯反对外来干涉，怎么会去干涉别人的内政呢？他希望亚非国家团结起来，为亚非会议的成功而努力。

周恩来的发言，求同不模糊界线，存异不放弃斗争，又强调了亚非国家在反对殖民主义、继续为完全独立而奋斗的共同基础上，需要就主要问题达成协议。这个发言很出色地表明了中国的立场，推动了会议的进展，受到了各国代表的热烈赞扬。缅甸总理吴努称，这个演说是"对抨击中国的人一个很好的答复"。菲律宾的罗慕洛也说"这个演说是出色的，和解的，表现了民主精神。"万隆会议通过的《亚非会议最后公报》，涵盖了与会国在经济合作、文化合作、人权和自决、附属地人民问题、促进世界和平与合作等多个方面所达成的共识。公报中"关于促进世界和平和合作的宣言"，提出了载入史册的十项原则，是亚非国家对国际关系准则的重要贡献，是世界历史进程中划时代的里程碑。

④ 1956年，中国与挪威、南斯拉夫等国建交。同英国、荷兰建立了代办级外交关系。

代办，又称常任代办，是由一国外交部长向另一国外交部长派遣的，它是最低一级的外交代表。代办所受礼遇低于大使、公使，但所享有的外交特权和豁免权与大使、公使相同。中华人民共和国同英国、荷兰两国，曾在1954年以后十几年的时间里只互派代办。直到1972年，这两国承认中华人民共和国政府是中国唯一合法政府，台湾是中国的一部分后，外交关系才升为大使级。

（2）20世纪50年代末至60年代中期的外交历程

坚定地支持亚非拉国家的民族解放运动，赢得这些国家的友谊与信任，许多国家与中国建交，扩大了中国的国际活动空间。中国与法国建交，实现了中国同西方大国关系的突破。

（3）20世纪70年代的外交

① 1970年起，中国先后同意大利、奥地利等西方国家建立外交关系。

② 1971年，中国恢复在联合国的一切合法权利。中国的合法席位在联合国组织的恢复，挫败了美国在联合国制造"两个中国"的阴谋，又一次打击了美国的霸权地位；它反映了新中国有很高的国际地位，也反映了世界上人心的向背和时代的潮流。

③ 1972年，尼克松访华，这是新中国成立后第一个美国总统的来访。周恩来亲自去机场迎接。当天下午，毛泽东会见了尼克松，表示了对他的欢迎，并作了重要讲话。在尼克松动身来中国之前，美国国会参众两院都作出了支持尼克松访华的决议。对于这次访问，无疑中美双方都给予了应有的重视。

尼克松访华和《中美上海公报》的发表，是中美关系发展的一个里程碑。它表明中美关系将可能在新的基础上发展。这是美国对中国政策的调整，它构成美国全球战略调整的组成部分。美国承认和平共处五项原则，中国只有一个，台湾是中国的一部分。《中美上海公报》的发表，是中国在中美关系中坚持不懈的原则斗争对美国反华政策的一个胜利。尼克松访华，促进了中美关系的发展，改变了中国在国际的两个战略方向上存在重大敌手的处境。它对国际形势的发展将会产生深远的影响。1976年，与中国建交的国家达到111个。

【设计意图】学生自主梳理1949—1977年的外交成就和原因，培养学生历史思维能力和历史解释素养。

学习任务二　改革开放后的外交成就

探究问题3：简析1978—2012年中国的外交成就。

教师活动：引导分析。

学生活动：结合材料5，指出邓小平对当时国际形势的分析和论断。基于这一论断，我国是如何调整外交政策的？分析1978—2012年我国调整外交方针的原因，分析改革开放后中国的外交实践及其影响。

材料5　过去我们的观点一直是战争不可避免，而且迫在眉睫……这几年我们仔细地观察了形势……由此得出结论，在较长时间内不发生大规模的世界战争是有可能的，维护世界和平是有希望的。"

——邓小平《邓小平文选·在军委扩大会议上的讲话》第3卷

中共十一届三中全会以来，实现了伟大的转折。在外交工作方面，外交政策进行了重大调整，中国外交进入新的历史阶段。中国遵循和平发展理念、开展全方位外交，取得巨大成就。中美建交，中苏实现国家关系正常化。

世纪之交的外交实践。解决了与哈萨克斯坦、吉尔吉斯斯坦、塔吉克斯坦三国的边界问题。1997年，"10+1"领导人会议机制正式建立。中国和印度等国的外交取得新进展。

进入21世纪的外交战略：中国积极致力于与世界各大国建立不同形式的伙伴关系，把发展中国家合作作为全方位对外开放战略的一部分；推动区域和国际合作，积极参与联合国为中心的多边外交活动。具体实践有：2000年成立中非合作论坛、2003年加入《东南亚友好合作条约》，发起成立上海合作组织、博鳌亚洲论坛，推动二十国集团的发展与俄罗斯等国创立"金砖国家"合作机制。

教师活动：学生查阅并分享上海合作组织、博鳌亚洲论坛、二十国集团等的相关资料。

学生活动：上海合作组织是历史上第一个由中国倡导、在中国成立、以中国城市命名的区域性多边合作组织。2001年，中国、俄罗斯、哈萨克斯坦、吉尔吉斯斯坦、塔吉克斯坦、乌兹别克斯坦六国元首发表了《上海合作组织成立宣言》，宣告上海合作组织成立。上海合作组织是不结盟、不针对第三国、开放性的新型区域合作组织，这一组织的创建是当代国家关系中一次重要的外交实践。首倡以相互信任、裁军与合作安全为内涵的新型安全观，丰富了结伴而不结盟为核心的新型国家关系，提供了以大小国共同倡导、安全先行、互利协作为特征的新型区域合作模式。

博鳌亚洲论坛是一个总部设在中国的非官方、非营利性、定期、定址国际组织，由29个成员国共同发起，于2001年2月在海南省琼海市博鳌镇正式宣布成立，每年定期举行年会。论坛成立的初衷，是促进亚洲经济一体化。论坛当今的使命，是为亚洲和世界发展凝聚正能量。博鳌亚洲论坛为政府、企业及专家学者等提供一个共商经济、社会、环境及其他相关问题的高层对话平台。博鳌亚洲论坛规模和影响不断扩大，为凝聚各方共识、深化区域合作、促进共同发展、解决亚洲和全球问题发挥了独特作用，成为连接中国和世界的重要桥梁，成为兼具亚洲特色和全球影响的国际交流平台。

二十国集团（G20）由七国集团财长会议于1999年倡议成立，由中国、法国、德国、印度、印度尼西亚、意大利、日本、美国以及欧盟等20方组成。2009年9月举行的匹兹堡峰会将G20确定为国际经济合作的主要论坛，标志着全球经济治理改革取得重要进展。G20机制已形成以峰会为引领、协调人和财金渠道"双轨机制"为支撑、部长级会议和工作组为辅助的架构。二十国集团的成立为国际社会齐心协力应对经济危机，推动全球治理机制改革带来了新动力和新契机，全球治理开始从"西方治理"向"西方和非西方共同治理"转变。

金砖国家（BRICS），因其引用了巴西（Brazil）、俄罗斯（Russia）、印度（India）、中国（China）和南非（South Africa）的英文首字母。该词与英语单词的砖（Brick）类似，因此被称为"金砖国家"。2001年，美国吉姆·奥尼尔首次提出"金砖四国"这一概念，特指世界新兴市场。2009年，金砖国家领导人在俄罗斯叶卡捷琳堡举行首次会晤，之后每年举行一次。金砖国家领导人会晤机制的建立，为金砖国家之间的合作与发展提供了政治指引和强大动力。多年来，金砖国家在重大国际和地区问题上共同发声，积极推进全球经济治理改革进程，大大提升了新兴市场国家和发展中国家的代表性和发言权。金砖国家的标志是五国国旗的代表颜色做条状围成的圆形，象征着"金砖国家"的合作，团结。金砖国家遵循开放透明、团结互助、深化合作、共谋发展原则和"开放、包容、合作、共赢"的金砖国家精神，致力于构建更紧密、更全面、更牢固的伙伴关系。

【设计意图】学生自主梳理改革开放后的外交实践，并对相关的概念进行分析，提升历史解释素养。认识中国在改革开放后外交取得的巨大成就，了解中国在维护世界和平与安全中发挥越来越重要的作用，涵养家国情怀。

学习任务三 中共十八大以来的中国特色大国外交

探究问题4：分析习近平外交思想的主要内容以及在习近平外交思想指导下的中国外交实践。理解中共十九大以来外交理论的创新和实践。分析中国在世界和平与发展中的作用。

教师活动：引导分析。

学生活动：合作探究，分析习近平外交思想的主要内容以及中国的外交布局和外交实践。

（1）习近平外交思想

习近平外交思想的主要内容是以实现中华民族伟大复兴为使命，推进中国特色大国外交；以维护世界和平、促进共同发展为宗旨，推动构建人类命运共同体；以共商共建共享为原则推动"一带一路"建设；以相互尊重、合作共赢为基础走和平发展道路；以深化外交布局为依托打造全球伙伴关系；以公平正义为理念引领全球治理体系改革。贯穿这些外交思想的几条原则有：以维护党中央权威为统领，加强党对对外工作的集中统一领导；以中国特色社会主义战略自信作为对外工作必须能遵循的根本要求；维护国家主权、安全、发展利益是对外工作的出发点和落脚点。

（2）中国的外交布局：全方位、多层次、立体化的外交布局

首先，与发达国家的关系。拓宽与发达国家的领域，与世界主要国家稳步发展。

其次，与周边国家的关系，按照"亲、诚、惠、容"理念和"与邻为善、以邻为伴"的外交方针，深化同周边国家的关系。"亲、诚、惠、容"是新形势下中国坚持走和平发展道路的生动宣言，是对多年来中国周边外交实践的精辟概括，反映了中国新一届中央领导集体外交理念的创新发展。亲，"要坚持睦邻友好，守望相助；讲平等、重感情；常见面，多走动；多做得人心、暖人心的事，使周边国家对我们更友善、更亲近、更认同、更支持，增强亲和力、感召力、影响力"。诚，"要诚心诚意对待周边国家，争取更多朋友和伙伴"。惠，"要本着互惠互利的原则同周边国家开展合作，编织更加紧密的共同利益网络，把双方利益交融提升到更高水平，让周边国家得益于我国发展，使我国也从周边国家共同发展中获得裨益和助力"。容，"要倡导包容的思想，强调亚太之大容得下大家共同发展，以更加开放的胸襟和更加积极的态度促进地区合作"。

第三，和非洲国家的关系，提出"真、实、亲、诚"原则，加强与非洲国家的团结合作。

（3）中共十九大以来的外交实践

中共十九大以来外交理论的创新，坚持和平发展道路，推动建设相互尊重、公平正义、和平共赢的新型国际关系推动构建人类命运共同体，建设持久和平、普遍安全、共同繁荣、开放包容、清洁美丽的

世界，推动经济全球化朝着更加开放、包容、普惠、平衡、共赢的方向发展。构建对话而不对抗、结伴而不结盟的国与国交往新路。中国不仅着眼于自身的发展，还就世界和平发展的诸多议题提出中国方案，推动国际秩序和国际体系朝着更加公正合理、普惠均衡的方向发展贡献中国智慧。

【设计意图】认识中共十八大以来，中国走出特色大国外交新路。分析中国外交布局的特点，提升历史解释素养。了解中国推动国际秩序和国际体系朝着更加公正合理、普惠均衡的方向发展，涵养家国情怀。

3. 课堂小结

邓小平曾指出，"现在世界上真正大的问题，一个是和平问题，一个是经济问题或者说发展问题。"习近平在中华人民共和国恢复联合国合法席位 50 周年纪念会议上发表重要讲话，提出"推动构建人类命运共同体，不是以一种制度代替另一种制度，不是以一种文明代替另一种文明。"随着中国国家实力的不断增强，我们积极参与国际事务，提倡独立自主的和平外交，积极参与和引领全球治理进程，为改革完善全球治理体系，推动国际秩序和国际体系朝着更加公正合理、普惠均衡的方向发展贡献中国智慧。

4. 板书设计

当代中国的外交

一、开创独立自主的和平外交

二、改革开放后的外交成就

三、中共十八大以来的中国特色大国外交

第五单元

货币与赋税制度

北京师范大学贵阳附属中学 / 陈 波

一、本单元主题为"国家治理的经济职能——货币与赋税制度"

课标对本单元的内容规定，可以总结为两个方面——国家治理中的两大经济职能，货币制度和赋税制度。二者都是国家财政不可或缺的支柱。货币的产生与发展同经济发展密切相关，在经济发展中的作用日益扩大。赋税制度的变化体现了不同时期的经济发展需求，同时也是国家财政的重要来源。

二、单元内容结构

本单元共有 2 课内容。第 15 课《货币的使用与世界货币体系的形成》，涉及课标中"了解中外历史上货币发行和使用情况，以及现代世界货币体系的形成"的内容，主要叙述了中国货币从古代到现代的发展演变历程，近代以来世界货币体系发展演变的历程。第 16 课《中国赋税制度的演变》涉及课标中的"了解中国古代赋税制度的演变，了解关税、个人所得税制度的产生及其在中国的实行"的内容，主要叙述了中国古代赋役制度的发展演变历程，近现代以来关税和个人所得税制度的起源与发展演变。

本单元有三个学习要点：一是中国货币的发展演变。中国古代的货币是在商品交换发展到一定程度时出现的，经历了从海贝、金属到纸币的演进历程，在经济发展中的作用越来越大。二是近现代以来世界货币体系的形成与演变。随着资本主义世界市场的不断扩大，国际货币结算日益频繁和复杂，首先在 19 世纪形成了以英镑为中心、以金币或黄金在国际流通为主的国际金本位货币制度；二战后形成了以美元为中心的国际货币体系，即布雷顿森林体系；进入 21 世纪，欧元、日元和人民币等的影响也在上升。三是中国赋税制度的演变。中国秦汉时期的赋役制度包括田赋、人头税和徭役，随着社会经济的发展，徭役逐渐折成货币征收，实物税逐渐向货币税转变，到清朝雍正时通过"摊丁入亩"取消了人头税，国家对百姓的人身束缚进一步削弱。近代以来中国丧失了关税自主权，到中华人民共和国成立，中国真正收回关税自主权。改革开放以来，进一步完善了关税的基本制度，对国民经济发展的对外贸易起到了重要促进作用。中国的个人所得税自近代开始征收，新中国成立后自 20 世纪 80 年代正式确立个人所得税制度，对调节个人收入和实现社会稳定发挥了积极作用。

在这三个学习要点中，第一要点的中国货币的演进历程和第三要点中国赋税制度的演变，既是重点内容也是难点内容，学生在掌握其发展演变的原因和特点时会有难度。第二要点世界货币体系的演变是重点内容，需要结合典型史料进行重点讲解。

三、单元导语解读

本单元讲述的是古今中外国家治理的两大经济职能——货币与赋税制度，尤其是重点介绍了中国的货币和赋税制度，突显了文化自信。

本单元导语分为两个部分：

第一部分简要概述了本单元的主要内容。货币的出现是商品交换发展到一定阶段的产物，从海贝、金属到纸币的演进历程，也是社会经济发展演进的历程。世界货币体系是随着资本主义世界市场的形成而出现的，并随着世界格局的变动、国家实力的消长而发生变化。在经济发展和商品交换的大背景下，国家政权逐步实施了各项税收政策。中国古代的赋役制度经历长时期的发展演变，最终取消了人头税。关税和个人所得税是中国近现代最具代表性的税收制度。第二部分是本单元学习内容的学业目标要求。

在教学过程中，教师要根据这些学业目标的要求，运用历史教学资源，培养学生的历史核心素养和关键能力。本单元的教学，教师应引导学生运用唯物史观的基本立场、观点和方法，通过横向和纵向梳理时空变化，运用丰富的史料，遵循论从史出的原则，探究货币、世界货币体系与赋税制度的发展演变和特点，并进行逐层深入的历史解释，以更好地认识国家治理的经济职能，感受中华文明绵延不绝的独特魅力，培育学生家国情怀。

第15课 货币的使用与世界货币体系的形成
（示例一）

教学设计：北京师范大学贵阳附属中学 陈 波
指导教师：贵阳第一中学 牟永良

一、课程标准及内容解读

（一）课程标准

了解中外历史上货币发行和使用情况，以及现代世界货币体系的形成。

（二）课程内容导读

本课主题是"国家治理的经济职能——货币与世界货币体系"。

货币作为一般等价物，是在商品交换发展到一定程度时出现的。中国古代最早的货币可能是海贝，约在商朝后期，出现铜铸币。秦朝将货币统一为圆形方孔钱，此后被长期沿用。北宋时期诞生了世界上最早的纸币——"交子"。自明朝中期起，白银逐渐成为国家财政和民间交易的基本支付手段，清朝完全承认白银的法定货币地位。中华民国成立后，以银元为法定货币。国民政府时期，货币制度经历多次改革。新中国成立后，人民币成为中华人民共和国的法定货币。随着对外开放的扩大，人民币在国际货币体系中也发挥着越来越重要的作用。19世纪以来，随着资本主义世界市场的不断扩大，形成了以英镑为中心的国际金本位货币制度。1929年爆发的资本主义世界经济大危机，导致金本位制崩溃。二战后，形成了以美元为中心的国际货币体系——布雷顿森林体系。20世纪70年代初，布雷顿森林体系瓦解。进入21世纪，美元仍然是国际贸易结算和各国外汇储备的主要货币，但是欧元、日元、人民币的影响也在上升。

本课共有两个子目。第一子目"中国货币的演进历程"，主要讲述中国货币从先秦到现代的发展演变历程，重点介绍了货币形式的变化，以及近现代以来中国货币的发展演变，尤其是新中国成立后的人民币的发展演变情况。第二子目"世界货币体系的形成"，重点介绍了19世纪以来世界货币体系的形成和发展演变情况，重点介绍了从以英镑为中心的金本位制到以美元为中心的布雷顿森林体系再到21世纪的发展演进历程。

（三）辅助栏目内容解读

1. 子目一：中国货币的演进历程

（1）学习聚焦（第 87 页）

解读： 本栏目指出了本子目学习的重点内容——中国货币的发展演变历程。大致可以分成三个时期掌握：古代货币，以铜钱为主，后来出现纸币，白银也逐渐货币化；民国时期货币，发行较为紊乱，币制不稳定；现代货币，人民币成为中华人民共和国的法定货币。

（2）思考点（第 87 页）

解读： 本栏目指出中国汉字中与财富、商业有关的汉字多以"贝"为偏旁，要求我们举出以"贝"为偏旁的汉字，从而更好地理解上古时期以海贝充当货币的事实。在教学中，教师可以利用这一思考点，通过学生活动，总结含有"贝"字的汉字，帮助学生理解中国汉字所蕴含的丰富历史文化信息，培养学生的文化自信。

（3）历史纵横（第 88 页）

解读： 本栏目介绍了中国古代铜钱上文字的发展变化。早期铜钱上的文字基本都是记载钱币的重量，即重量货币。从唐初铸行"开元通宝"钱开始，此后铜钱上大都以"通宝""元宝"命名，从北宋起形成惯例，新铸铜钱上统一铸印当时的年号，从此中国古代货币进入年号货币时代。在教学中，教师可以利用这一栏目，补充相应的史事，让学生更好地理解中国古代货币的发展演变，并帮助理解货币发展演变背后的历史时代变迁。

（4）历史纵横（第 89 页）

解读： 本栏目介绍了人民币的发行原则，即经济发行、计划发行、集中统一，并分别介绍了三个原则的具体内涵。在教学中，教师可以结合这三个原则，帮助学生更好地理解人民币地位始终稳定，对国民经济发展做出了重大贡献，在国际货币体系中也发挥着越来越大的作用，培养学生的家国情怀。

（5）史料阅读（第 90 页）

解读： 本栏目节选了 1999 年通过的《中华人民共和国人民币管理条例》的部分内容。教师在教学中可以利用这些史料，帮助学生更好地认识人民币的地位和作用，增强文化自信。

2. 子目二：世界货币体系的形成

（1）学习聚焦（第 90 页）

解读： 本栏目要求聚焦于两个问题：一是了解世界货币体系的形成与发展历程，二是正确认识二战后形成的世界货币体系的作用。教学中需要围绕这两个问题，构建起完整的知识结构，理清发展脉络和逻辑关系。

（2）历史纵横（第 90 页）

解读： 本栏目补充介绍了西方国家主要货币英镑、法郎、美元的发展历史，可以作为教材中世界货币体系形成的历史背景来看待。教师可以结合这一栏目，帮助学生从国家发展角度来理解世界货币体系的形成，认识到其与国家实力和国际格局的关系，拓宽学生的思维。

（3）思考点（第91页）

解读： 本栏目引导学生思考二战后世界货币体系如何重建。教师要结合教材内容，引导学生从背景、内容两个方面来理解。其中背景又从国家实力消长，国际格局变动，战后世界经济恢复发展等角度来理解。具体来说就是，二战后英国等欧洲国家实力下降，美国成为资本主义世界霸主，欧洲国家急需进行战后重建，世界经济的恢复与发展需要有稳定的世界货币体系等。至于二战后新的世界货币体系也就是布雷顿森林体系的内容，结合教材知识掌握即可，不需要进行过多的知识拓展。

（4）学思之窗（第91页）

解读： 本栏目通过提供国际货币基金组织的目的的史料，引导学生思考国际货币基金组织对经济的作用。教师在教学中，可以一方面引导学生阅读史料，提炼概括相关信息，另一方面结合教材的内容，进行总结概括。简单来说，国际货币基金组织对于稳定国际汇率，促进成员国经济发展和国际贸易的发展，作用巨大。

3. 探究与拓展

（1）问题探究（第92页）

解读： 本题是对布雷顿森林体系作用的深化和拓展。结合教材内容，同时引导学生进行合作探究，帮助学生从多角度辩证分析布雷顿森林体系的作用。可以引导学生从不同的对象来进行分析。如，对美国，加强了美国在世界金融体系中的地位和作用，为美国推行世界霸权提供了有利条件；对西欧，一方面推动了战后经济恢复与发展，提高了国家实力，另一方面也将欧洲与美国捆绑，刺激了战后西欧走向联合谋求独立发展；对世界，促进了国际贸易的发展，稳定了国际金融，有利于世界和平局面的延续；对战后新兴民族国家，一方面有利于获得国际援助，促进经济恢复与发展，巩固国家独立，另一方面也被纳入世界资本主义经济秩序，对国家安全与主权带来威胁。通过上述分析，最主要的目的是教学生多角度分析问题，培养唯物史观的核心素养。

（2）学习拓展（第92页）

解读： 中国于2015年12月倡议成立亚洲基础设施投资银行，简称"亚投行"，是世界第二大多边开发机构。它的成立，对世界经济发展影响深远。简单来说，通过进行基础设施建设和其他生产性领域的投资，促进了各成员国基础设施的改善，推动了经济发展。在经济发展与合作的基础上，各成员国之间加强互利合作，构建互利共赢、和平稳定的双边和多边关系，促进亚洲稳定与可持续发展，进而有力推动世界和平。

二、教学设计示例

（一）教学目标

通过分析图片、文献等史料，了解中国古代货币的发展演变历程，掌握古代货币发展的基本脉络，理解货币的发展与经济发展的内在关系，培养学生时空观念和历史解释核心素养。

通过对比分析民国时期货币体系的崩坏和新中国成立后人民币的稳健发展，理解人民币国际地位形成的原因以及对世界经济发展的重大意义，培养学生学习史料实证和家国情怀核心素养。

通过分析世界货币体系发展演变的过程，理解世界货币体系与国家实力和国际格局的关系，认识到世界货币体系与世界和平稳定的内在关系，培养学生唯物史观的核心素养。

（二）教学重难点

教学重点：中国货币从古至今发展演变的过程以及人民币的作用。

教学难点：世界货币体系与国家经济实力和国际格局的关系。

（三）教学设计示例

1. 导入新课

引导学生阅读本课导言《诗经》里的民歌《氓》，结合"春秋时期晋国布币"的图片，使学生认识到在中国先秦时期就已经出现了货币。然后提出一个问题：中国的货币经历了怎样的发展演变历程？以此导入本课的学习。

【设计意图】利用导言的内容导入，引导学生带着问题学习，可以迅速将学生的注意力聚焦到本课的学习主题——国家治理的经济职能上来，直击主题，简单明了，同时也为学习第一子目奠定思维基础。

2. 学习新课

学习任务一　中国货币的演进历程

探究问题1：中国古代货币的发展演变。

教师活动：引导学生阅读教材内容，分时期了解中国古代货币发展的历程。

学生活动：在教师的引导下，自主阅读整理教材相关内容，梳理中国古代货币发展演变的基本历程：先秦时期——由自然货币海贝等向人工货币演变，在商朝后期出现铜铸币，春秋战国时期出现多种样式的铜铸币。秦朝——统一货币形制为圆形方孔钱。汉武帝时期——由地方铸币向中央铸币转变，加强中央集权。唐朝——铸行"开元通宝"钱，从重量货币向年号货币转变。宋朝——出现纸币"交子"，从金属货币向纸币转变。明清时期——白银逐渐成为法定货币，与铜钱兼用。

【设计意图】通过梳理教材知识，使学生对教材内容有更加深入的认识，形成完整的知识结构。通过上述的学习，一方面培养了学生自主提炼和概括信息的能力，另一方面又为下一步深入学习古代货币演变的原因奠定了知识基础。

教师活动：提供史料，引导学生进行史料阅读与分析，认识秦统一货币的历史意义。

学生活动：阅读分析教师提供的史料，并形成自己的历史认识。

材料1　至春秋战国时期，……各地经济发展极不平衡，诸侯国各自为政自行铸币，……币制极为混乱。由于币制的极不统一严重阻碍了赋税征收、货币流通和商品经济的发展，也不利于经济的发展和统一政权的巩固。秦朝在统一币制的过程中不仅对货币的形、质、量有明确规定，而且严禁私人铸钱。

——张诚《秦汉币制改革略论》

通过分析材料1，认识到秦朝统一货币的历史意义：促进商业发展和物资流通，进而促进经济发展；有利于赋税征收增加财政收入；巩固国家统一。

教师活动：提供关于汉武帝统一铸币权的史料，引导学生进行解读，以认识汉武帝统一铸币权的历史意义。

学生活动：阅读教师提供的史料，进行解读，形成历史认识。

材料2　汉武帝于元鼎四年（公元前113年）将铸币权从各郡国收归中央政府，使中央政府对五铢进行统一铸造和发行。"于是悉令郡国无铸钱，专令上林三官铸。钱既多，而令天下非三官钱不得行，诸郡国所铸钱皆废销之，输其铜三官。而民之铸钱益少，计其费不能相当，唯真工大奸乃盗为之。"五铢钱轻重合宜，自汉至隋七百余年，基本上行用不废。

——《中国货币史》

通过解读材料2，认识到汉武帝统一铸币权的历史意义：削弱郡国尤其是封国的经济实力，加强中央集权，巩固国家大一统；五铢钱轻重合宜，行用七百余年，影响深远。

教师活动：提供关于北宋"交子"的史料，引导学生进行阅读分析，认识发行"交子"的原因。

学生活动：阅读分析教师提供的史料，认识北宋时期"交子"出现的原因，深化对教材知识的理解和认识。

材料3　交换的发达，促进了货币流通量的增加。北宋除铜、铁钱外，金银也作为半流通性货币，租税的征收、官俸的发给和对外贸易都使用银两。北宋的铜钱尽管铸造得比过去多，但钱荒却十分严重。为此，政府规定四川等地只能用铁钱流通。由于携带不方便，10世纪末，成都出现了所谓的"交子铺"，发行纸币代替铁钱。1023年，北宋政府看到发行交子有利可图，遂正式创立"交子务"，改交子为官办，以36万贯铁钱作准备金，定期发行，限额125万余贯，流通区域仍限于四川。

——朱绍侯等《中国古代史》

通过阅读和分析材料3，认识到"交子"出现的原因是：北宋商业繁荣，货币流通量增加，铜钱铸造量不足，出现钱荒；政府规定四川地区只能用铁钱，携带不便，影响经济发展。

教师活动：提供关于白银货币化的史料，引导学生进行阅读分析，理解白银走向货币化的条件。

学生活动：阅读分析教师提供的史料，认识明朝时期白银能够货币化的历史背景，尤其是认识到与世界经济变动的关系。

材料4　明初民间开始自发使用白银，官方赋役也逐渐改为白银上缴，白银逐渐成为流通领域中的主要货币。到16世纪中叶，明政府停发宝钞，并正式确立了白银的官方合法地位。但明朝银矿稀缺，不足以应付政府开支。面对银荒危机，从16世纪中后期开始，明政府开放海禁。通过对外贸易，相当大部分美洲白银流入中国。作为当时世界上最大的经济体，中国以白银为主要货币，从而促使白银成为世界货币。围绕白银，形成了一个世界贸易网络。

——万明等《明代白银货币化：中国与世界连接的新视野》

通过解读材料4，认识到明朝白银之所以能够货币化，主要与国内经济发展以及国外自新航路开辟后中外贸易扩大，白银大量流入有关。并且也了解到白银的货币化与世界贸易网络的形成也有极为密切的关系。

【设计意图】通过解读教师提供的四则材料，一方面培养学生阅读分析历史材料的能力，培养史料实证和历史解释核心素养，另一方面有助于深化对教材知识的理解，帮助学生形成自己的历史认识，提高自主学习的能力。

探究问题2：近现代中国货币的演变。

教师活动：指导学生阅读教材内容，梳理自民国开始到新中国成立以来中国货币的发展演变历程，构建起完整的知识结构。

学生活动：在教师的指导下，自主阅读教材相关内容，梳理自民国以来到新中国成立之后中国货币的发展演变历程：民国时期——中华民国成立后以银元为法定货币；1935年，国民政府实行法币改革，禁止银元流通；1948年后发行金圆券、银圆券，均告失败。中华人民共和国时期——中华人民共和国成立后，人民币成为法定货币；改革开放以来，人民币在国际货币体系中发挥了重要作用。

教师活动：提供关于国民政府法币改革的材料，引导学生阅读分析，理解法币改革的原因和影响。

学生活动：阅读分析教师提供的关于法币改革的史料，认识到法币改革的原因和影响，加深对教材知识的理解。

材料5　20世纪30年代初，中国的金融货币极为紊乱，严重阻碍了商品交换和贸易的发展。与此同时，由于世界资本主义经济危机的冲击，英镑、美元、日元相继贬值，金贱银贵，我国贸易条件急剧恶化。九一八事变后，日本对东北的掠夺和日本货的倾销，对中国经济发展是一个严重打击。为了应对日益严重的局势，1935年11月，国民政府宣布实施币制改革，废除银本位制并实行白银国有，把钞票发行权收归中央、中国、交通、农民四大银行，统一发行法币，依附于英镑和美元，实行"汇兑本位"制。

——王桧林《中国现代史》

通过阅读材料5，认识到法币改革的原因是：原有币制混乱，阻碍经济和贸易发展；世界经济危机影响，导致白银大量外流；日本侵华，倾销商品。通过材料的内容，可以辩证分析法币改革的影响：积极——统一了全国货币，促进了国内统一市场的形成和商品经济的发展；加强了国家对经济的控制，为抗日战争胜利奠定了基础。消极——依附于英镑和美元，成为英美帝国主义的经济附庸；实行货币贬值刺激经济为日后的通货膨胀埋下了隐患。

教师活动：提供关于人民币国际化的材料，引导学生阅读分析，认识人民币国际化的有利因素。

学生活动：通过阅读分析材料，认识到人民币国际化的有利因素包含国内和国际两个方面，深化对教材知识的理解和认识。

材料6　北京时间12月1日凌晨，国际货币基金（IMF）宣布，人民币将纳入SDR（特别提款权）货币篮子，2016年10月1日正式生效，成为自由使用的货币。……成功纳入SDR的货币篮子，是人民币国际化之路上的里程碑。

——腾讯财经

通过阅读分析材料6，结合国内和国际两个方面分析人民币国际化的有利因素：国内——中国经济实力增强，国际地位提高，社会环境稳定，汇率制度稳定。国际——世界政治多极化和经济全球化深入发展，国际合作深入发展。

【设计意图】通过上述学习过程，既能帮助学生深入理解和掌握教材知识，建构更加完整的知识体系，把握历史发展的内在逻辑线索，又可以提高学生阅读分析历史材料，提炼概括材料信息的能力，同时培养史料实证、历史解释、唯物史观等核心素养，更有利于实现立德树人的教育目标。

学习任务二　世界货币体系的形成

探究问题 1：国际金本位货币制度。

教师活动：指导学生阅读教材，了解 19 世纪国际金本位货币制度的形成，并思考其形成的原因和影响。

学生活动：按照教师的要求自主阅读教材，并总结国际金本位制货币制度形成的原因和影响。原因：工业革命以来资本主义快速发展，国际贸易规模迅速扩大；英国实力强大，首先实行金本位制。影响：促进资本主义经济和国际贸易发展；有利于英国确立世界经济中心地位；推动了世界市场的形成。

【设计意图】主要目的是培养学生自主学习的能力，并增强自主获取信息的能力。

探究问题 2：布雷顿森林体系。

教师活动：指导学生阅读教材和提供的历史史料，了解二战布雷顿森林体系形成的原因、内容以及对世界的影响。

学生活动：在教师的指导下阅读教材，了解二战后布雷顿森林体系形成的情况，再结合教材的思考点，阅读分析教师提供的史料，全面认识二战后国际货币体系即布雷顿森林体系建立的背景。

材料 7　"现在的欧洲是什么呢？它是瓦砾……""即使我们卖掉我们全部黄金和外国资产，也不能付清订货的一半贷款。"

——丘吉尔在 1947 年的讲话

材料 8　美国的经济在战争期间获得迅速发展，国民生产总值从 1940 年的 1006 亿美元上升到 1945 年的 2136 亿美元。……美国的黄金储备 1945 年已占到资本主义世界黄金储备总量的 59%，1948 年更增至 74.5%。美国已跃升为资本主义世界的头号强国。

通过阅读分析上述材料，认识到二战后布雷顿森林体系建立的背景：二战使世界经济力量对比发生变化——西欧国家普遍衰落，美国经济实力空前膨胀，成为世界最大债权国；以英镑为中心的资本主义世界货币体系难以维系；美国企图建立自己主导的资本主义世界货币体系。

通过阅读教材，掌握布雷顿森林体系的内容：美元与黄金挂钩——35 美元兑换 1 盎司黄金；各国货币与美元挂钩，并保持固定汇率关系。上述内容可以浓缩为"两挂钩一固定"。1945 年成立了货基货币基金组织和国际复兴开发银行（世界银行），正式形成了二战后世界货币体系——布雷顿森林体系。

教师活动：引导学生结合教材学思之窗和本子目内容，多角度认识布雷顿森林体系建立带来的影响，并进一步认识布雷顿森林体系瓦解的原因。

学生活动：在教师指导下阅读学思之窗，结合教材内容，从美国、西欧、世界等角度，全面认识布雷顿森林体系建立的影响：对美国——加强了美国在国际金融领域的特权和支配地位，通过布雷顿森林体系，美国掌握了资本主义世界的经济命脉，为美国推行世界霸权提供了有利条件。对西欧——促进了战后经济的恢复和发展。对世界——为世界货币关系提供了统一的标准和基础，有利于维护战后世界货币体系的正常运转，为世界经济的恢复与发展创造了条件。再结合教材内容和小组讨论合作学习，认识到布雷顿森林体系本身存在不可调和的矛盾，加之 20 世纪 70 年代爆发的经济危机导致美国经济实力地位进一步下降，美元购买力也日益下降，最终美国政府于 1971 年宣布停止美元兑换黄金，布雷顿森林体系瓦解，此后，固定汇率制被浮动汇率制取代。

【设计意图】通过上述阅读教材和分析史料的活动，重点在于帮助学生更好地理解教材内容，提高解读材料获取历史认识的能力，培养多角度全面认识历史问题的能力，培养唯物史观、史料实证、历史解释的核心素养。

探究问题3：多元化的汇率制度——浮动汇率制。

教师活动：提供多元汇率制度的材料，指导学生阅读分析，并结合教材内容，认识人民币国际化的重要意义，从中感悟中国国家实力的不断壮大。

学生活动：根据教师的要求，阅读分析材料，整理教材相关内容，多元汇率制度的相关情况，认识"一主多元"的国际货币格局和人民币国际化的趋势，感悟改革开放以来中国国际地位的不断提升和国家实力的迅速壮大。

材料9　1976年1月8日，国际货币基金组织临时委员会在牙买加首都金斯敦举行会议，通过了一个关于国际货币制度改革的协议，即《牙买加协定》。主要内容：1.黄金非货币化；2.储备货币多元化，但美元仍是最主要的国际货币；3.汇率制度多样化。

材料10　中央财经领导小组第十六次会议对扩大金融业对外开放作出了明确部署：要合理安排开放顺序，对有利于保护消费者权益、有利于增强金融有序竞争、有利于防范金融风险的领域要加快推进。会议同时强调，扩大金融业对外开放，金融监管能力必须跟得上，在加强监管中不断提高开放水平。

——《有序稳步扩大金融业对外开放——贯彻中央财经领导小组第十六次会议精神系列述评之四》

新华社北京8月7日电

通过分析材料9，认识到布雷顿森林体系瓦解后，形成的是多元化货币的浮动汇率制，即牙买加体制，汇率制度多样化，但是美元依然是最主要的国际货币，呈现出"一主多元"的国际货币格局。通过分析材料10，认识到在当今全球化深入发展的背景下，稳步推动人民币国际化，继续完善人民币汇率形成机制，保持人民币汇率在合理均衡水平上基本稳定，对于中国经济的持续稳定发展和世界经济的发展，均具有极其重要的意义。这反映出改革开放以来中国的国际地位和国家实力稳步提升，在国际事务中的话语权也不断提高，在维护世界和平与稳定方面将发挥越来越大的作用。

【设计意图】通过上述的教学活动，一方面提高学生整理分析教材和阅读分析史料的能力，帮助学生构建完整的知识体系。另一方面，提高学生自主学习获取历史认识的能力，培养学生史料实证、家国情怀的核心素养。

3.课堂小结

通过本课的学习，使学生了解了下列知识：中国货币从先秦到21世纪的发展演变历程，世界货币体系从金本位制到布雷顿森林体系再到多元化浮动汇率制的演变进程；认识到中国货币演变的线索与逻辑联系，国际货币体系演变背后反映的国家实力的消长和国际格局的变动，人民币国际化的趋势与改革开放以来中国国家实力和国际地位的不断上升；培育了学生自主归纳概括信息的能力，涵养了史料实证、历史解释、唯物史观等核心素养，感悟了中华传统文化的魅力和现代中国逐步走向强盛的家国情怀。

4. 板书设计

货币的使用与世界货币体系的形成

一、中国货币的演进历程

（一）中国古代货币的发展演变

1. 从自然货币到人工铸币

2. 从地方铸币到国家铸币

3. 从重量货币到年号货币

4. 从金属货币到纸币

5. 白银的逐渐货币化

（二）中国近现代货币的发展演变

1. 民国时期的货币

2. 人民币的发展演变与国际化

二、世界货币体系的形成

（一）以英镑为中心的金本位货币制度

（二）以美元为中心的布雷顿森林体系

（三）一主多元的浮动汇率制

第15课　货币的使用与世界货币体系的形成

（示例二）

教学设计：贵阳市第一中学　漆传平
指导教师：贵阳市第一中学　杨　华

一、课程标准

了解中外历史上货币发行、使用情况和现代世界货币体系的形成。

二、教学设计示例

（一）教学目标

从时空观念、史料实证、历史解释角度，了解中国货币的演进历程及其特征。

从唯物史观、历史解释角度，了解世界货币体系的形成与发展历程，理解世界货币体系形成的影响。

从家国情怀角度，了解中外货币的发展史，感受中国货币演变的悠久历史，增强民族自豪感和自信心，同时打开国际视野。

（二）教学重难点

教学重点：了解中国货币发行、使用情况及其特征；了解现代世界货币体系的形成（二战后确立的布雷顿森林体系）。

教学难点：中国货币演进的特征；布雷顿森林体系的内容及影响。

（三）教学设计示例

1. 导入新课

材料1　太平洋某小岛的石头货币，见图4。

设问：同学们知道这些石头的用途吗？

【设计意图】用太平洋小岛上的石头货币导入，既可以调动学生的学习兴趣，又能很好地引导学生思考货币的本质，突出主题，并为本

图4　石头货币

课后续内容做好铺垫。

过渡：马克思主义告诉我们，货币起源于商品生产和商品交换，它是起着一般等价物作用的特殊商品（刘精诚《货币史话》，第4页）。是不是这样的呢？下面请大家与我一起学习《货币制度与社会发展、国家治理——货币的使用与世界货币体系的形成》。

2. 学习新课

学习任务一　中国货币的演进历程

探究问题1：结合教材子目一、材料2和所学知识，简述中国货币的演进历程，并说明其演进特点。

材料2　彭信威先生认为，独特的中国货币文化，反映了中国传统社会的基本特征。自秦汉以降，中国历史虽有若干次变革，但只是一个王朝代替另一个王朝，专制皇权的社会结构和制度并没有发生本质的变化。至高无上的专制皇权，才是铜钱如此长寿的肥沃土壤。

——彭兴庭《不一样的极简货币史》

学生活动：阅读教材子目一、材料2，并结合所学知识概括、分析。

教师活动：引导学生分析概括并完成表5-1。

表5-1　中国货币的演进

阶段	货币形态	产生时期	具体代表
第一阶段	自然货币	原始社会	海贝（牛、羊、谷物、盐）—金银
第二阶段	金属货币	商朝后期	布币、刀币、圜钱、蚁鼻钱—秦半两钱—汉五铢钱—唐开元通宝—清宣统通宝
第三阶段	纸币	北宋	交子—元中统交钞—大明通行宝钞—大清宝钞（银票）—法币（金圆券、银圆券）—人民币

在学生分析的基础上，教师引导学生对中国货币演进的特征上从社会属性、形状变化、铸币权限、货币内容、铸造材料等五个方面进行分析。从自然货币向人工货币演变（商仿贝）；从杂乱形状到统一形状演变（秦半两）；从地方铸币向中央铸币演变（汉五铢）；从文书重量向文书年号演变（注意唐"开元通宝"的特殊性）；从金属货币向纸币演变（宋交子）；从手工铸造到机器制造（清龙洋）。

【设计意图】通过图表再次梳理中国货币发展的三个阶段，让知识体系化结构化。通过观察历代货币的图片和设问，引导学生总结归纳中国货币演进的特点，提高学生的归纳总结的能力，培养史料实证和历史解释素养，在了解中国货币发展历程、总结演进特点的同时增强民族自豪感和自信心，培养家国情怀素养。

探究问题2：结合材料3和所学知识，指出我国纸币发展经历了哪两个阶段？人民币保留了古代纸币的哪些特征？发生了哪些变化？为什么人民币需要防伪标志？

材料3　我国不同时期纸币，见图5。

图5　我们不同时期的纸币

学生活动：阅读概括分析。

教师活动：引导学生分析：①—④为一个阶段，⑤—⑥为一个阶段。理由：①—④仅是金属货币的兑换凭证；⑤—⑥是以国家信用发行的法定货币，其本身就是国家信用的体现，是无法兑换金属货币的。

人民币保留了古代纸币数额、编号、发行单位、发行时间、防伪标志等特征，增加和强化了防伪标志，其目的是保证国家信用不被滥用。

【设计意图】让学生根据所学知识和材料把纸币的发展史分为两个阶段并说明理由，然后把人民币与古代纸币进行比较，锻炼学生的观察能力，让学生充分调动自己已有知识，让旧知与新知建立联系，完善自身的知识网络，同时让学生了解人民币的防伪标志，充分调动学生的学习兴趣，着重培养学生的史料实证和历史解释素养。

探究问题3：根据材料4和教材内容，指出第一套人民币发行的原因，理解人民币发展的意义。

材料4　货币被称为一个国家的名片。它既是价值尺度、流通手段，又是反映民族文化和精神风貌的艺术品。它是一个国家综合实力的体现，是一国政治、经济、文化、艺术、科技等综合反应。

1948年12月1日，随着第1套人民币的发行，中国人民开始有了自己统一的货币。半个多世纪以来，我国的货币制度不断发展和完善。从1950年代第2套人民币开始，发行了人民币硬币，自此新中国货币进入纸、硬币混合流行的时代。1960年代发行的第3套人民币是我国首次完全独立设计与印制的一套货币。80年代为适应经济发展和人民生活的需要，中国人民银行适时调整了货币结构。在发行第4套人民币时，增发了50元100元大面额的人民币。改革开放以来，我国国民经济持续、快速、健康发展，社会对现金的需求量也日益增大，经济发展的形势对人民币的数量和质量、总量与结构都提出了新要求。货币制度需要随着经济发展变化的实际情况进行适时调整。在我国当时的基本国情下，第5套人民币于1999年10月1日陆续发行。

人民币是中华人民共和国的法定货币，它在我国社会主义经济建设和人民生活中发挥了重要作用。

——《中国纸币》

学生活动：阅读分析。

教师活动：引导学生分析。发行第一套人民币，主要是发展解放区经济和巩固政权的需要。人民币的发行和发展是国家综合实力的体现，是国家政治、经济、文化、艺术、科技等综合反映，在我国社会主义经济建设和人民生活中发挥了重要作用，在国际货币体系中也发挥着越来越重要的作用。

【设计意图】通过对《中华人民共和国纸币图录》前沿部分的梳理，了解了中国人民币发行的历程及意义，有利于培养学生的史料实证和家国情怀素养。

探究问题4：人民币数字货币与纸币的异同点是什么？人民币从纸币向数字货币发展的趋势反映了什么？

学生活动：合作讨论分析。

教师活动：在学生合作学习得出结论的基础上，教师补充：数字货币的功能属性与纸钞完全一样，只不过是数字化形态，是具有价值特征的数字支付工具，即央行数字货币的金融本质。这反映了货币实体功能的弱化，符号功能的强化。

【设计意图】通过对数字人民币与纸币的比较，让学生了解货币的发展方向，揭示其内在规律，加深对货币的认识，增强学生历史解释素养。

教师活动：你们还知道哪些电子货币？它们与人民币电子货币（中央银行发行的电子货币）有什么区别？

学生活动：结合生活经验讨论。

教师活动：在学生讨论基础上指出：电子货币还有支付宝、微信、Q币、游戏币、比特币、以太币等；央行数字货币和支付宝、微信支付有以下区别：

第一，央行数字货币的功能和属性与纸币相似，只不过形态是数字化的。

第二，央行数字货币支付只需要电，央行数字货币的优势是可实现双离线支付。与终端设备绑定，能完成取现、支付和存储数字货币等基本操作。而支付宝、微信第三方支付需要电和网络。

第三，央行数字货币具有法偿性、匿名性；第三方支付皆不具备。

第四，央行数字货币并不是我们银行卡里的一串数字，它像纸币一样，有面额、有数量、能分开。关键是还不需要绑定任何银行账户。而微信支付宝只是一个第三方支付平台，最后还是要找银行结算。

【设计意图】通过比较支付宝、微信、Q币、游戏币、比特币、以太币等不同电子货币的异同，调动学生的兴趣，拓宽学生的视野，把历史与现实紧密相连，完善学生知识网络，同时提升学生历史解释素养。

学习任务二　世界货币体系的形成

探究问题5：世界货币体系形成与崩溃瓦解的原因是什么？

材料5　赫拉利在《人类简史》中作了一个概括：一是万物可换；二是万众相信。在这两个原则之下，数百万的陌生人能够合作各种贸易和产业。不断改进的交换方式，提高了人类的协作水平，加快了人类的交融统一，并不断推动人类文明向前演化。在谷物交换的时代，人类的组织形态是一个个的小部落，而在电子化、数字化的货币时代，全球已经变成一个紧密关联的整体。

——彭兴庭《不一样的极简货币史》

学生活动：根据教材及材料5，完成表5-2，分析世界货币体系形成与崩溃瓦解的原因。

表5-2 世界货币体系

金本位制				
阶段	确立	崩溃	重建	瓦解
时间	1816 年	20 世纪 30 年代	1944 年	20 世纪 70 年代
国家	英国	英国等	美国	美国等
原因	世界市场不断扩大；国际货币结算日益频繁和复杂；英国成为世界霸主	经济大危机引发各国关税战、货币战；一战后英国经济实力衰退	世界市场最终形成；经济全球化；世界经济矛盾激化；美国成为世界霸主	美国陷入越南战争的泥潭；资本主义国家经济滞涨
特点	以英镑为中心	英镑地位下降	以美元为中心；双挂钩一固定；两组织	美元贬值，实行浮动汇率；美元仍占主导
影响	促进了资本主义生产和世界经济的发展	国际经济秩序混乱；各自为政	一定程度上促进了国际贸易的发展；稳定了国际金融秩序；为美国推行世界霸权提供了有利条件	多极化趋势下，欧元、日元、人民币的影响力不断上升

教师活动：教师小结：世界货币体系形成的原因：世界市场的发展；经济全球化的发展；世界政治经济格局的稳定；人类文明的发展；货币的不断发展……

崩溃瓦解的原因：世界政治经济格局的不稳定；世界各国矛盾的激化；世界经济体系制度不完善……

【设计意图】利用图表梳理世界货币体系的形成与发展过程，并总结世界货币体系形成和崩溃的原因，培养学生的历史解释素养。

教师活动：2015年美国东部时间11月30日（北京时间12月1日），国际货币基金组织总裁拉加德宣布将人民币纳入"特别提款权"（SDR）货币篮子，2016年10月1日生效，人民币将成为美元、欧元、英镑和日元以外第五大国际货币。

"入篮"意味着中国真正融入全球金融体系，推动人民币国际化，体现了中国在国际货币体系中话语权的上升。那同学们思考一下：人民币是否会取代美元成为世界货币？如果会，那中国需要达到哪些条件？

学生活动：如果会。条件：政治地位、经济地位、军事地位、文化影响力……（信用的保证）

【设计意图】引入热门话题"人民币国际化"，让学生思考人民币是否会成为像英镑、美元那样的世界货币，并概括人民币成为世界货币的条件，既可以调动学生的兴趣，又让理论与现实结合，把本课所学知识与现实实际相结合，锻炼知识的迁移与运用能力，增强历史解释素养、涵养家国情怀等。

3. 课堂小结

货币是一种符号，是一套以信用为基础的清算体系。马克斯·韦伯说："人是悬挂在自己编织的意义之网上的动物。"货币史就是一部人类编织信用之网的历史，一部人类文明的发展史。

4.板书设计

货币的使用与世界货币体系的形成

一、中国货币的演进历程

1. 中国货币的演进历程
- 先秦：由自然货币向人工货币的演变
- 秦代：由多元货币向统一币制的演变
- 汉代：铸币权收归中央
- 唐代：通宝钱制
- 北宋：金属货币向纸币的演变
- 元代：单一流通货币
- 明清：白银的逐渐货币化
- 民国：币制改革
- 人民币的发行

2. 中国货币的演进规律

二、世界货币体系的形成

1. 金本位制

2. 布雷顿森林体系（国际货币金融体系）

3. 牙买加体系（目前的国际货币状况）

第16课　中国赋税制度的演变
（示例一）

教学设计：北京师范大学贵阳附属中学　陈　波
指导教师：贵阳市第一中学　牟永良

一、课程标准及内容解读

（一）课程标准

了解中国古代赋税制度的演变，了解关税、个人所得税制度的产生及其在中国的实行。

（二）课程内容导读

本课主题是"国家治理的经济职能——赋税制度"。

赋税是国家财政的主要来源，赋税制度的建设是国家治理的基本职能之一。中国古代的赋税制度历史悠久，经历了多次变化。秦汉时期的赋役，大致包含田赋、人头税和徭役。隋朝废除了许多苛捐杂税，主要征收租调役。唐朝承袭隋制，变成租庸调制，租、调以外的役，可以用"庸"代替，即缴纳一定的绢或布来替代徭役。随着均田制的破坏，唐朝又改行两税法。宋朝承袭唐制，征收两税。因为徭役扰民严重，王安石推行募役法，百姓缴纳免役钱、助役钱，官府募人代役。元朝基本沿袭唐朝的租庸调与两税法，增加了"科差"，按户征收丝和银两。明朝后期张居正推行一条鞭法，赋役合并、折银征收。清朝雍正帝实行"摊丁入亩"，从此废除了人头税，封建国家对百姓的人身束缚进一步削弱。中国的关税最早出现于西周时期，后来国内关税和国境关税长期并存。直到1937年正式废除国内关税，实行统一的国境关税。鸦片战争后，中国开始丧失关税自主权，直到中华人民共和国成立，中国才真正收回关税自主权。改革开放后，中国进一步完善了关税的基本制度，对国民经济发展和对外贸易起到了重要促进作用。1936年国民政府公布了所得税暂行条例，开始征收个人所得税。新中国成立后，在计划经济体制下，没有征收个人所得税。1980年我国的个人所得税制度正式确立。

本课共有两个子目。第一子目"中国古代的赋役制度"，主要讲述中国古代赋役制度从秦汉到明清时期的发展演变，重点介绍了人头税和徭役的变化情况，体现出赋税制度随着经济发展而不断演变的特点，以及人身束缚不断减弱的历史趋势。第二子目"关税与个人所得税制度的起源与演变"，重点介绍了中国近代以来关税自主权丧失，到新中国成立以后真正收回关税自主权，以及改革开放后中国关税制度的法制化建设进程，强调了关税对国民经济发展和对外贸易起到了重要促进作用。最后简单介绍了个人所得税的发展演变情况，重点强调了其对于调节个人收入和实现社会稳定发挥了积极作用。

（三）辅助栏目内容解读

1.子目一：中国古代的赋役制度

（1）学习聚焦（第93页）

解读： 本栏目指出了本子目学习的重点内容——中国古代赋役制度的发展演变历程。重点突出了中国古代赋役制度演变的特点，即赋役征发逐渐转到向土地和财产征税，人头税逐渐被废除。这提示我们，本子目的教学重点，应该是在讲清楚中国古代赋役制度演变历程的基础上，着重分析演变过程中体现的特点，以提高学生综合分析问题的能力，构建历史发展的逻辑线索，主要培养时空观念、史料实证、历史解释核心素养。

（2）史料阅读（第94页）

解读： 本栏目节选了《旧唐书·食货志》中关于租庸调制的材料，可以帮助我们更好地了解唐朝租庸调制的相关内容。在教学中，可以结合教材，引导学生对这段史料进行阅读分析，一方面作为对教材内容的补充，另一方面可以提高学生解读历史史料获取历史认识的能力，培养学生史料实证的核心素养。

（3）思考点（第94页）

解读： 本栏目要求学生分析中国古代赋役制度的演变及发展趋势，这实际上是对本子目学习聚焦的呼应。教师可以在本子目内容的教学基本完成之后，结合这个思考点，引导学生梳理中国古代赋役制度发展演变的基本线索，在此基础上，指导学生提炼赋役制度演变所体现的趋势，以提高学生深度学习的能力。总的来说，中国古代赋役制度演变，可以分成秦汉、隋唐、宋、明清等四个时期进行总结。演变的基本趋势可以大致总结为：征收标准由以人丁为主逐渐向以田亩为主转变，赋役形式由实物形式逐渐向货币形式转变，征税时间由不定时发展为基本定时，人头税逐渐被废除，农民对国家的人身依附关系逐渐松弛等。

2.子目二：关税与个人所得税制度的起源与演变

（1）学习聚焦（第95页）

解读： 本栏目要求聚焦于两个问题：一是了解中国关税自主权从享有完全自主权到近代丧失自主权，再到新中国成立后收回自主权的历程，二是了解中国近现代个人所得税制度的发展演变情况。上述两个问题提示我们，本子目的教学重点应是中国关税制度的发展演变，而重中之重又是关税自主权的演变情况，以及关税对于国民经济发展和对外贸易的重要促进作用。主要培养的是学生的时空观念、历史解释、家国情怀核心素养。

（2）历史纵横（第95页）

解读： 本栏目补充介绍了晚清中国海关总税务司赫德的相关资料，介绍了他作为担任中国海关总税务司近半个世纪期间所取得的成就，同时也在一定程度上维护了英国等西方列强的利益。教学中，可以结合这段资料，帮助学生理解中国近代关税自主权丧失的史实，同时也可以帮助学生以唯物史观来看待赫德，培养学生辩证思维的能力。在使用这一资料时要特别注意政治立场必须正确，不能使学生产生错误的认识尤其是美化侵略的极端错误认识等。

（3）学思之窗（第96页）

解读： 本栏目主要介绍了1985年颁布《中华人民共和国海关进出口税则》的原因，要求学生思考为什么要在 1985 年颁布新的海关进出口税则。这要求学生结合材料和所学知识，从改革开放的发展、原有税则不适应新的形势需要等方面进行思考。主要突出的是改革开放以来中国对外贸易快速发展，涉及的商品种类快速增多，而原有的海关进出口税则所规定的总体关税水平过高，商品分类目录陈旧过时，无法适应对外经济、贸易和科学、技术交流的需要，因此进行了修订。在教学中，教师可以利用这一栏目，培养学生自主分析解决问题的能力。

（4）历史纵横（第 96 页）

解读： 本栏目介绍了英国是世界上最早开征个人所得税的国家，于 1799 年开始试行差别税率征收个人所得税。教师在教学中可以通过这一资料，补充关于个人所得税制度产生发展的史实，帮助学生更好地认识个人所得税的发展演变，增进对于个人所得税制度源流、作用的认识。

（5）思考点（第 97 页）

解读： 本栏目要求学生思考中国为什么直到 1980 年才颁布《中华人民共和国个人所得税法》。对于这个问题，教师可以引导学生从新中国成立以来的经济体制、改革开放以来的经济发展、人民收入水平和生活水平的提高、建设法治国家的要求等方面来思考。重要的是要通过分析，使学生认识到个人所得税对于国家经济发展、调节个人收入、实现社会稳定方面发挥的积极作用。

（6）史料阅读（第 97 页）

解读： 本栏目提供了 2018 年修正版的《中华人民共和国个人所得税法》。教师在教学中可以利用这一史料，结合教学内容，帮助学生更好地理解个人所得税的积极作用，提高学生解读材料获取历史认识的能力，培养史料实证和历史解释的核心素养。

3. 探究与拓展

（1）问题探究（第 97 页）

解读： 本题要求学生搜集资料，了解中国取消农业税的历史意义，是对本课学习的关于中国古代赋役制度的拓展和深入。农业税在中国存在了 2000 多年，2006 中国全面取消农业税，这是意味着中国农民的税负大大减轻，对于促进农业发展，提高农民收入，稳定社会秩序，推动社会经济稳定深入发展均具有重大意义。教师在教学中，可以利用这一问题的探究，强化学生对中国特色社会主义制度的认同，培养学生家国情怀核心素养。

（2）学习拓展（第 97 页）

解读： 本拓展要求学生搜集资料，进一步了解中国收回关税自主权的过程。学生可以通过阅读中国近代海关史、中华民国史的相关著作，或者查阅相关论文，了解中国收回关税自主权的过程。教师可以将这一学习拓展当作课后的拓展作业，由学生分组合作完成，然后在课堂上进行分享交流。一方面可以提高学生自主查阅资料获取信息的自主学习能力，另一方面可以培养学生史料实证、家国情怀核心素养。

二、教学设计示例

（一）教学目标

通过分析图片、文献等史料，了解中国古代赋役制度的发展演变历程，掌握古代赋役制度发展演变的基本脉络，理解赋役制度演变的趋势和特点，培养学生时空观念和历史解释核心素养。

通过分析近现代中国关税自主权由无到有的过程，理解实现关税自主对于国家发展的重大意义，培养学生史料实证和家国情怀核心素养。

通过分析个人所得税制度发展演变的过程，理解个人所得税产生的积极作用，培养学生唯物史观、史料实证的核心素养。

（二）教学重难点

教学重点：关税制度的起源与演变。

教学难点：中国古代赋税制度的发展演变。

（三）教学设计示例

1. 导入新课

材料：2005 年 12 月，十届全国人大常委会第十九次会议通过决定，自 2006 年 1 月 1 日起废止《农业税条例》。这标志着在我国沿袭两千年之久的田赋的终结。河北农民王三妮铸"告别田赋鼎"以记之。

——搜狐新闻

阅读材料，可以从中获取哪些信息？然后再提出一个问题：中国古代的赋税制度经历了怎样的发展演变历程？体现了怎样的趋势？具有怎样的特点？导入本课。

【设计意图】创造生活情境，可以拉近历史学习和生活的关系激发学生的兴趣和注意力，也利于涵养学生爱国爱党的家国情怀。学生带着疑问聚焦到本课的学习主题——中国赋税制度经历了怎样的演变？对百姓生活和国家发展有什么影响？

2. 学习新课

学习任务一　中国古代的赋役制度

探究问题 1：秦汉时期的赋役制度。

教师活动：引导学生阅读教材内容，总结秦汉时期的赋役制度的基本情况，了解赋役包括田赋、人头税和徭役，并大致了解秦朝的赋役制度内容。

学生活动：在教师的引导下，自主阅读整理教材相关内容，了解秦汉时期赋役制度的基本内容，并整理秦朝时期的田赋、人头税和徭役的基本情况，分别整理如下：

田赋：秦朝田赋税率极高，农民要缴纳田地产量的三分之二作为田赋；汉初将田赋税率大大降低，到汉景帝时改为三十税一。

人头税：秦朝征收极重的人头税；汉朝人头税分口赋和算赋，还征收财产税。

徭役：秦汉徭役有更卒、正卒、戍卒三种。更卒徭役的法定服务期限是一个月，服役地点在本郡或者本县；正卒服役期一般是两年，到郡国和京城服兵役；戍卒是到边塞屯戍，服役期一般是一年。

【设计意图】通过梳理教材知识，使学生对教材内容有更加完整深入的认识，形成系统完整的知识结构。通过上述的学习，一方面培养了学生自主提炼和概括信息的能力，另一方面又为下一步深入学习中国古代赋役制度的演变和总结趋势、特点奠定了知识基础。

探究问题2：隋唐时期的赋役制度。

教师活动：提供史料，引导学生进行结合教材进行史料阅读与分析，了解隋唐时期赋役制度变化的内容，并分析变化背后所体现的趋势。

学生活动：在教师的指导下，阅读分析教材和教师提供的史料，了解隋唐时期的赋役制度概况，并提炼概括这一时期赋役制度变化所体现的中国古代赋役制度变化的趋势。

材料1　赋役之法：每丁岁入租粟二石。调则随乡土所产，绫绢絁各二丈，布加五分之一。输绫绢絁者，兼调绵三两；输布者，麻三斤。凡丁，岁役二旬。若不役，则收其佣，每日三尺。

——《旧唐书·食货志上》

材料2　唐初赋敛之法曰租庸调……玄宗之末，版籍浸坏，多非其实。及至德兵起，所在赋敛，迫趣取办，无复常准。赋敛之司增数而莫相统摄，各随意增科，自立色目，新故相仍，不知纪极。民富者丁多，率为官为僧以免课役，而贫者丁多无所伏匿，故上户优而下户劳。吏因缘蚕食，旬输月送，不胜困弊，率皆逃徙为浮户，其土著百无四五。至是，炎建议作两税法。先计州县每岁所应费用及上供之数而赋于人，量出以制入。户无主客，以现居为簿，人无丁中，以贫富为差。为行商者，在所州县税三十之一，使与居者均，无侥利。居人之税，秋、夏两征之。其租庸调、杂徭悉省。

——《资治通鉴》卷226

结合教材的内容，分析材料1，了解唐朝租庸调制的基本内容，尤其是了解庸的含义，即租、调之外的役，可以用"庸"——缴纳一定的绢或布来替代徭役。这有利于保证农民的劳动时间，减轻农民的负担，促进农业生产的发展，进而巩固统治。

再结合教材，分析材料2，认识唐朝实行两税法的背景、内容和意义。总结来说，背景：唐中期，土地兼并严重，均田制无法推行，租庸调制也无法维持，政府财政收入减少。内容：财政原则——量出制入；课税主体——不区分主户和客户，一律缴纳赋税，商人也要交税；课税标准——按田亩征收地税；按人丁、资产征收户税；纳税期限——每年分夏秋两季征收。意义：一定程度上减轻了农民负担，增加了政府财政收入，促进了商品经济发展。

【设计意图】通过阅读教材，分析材料，一方面帮助掌握教材的知识，形成完整的知识网络。另一方面，提高学生解读材料的能力，培养论从史出的史学素养，培养史料实证、历史解释的学科核心素养。通过这个环节的学习，为后面总结中国古代赋役制度演变的趋势奠定知识基础。

探究问题3：宋元时期的赋役制度。

教师活动：指导学生阅读教材，整理总结宋朝赋役制度的原因、内容、意义，总结元朝赋役制度的内容。

学生活动：在教师的指导下，整理总结教材相关内容，总结宋朝、元朝的赋役制度相关内容。宋朝赋役制度变化的原因：宋承唐制，征收两税，但附加税繁杂多变；征收类似唐朝的庸一样的代役金，还经常派发各种徭役，严重扰民。变化的内容：王安石推行募役法，百姓缴纳免役钱、助役钱，官府募人代役。意义：大大减轻农民的负担，保证了生产劳动的正常进行，同时也增加了政府财政收入，缓和了社会矛盾。元朝的赋役制度的内容：基本沿袭唐朝的租庸调与两税法，北方征丁税、地税，南方征夏税、秋粮；在税粮之外又有前朝没有过的"科差"，按户之上下征收丝和银两。

【设计意图】一方面帮助学生更好地掌握教材知识，构建知识体系，另一方面培养学生把握逻辑联系的能力，理解史事之间的内在逻辑关系，形成历史整体认知。

探究问题4：明清时期的赋役制度。

教师活动：提供关于明朝一条鞭法和清朝"摊丁入亩"的史料，引导学生结合教材内容进行史料的阅读分析，理解明清时期赋役制度的变化。

学生活动：阅读教材，分析教师提供的史料，认识明朝一条鞭法实施的背景、内容及意义，清朝"摊丁入亩"的历史意义。

材料3　一条鞭法者，总括一州县之赋役，量地计丁，丁粮毕输于官。一岁之役，官为金募（征收）。力差，则计其工食之费，量为增减；银差，则计其交纳之费，加以增耗。凡额办、派办、京库岁需与存留、供亿诸费，以及土贡方物，悉并为一条，皆计亩征银，折办于官，故谓之一条鞭。

——《明史·食货志》

材料4　康熙时，人民的丁银负担极为繁重，山西等地每丁纳银至四两，甘肃巩昌（今甘肃陇西）至八九两。农民被迫逃亡，拒绝交纳丁银，各地的官吏又害怕清朝政府催逼，往往少报多留……为了稳定收税的数额，确知人丁的实数，特别是因为山陕一带部分农民在赋役逼迫下的四处流亡，"任意行走，结成党类"，对清朝的统治不利，于是康熙五十一年（1712年）宣布，即以五十年（1711年）全国的丁银额为准，以后额外添丁，不再多征，叫做"盛世滋丁，永不加赋"……雍正时，清朝政府又进一步采取了"地丁合摊丁入亩"的办法，把康熙五十年固定的丁银平均摊入各地田赋银中，一体征收。从此以后，丁银就完全随粮起征，成为清朝划一的赋役制度。

——翦伯赞《中国史纲要》

通过解读材料3，结合教材的内容，认识明朝实行一条鞭法的背景、内容和意义。背景：明朝后期，商品经济发展，白银流通量增加。内容：实行赋役合并、一概折银，即不但赋税折银征收，而且役也改由丁、田共同承担，折成银两，统一征收；政府所需的役，由政府从税银中拿出一部分统一雇人。意义：一条鞭法在一定程度上起到了均赋均役的作用，同时保证了国家的财政收入；取消了力役使农民的人身依附关系有所松弛，农民获得了较大的自由，为工商业的发展提供了丰富的劳动力资源；简化了税制，使收入更加稳定可靠，在一定程度上也限制了贪污腐败，中饱私囊；赋役征银，推动农产品商品化趋势和小农与市场的联系，有利于商品经济的发展和社会稳定；由实物税向货币税的转变，是古代赋役制度的重大变革。通过解读材料4，结合教材内容，了解清朝"摊丁入亩"的内容，理解其意义。内容：雍正帝即位后，规定以康熙五十年全国的丁数为准，将丁银分摊到田赋中，称"摊丁入亩"。历史意义：摊丁入亩废除了中国历史上长期存在的人头税，表明封建国家对人民的人身控制松弛；避免了隐秘人口现象及促进了人口的增长；有利于商品经济及资本主义萌芽发展；减轻了无地或少地农民的负担，有利于经济恢复与发展；税制的简化，有利于政府的征收。

【设计意图】通过解读教师提供的材料，一方面培养学生阅读分析历史材料的能力，培养史料实证和历史解释核心素养，另一方面有助于深化对教材知识的理解，帮助学生形成自己的历史认识，提高自主学习的能力。

探究问题5：中国古代赋役制度演变的趋势。

教师活动：指导学生阅读材料，结合教材第94页的"思考点"，分析总结中国古代赋役制度演变的趋势。

学生活动：在教师的指导下，自主阅读分析历史材料，结合教材相关内容，分析总结中国古代赋役制度演变的历史趋势。

材料5　中国古代的税制历经了多次变革。汉代征收的赋税主要有两项，即按照土地征收的"租"和按人口征收的"赋"。汉魏之际，赋税制度发生了较大改变，由租、赋变为租、调，并沿袭了很长时间。隋及唐前期实行租庸调制，以丁为单位征纳，其中庸是指不应役者，可按照每日缴绢、尺绢代替。唐后期实行"两税法"，地方官府将过去的税收项目合并为一总额，按照户税、地税两种征收办法分摊到每户百姓头上，每年分夏、秋两次征收。明代实行"一条鞭法"，把田赋、徭役以及其他杂征总为一条，合并征收银两。清代，把丁税平均摊入田赋中，征收统一的"地丁银"。

——《中国税收制度的演变》

通过阅读材料5，总结中国古代赋役制度演变的趋势：征税标准由以人丁为主逐渐向以田亩为主转变；赋役形式由实物形式逐渐向货币形式转变；征税时间由不定时发展为基本定时；农民对国家的人身依附关系逐渐松弛；征税内容由必须服徭役、兵役到可以代役。

【设计意图】通过上述学习过程，既能帮助学生深入理解和掌握教材知识，建构更加完整的知识体系，把握历史发展的内在逻辑线索，又可以提高学生阅读分析历史材料，提炼概括材料信息的能力，同时培养史料实证、历史解释、唯物史观等核心素养，更有利于实现立德树人的教育目标。

学习任务二　关税与个人所得税制度的起源与演变

探究问题1：中国关税制度的发展演变。

教师活动：指导学生阅读教材，了解中国关税制度从古至今的发展演变历程，梳理主要的知识点，形成完整的关税制度演变的线索。

学生活动：按照教师的要求自主阅读教材，总结梳理中国关税制度的演变历程：西周出现关税，长期存在国内关税与国境关税并立的现象，享有完整的关税自主权；鸦片战争后，中国开始丧失关税自主权；1927年南京国民政府宣告关税自主；1928年国民政府发表"改订新约"的对外宣言，关税自主是其两项主要内容之一；1930年代在关税自主权上取得进展，但不能完全自主地制定税率；1937年正式宣布废除国内关税，实行统一的国境关税；新中国成立，收回关税自主权；1985年颁布《中华人民共和国进出口关税条例》和《中华人民共和国海关进出口税则》，强化了关税制度的法制化建设；1987年，通过《中华人民共和国海关法》，进一步完善了关税的基本制度。

【设计意图】主要目的是培养学生自主学习的能力，增强自主获取信息的能力。

教师活动：指导学生阅读材料，分析总结晚清时期中国丧失关税自主权带来的影响，培养学生的家国情怀核心素养。

学生活动：在教师指导下，阅读分析材料，总结晚清时期中国丧失关税自主权带来的影响，感悟关税自主和国家主权对一个国家的重要意义，培养家国情怀核心素养。

材料 6 "盖自关税协定制度成立以来，以进口税率之低，外国纷纷以其过剩制品输入我国而莫之能御，因以造成外商垄断之势力。而同时以出口税之不能免除，致应奖励对外贸易之物品，亦不能免税，此出口贸易之不能发达也。"形成不但不能保护国货，反而处处有保护洋货压迫国货之倾向。

——《晚清关税制度的变迁及其影响》

通过阅读分析材料 6，提炼出关键信息，总结概括晚清丧失关税自主权带来的影响：中国丧失了制定关税的权力，税务司制则使中国丧失了使用关税的权力，自然经济受到冲击，资本主义萌芽被破坏，一些行业甚至遭到毁灭性打击，加速了中国社会的半殖民地化进程。

探究问题 2：中国个人所得税制度的发展演变。

教师活动：指导学生阅读教材，结合第 97 页的史料阅读，总结中国个人所得税制度的发展演变情况，了解个人所得税对于调节个人收入和实现社会稳定的积极作用。

学生活动：在教师的指导下阅读教材，结合史料阅读整理总结中国自近代以来个人所得税制度的发展演变情况：1914 年北洋政府制定了所得税条例，但没有实施；1936 年国民政府公布了所得税暂行条例，开始征收个人所得税；新中国成立后，在计划经济体制下，没有征收个人所得税；1980 年，全国人大通过了《中华人民共和国个人所得税法》，我国的个人所得税制度正式确立；经数次修订，我国的个人所得税制度更加符合社会发展实际。结合教材认识到，个人所得税对于调节个人收入，实现社会稳定发挥了积极作用。

【设计意图】通过这一环节的教学，一方面增强学生自主学习的能力，另一方面使学生理解个人所得税的积极意义，树立积极主动纳税的意识，培养家国情怀的核心素养。

3. 课堂小结

通过本课的学习，使学生了解了下列知识：中国古代赋役制度的发展演变历程及趋势，中国关税制度的发展演变及近现代以来关税自主权从丧失到实现自主的变化，个人所得税制度的不断发展完善的历程；培育了学生自主归纳概括信息的能力，涵养了史料实证、历史解释、唯物史观等核心素养，构建了完整的知识体系。

4. 板书设计

中国赋税制度的演变

一、中国古代赋役制度

（一）秦汉时期：田租、人头税、徭役

（二）隋唐时期：租庸调制到两税法

（三）宋元时期：募役法、科差

（四）明清时期：一条鞭法到"摊丁入亩"

二、关税与个人所得税制度

（一）关税制度

（二）个人所得税制度

第16课 中国赋税制度的演变
（示例二）

教学示例：贵阳市第一中学　陆贵湘
指导教师：贵阳市第一中学　杨　华

一、课程标准

了解中国古代赋税制度的演变；了解关税、个人所得税制度的产生及其在中国的实行。

二、教学设计示例

（一）教学目标

通过了解中国古代赋役制度的演变历程，分析中国古代赋役制度变革原因、演变趋势、特点、影响，培养学生的时空观念和唯物史观核心素养。

通过了解关税、个人所得税制度在中国的产生、实行、作用，培养学生史料实证和历史解释的核心素养。

通过了解关税自主权从丧失到收回的曲折历程，对学生进行历史责任感和爱国主义的培养；从个人所得税制度发展历程中，培养公民依法纳税的意识，培养学生家国情怀的核心素养。

（二）教学重难点

教学重点：了解中国古代赋役制度的演变，了解关税、个人所得税制度的产生及其在中国的实行。
教学难点：中国古代赋役制度演变的规律、特点、影响，赋役制度变革与国家政权建设的关系。

（三）教学设计示例

1. 导入新课

材料1　世界上只有两件事是不可避免的，那就是税收和死亡。

——本杰明·富兰克林

赋税是政府机器的经济基础，而不是其他任何东西。

——马克思

设问：这两句跟税收有关的名人名言说明了什么问题？

【设计意图】通过两句跟赋税有关的名人名言导入本课内容，告诉学生"赋税是我们今天生活中不可或缺的一部分，也是国家政权的主要经济支柱"，直接切入本课主题"赋税——国家政权建设、运行的重要保障"。

过渡：赋税制度古已有之，它关乎着国家政权的安宁、社会经济的发展。让我们一起探讨从古至今中国赋税制度的演变，及其与国家政权建设的关系。

2. 学习新课

学习任务一　中国古代的赋役制度

探究问题1：结合教材，指出中国古代赋役制度的一般内容。中国古代赋役制度经历了怎样的演变？其发展演变的趋势和影响如何？

学生活动：阅读教材归纳。

教师活动：指导学生归纳整理并完成表格填写。

中国古代赋役制度：主要包括税和役。

税：户税——以户为依据的财产税，即是"调"。

田赋——也叫田租，历代封建政府以田亩为征收依据的土地税。

丁税——也叫人头税，历代封建政府征收的以人丁为依据的人头税。

杂税——名目繁多，各朝有变化。

徭役：以成年男子为依据，为封建国家无偿从事劳动的劳役。包括力役、兵役、杂役。

学生阅读教材，列表（表5-3）梳理中国古代赋役制度演变的历程。

表5-3 中国古代赋役制度演变表

时期	赋役制度
先秦	
秦汉	
隋	
唐	
宋	
元	
明	
清	

过渡：秦汉、隋唐、明清时期，中国古代赋役制度出现重大变革发展，这几个时期赋役政策的变革与当时国家政权统治、经济发展、社会安定问题紧密相关。

学生活动：阅读材料分析。

教师活动：引导学生分析。

材料2　（始皇）收泰半之赋（泰半：三分之二），发闾左之戍。男子力耕不足粮饷，女子纺绩不足衣服。竭天下之资财以奉其政，犹未足以赡其欲也。海内愁怨，遂用溃畔（叛）。

——《汉书·食货志》

材料3　（汉高祖）约法省禁，轻田租，什五而税一……文帝即位，躬修俭节，思安百姓……。后十三岁，孝景二年（汉景帝），令民半出田租，三十而税一也。……至武帝之初七十年间，国家亡（无）事，非遇水旱，则民人给家足，都鄙廪庾尽满，而府库余财。

——《汉书·食货志》

材料2反映了秦始皇统治时期赋税徭役沉重，极大破坏生产，百姓生活困苦；材料3反映了汉朝统治者减轻农民负担，赋税较轻，使天下富足安定。

统治者加重赋税，则百姓负担沉重，社会生产遭到破坏，人民贫困劳累，经济停滞，会导致阶级矛盾尖锐，社会动荡甚至危及统治；统治者减轻赋税，则农民安心生产，社会安定，经济得到发展，社会财富也相应增加，有利于巩固统治。

学生活动：阅读材料4—7分析。

教师活动：引导学生分析。

材料4　赋役之法：每丁岁入租粟二石。调随乡土所产，绫绢絁各二丈，布加五分之一。输绫绢絁者，兼调绵三两；输布者，麻三斤。凡丁，岁役二旬。若不役，则收其庸，每日三尺。

——《旧唐书·食货志上》

材料5　"……计州县每岁所应费用及上供之数而赋于人，量出以制入。户无主客，以现居为簿，人无丁中，以贫富为差。为行商者，在所州县税三十之一，使与居者均，无侥利。居人之税，秋、夏两征之。其租庸调、杂徭悉省。

——《资治通鉴》

材料6　总括一州县之赋役，量地计丁，丁粮毕输于官。一岁之役，官为佥募。力差，则计其工食之费，量为增减；银差，则计其交纳之费，加以增耗。凡额办、派办、京库发需与存留、供亿诸费，以及土贡方物，翻并为一条，皆计亩征银，折办于官，故谓之一条鞭法，立法颇为简便。

——《明史·食货志》

材料7　雍正初，令各省将丁口之赋摊入地亩，输纳征解，统谓之地丁。先是康熙季年，四川诸省已有行之者，至是准直隶巡抚李维均请，将丁银随地起征，每地赋一两摊入丁银二钱二厘。……自后丁徭与地赋合而为一，民纳地丁之外，别无徭役矣。

——《清史稿·食货志》

材料4体现租庸调制。其特点：按丁征税，交纳实物，以庸代役。影响：保障了国家的赋税，保障了农民的生产时间，有利于社会经济的稳定发展；但是随着均田制的破坏，土地兼并加剧，租庸调制也宣告失败。

材料5体现两税法。其特点：财政原则——量出制入；课税主体——不区分主户和客户，一律以当时居住地登入户籍，缴纳赋税；课税标准——不再按丁口征税，改为按财产征税；纳税期限——每年分夏秋两季征收。影响：按土地和财产多少征税，改变了以人丁为主的征税标准，封建政府对农民的人身控制有所放松，农民的负担相对减轻；贵族官僚和商人都要纳税，增加了政府财政收入。

材料6体现了明朝一条鞭法。影响：在清查土地和丁产的基础上实行，扩大了纳税的承担面，一定程度上起到均赋均役的作用，也保证了国家的财政收入。取消了力役，农民的人身依附关系有所松弛，为工商业的发展提供了丰富的劳动力资源。简化了税制，使收入更加稳定可靠，在一定程度上也限制了贪污腐败，中饱私囊。赋役征银，有利于商品经济的发展和社会稳定。

材料7体现了清朝摊丁入亩。影响：摊丁入亩完成了我国历史上赋与役的合并，即人头税归并于财产税的过程；封建人身依附关系进一步减弱，生产力得到某种程度的解放。雇佣关系有所发展，这是生产关系的一个重大变革，有利于资本主义萌芽发展；摊丁入亩后，赋役负担比以前平均合理；地丁合一后，简化了征收手续，有利于财政收入的稳定。

教师活动：组织学生讨论，运用唯物史观思考：中国古代赋役制度变化的趋势、原因和影响。

学生活动：学生讨论、思考，整理出答案。

①中国古代赋役制度演变的趋势。

征税标准：由以人丁为主逐渐向以田亩为主过渡。

赋税品种：由繁到简，税种减少。

征税方式：由实物地租逐渐向货币地租发展。

征税时间：由不定时逐渐发展为基本定时。

人身控制：封建国家对农民的人身控制逐渐松弛。

②中国古代赋役制度变化的原因。

生产力、商品经济的发展。

维护统治、缓和社会危机。

农民反抗斗争，统治者吸取历史教训。

③中国古代赋役制度变化的影响。

推动生产力进步，有利于经济恢复、发展。

增加财政收入，缓和矛盾，巩固统治。

一定程度上抑制土地兼并，减轻农民负担，调动农民生产积极性，促进社会经济发展。

农民人身依附关系松弛，为商品经济发展创造了必要条件，促进了明朝中后期资本主义萌芽的出现。

【设计意图】第一个子目是本课的重难点，先通过学生自主学习简单梳理中国古代赋役制度演变的主干脉络，形成一个简单的知识整体框架，以落实时空观念素养。然后通过选择的七个材料来突出秦汉、隋唐、明清时期重要的赋役制度变革问题，以落实唯物史观、历史解释核心素养的培养，实现本课重难点内容的深度学习。选秦汉时期是因为这个时期是我国封建时代赋役制度形成的一个重要奠基和转型期，能和先秦时期的生产力水平、土地制度、赋役制度的起步形成对比。选隋唐时期是为了突出唐朝初期租庸调制变化到两税法的发展。选明清时期是为了突出明朝的一条鞭法到清朝摊丁入亩赋税制度的变革。最后指导学生对赋役制度的演变趋势、变化原因和影响等问题做出规律性的分析总结，以拔高本课内容学习的高度。在探究过程中锻炼学生合作能力，充分发挥学生的主观能动性，落实核心素养目标。

学习任务二　关税与个人所得税制度的起源与演变

探究问题2：中国关税主权"自主—丧失—收回—发展完善"的艰难历程和个人所得税制度的演变。

学生活动：阅读教材、材料并结合所学知识分析。

教师活动：引导学生分析。

材料8　教材第95页历史纵横。

材料9　洋货入中国，则输半税；土货出外洋则加重征。资本纵相若，而市价则不相同。洋货可平沽而土货必昂其值，颠倒错综，华商安得不困，洋商安得不丰？

——郑观应《盛世危言》

材料10　1949年10月，中央人民政府设立海关总署，统一管理全国海关。1950年4月，中央又公布了相关的法律法规，同时，政务院颁布了《中华人民共和国海关进出口税则》及其实施条例，对原来维护帝国主义利益的半殖民地半封建性质的东西一律予以废除，旧海关得到彻底改造，成为名副其实的人民的新海关，实现了"把中国大门的钥匙放在自己的口袋里"的目标。

——《党史上的今天·中央人民政府海关总署成立》

在学生分析上述材料的基础上教师小结，中国近代关税自主权丧失的危害：经济方面，便利列强向中国倾销商品，中国传统经济遭到冲击；鸦片战争后国门大开，关税起不到保护本国产业的能力，自然经济受到冲击，资本主义萌芽被破坏。一些行业甚至遭到毁灭性打击。政治方面，破坏了国家主权，加深了中国的半殖民地化程度，中国国际地位下降。认识：关税自主权是一个独立主权国家重要的经济主权；关税政策是保护本国工商业的重要手段；适应时代需求的关税政策促进国民经济发展。

新中国成立后迅速收回了关税主权（贸易主权）。意义：是新中国独立行使主权的象征，有利于新中国经济的发展；有利于巩固新生的人民民主政权。

【设计意图】梳理中国关税制度的发展演变历程，并结合相关材料来认识关税对于一个国家的重要作用。要认识到近代以来中国关税自主权从"丧失—收回—发展完善"背后折射出的国家统治状况问题，以培养学生的历史解释和家国情怀核心素养。

学生活动：阅读教材梳理近现代中国个人所得税的起源与演变。结合材料9分析征收个人所得税的现实意义。

教师活动：引导学生分析。

材料11　第二条下列各项个人所得，应当缴纳个人所得税：

（一）工资、薪金所得；

（二）劳务报酬所得；

（三）稿酬所得；

（四）特许权使用费所得；

（五）经营所得；

（六）利息、股息、红利所得；

（七）财产租赁所得；

（八）财产转让所得；

（九）偶然所得。

——《中华人民共和国个人所得税法》(2018年修正)

意义：是深化改革、促进可持续发展、构建和谐社会的客观要求，调节国民个人收入，有利于缓解财富两极分化；有利于缓解社会矛盾，实现社会的稳定；有助于培养和增强公民的纳税意识。

【设计意图】从人们日常生活变化上去认识关税制度的重要性，运用所学知识来理解近代以来关税制度演变发展的时代因素。借用政治课相关知识结合教材内容，理解我国个人所得税制度的发展。从而对学生进行历史解释和家国情怀核心素养的培养。

3. 课堂小结

在国家制度的发展和社会治理过程中，赋税制度是非常重要的一个国家管理制度。由于经济基础决定上层建筑，上层建筑又反作用于经济基础。所以，从古至今赋税制度的实施取决于社会经济发展的状况。中国古代封建社会政权以君主专制为核心，以小农经济为基础，这决定了封建社会赋税制度的制定是建立在对广大劳动人民的沉重剥削基础之上。新中国成立以来，党和国家在赋税制度的制定上则以经济建设为中心，从民生出发，以为人民谋福利为根本目的。总之，无论是古代还是现代，赋税制度制定关系着国家的安定、经济的发展，是国家政权建设、运行的重要保障。

4. 板书设计

中国赋税制度的演变

一、中国古代的赋役制度

（一）中国古代赋役制度的演变

1. 秦汉时期的赋役制度

2. 隋唐时期的赋役制度

3. 宋元时期的赋役制度

4. 明清时期的赋役制度

（二）中国古代赋役制度演变的趋势

（三）中国古代赋役制度变化的原因

（四）中国古代赋役制度变化的影响

二、关税与个人所得税制度的起源与演变

（一）关税制度的产生、曲折、完善

（二）个人所得税制度的形成和演变

第六单元

北京师范大学贵安新区附属学校／周抒艳

基层治理与社会保障

一、单元主题为"基层治理与社会保障"

本单元主题由中国古代与世界主要国家的基层治理与社会保障两部分组成。基层治理是国家治理的有机组成部分和重要基础；社会保障是国家、政府以及社会对民众尤其是弱势群体提供的保证其基本生活权利的制度。两者共同构成了国家制度和社会治理的演进重要内容之一。

为更好地达成课程标准要求，即学生通过本单元的学习，了解中国古代赋役征发为首要目的的户籍制度，以及有代表性的基层管理组织；知道中国古代王朝在社会救济和优抚方面采取的重要措施。知道西方主要国家基层治理的特点及其由来；了解现代社会保障制度的产生及其实行情况。主题内容分别从两个方面展开，第一方面，中国古代的基层治理与社会保障主要体现在中国古代户籍制度的演变、基层组织与社会治理、社会救济与优抚政策；第二个方面，世界主要国家的基层治理和社会保障主要介绍西方主要国家基层治理的历史与特点，以及现代社会保障制度的建立与发展，包括我国具有中国特色的社会保障制度。

二、单元内容结构

本单元共由两课组成，第17课以中国古代为重点，又分别以中国古代历代户籍制度、基层治理、社会救济与优抚政策演进为横向坐标轴，以征发赋役和维护社会稳定为国家治理目标为纵向坐标轴，共同呈现了中国古代基层治理与社会保障的历史发展脉络。第18课以世界范围为视角，分别概述了西方国家基层治理的主要特点、现代社会保障制度的建立与发展。两课设计的有机结合，共同构建了无论是中国、还是世界主要国家在基层治理和社会保障的发展历程都为人类社会国家制度和社会治理的发展进程做出重大贡献。

本单元有四个学习要点：一是古代政府管理户籍的根本目的是掌握人口变动情况，以便征发赋役。二是封建时代基层组织的任务是征发赋役和维护稳定。三是历代社会救济主要由政府实施。宋朝以后，宗族、慈善组织的作用逐渐增大。四是基层自治是西方国家基层治理的主要特点；社会保障制度的建立和完善促进了社会的稳定和发展。

三、单元导语解读

本单元讲述的是，中国古代的基层治理以户籍管理与基层组织构建为基础，户籍的编制与管理一般以基层组织为单位进行，既保证赋役征发，也维护社会稳定。中国古代的社会保障主要由政府主导，社会参与。在封建社会后期，宗族及社会公益性组织的作用越来越大。西欧中古时期的基层治理以庄园和城市为中心，近代以来也一直强调基层自治现代发达国家基本构建起了完善的社会保障体系，保证了社会的稳定与发展。中国也逐渐建立起了具有中国特色的社会保障制度。

本单元导语分为两个部分。第一部分从古代中国与世界主要国家两个角度进行概述，中国古代的户籍编制和管理一般以基层组织为单位进行，既保证赋役征发，也维护社会稳定。中国古代的社会保障主要由政府主导，社会参与。在封建社会后期，即宋代以后宗族与社会公益组织的作用越来越大。世界主要国家的角度，主要介绍西欧中古时期的管理以庄园和城市为中心，近代以来一直强调基层自治；在社会保障方面，现代发达国家基本构建了完善的社会保障体系，保证了社会的稳定与发展。中国也逐渐建立起了具有中国特色的社会保障制度。第二部分为学习本单元的学业内容要求，即了解中国古代以赋役征发为首要目的的户籍制度，以及有代表性的基层管理组织；知道中国古代王朝在社会救济和优抚方面采取的重要措施；知道西方主要国家基层治理的特点及其由来；了解现代社会保障制度的产生及实行情况。其中，前两个学习要点在本单元的第17课讲解，后两个学习要点在本单元第18课讲解。

本单元教学建议，在教学过程中，教师要根据学业目标的要求，运用历史教学资源，培养学生的历史核心素养和关键能力。教师要注重引导学生在梳理古代的户籍制度和基层组织的基础上，使学生对中国古代的户籍制度与基层组织有整体认识与理解。在引导学生探究现代社会保障制度时，教师要引导学生在现实体验中深刻理解当代中国在推进现代社会保障制度建设上取得的巨大成就。

第17课　中国古代的户籍制度与社会治理
（示例一）

教学设计：北京师范大学贵阳附属中学　陈　波

指导教师：贵阳市第一中学　牟永良

一、课程标准及内容解读

（一）课程标准

了解中国古代以赋役征发为首要目的的户籍制度，以及有代表性的基本管理组织；指导中国古代王朝在社会救济和优抚方面采取的重要措施。

（二）课程内容导读

本课主题是"中国古代基层治理——户籍制度、基层组织与社会救济和优抚"。

中国古代户籍制度主要服务于赋役征收。战国时期开始大规模编排民户，制定户籍，到汉朝形成编户齐民制度。汉末以来战事频繁，户籍散乱，隋朝建立以后大索貌阅，重新核定户籍。宋朝户籍分主户和客户，元朝户口按职业划分，统称为"诸色户计"，世代相袭，不得变动。明朝户籍分民籍、军籍、匠籍等。清朝户籍管理相对松弛。乾隆时期下令永停编审户籍，此后政府只是按照一定的组织制度登记人口数量。中国古代的户籍编制和管理一般以基层组织为单位进行。县以下的基层组织从秦汉时期的乡里制发展到明清里甲制，主要功能在于行政区划、户籍管理与赋役征调；而在更底层民众结成了基层自我管理与监督机制，从什伍制到保甲制，主要以维护社会治安为主，二者功能各有侧重而又相互补充，共同组成有机整体。至清朝，乡里制与保甲制合一。历代的社会救济与优抚一般由政府主导，社会参与，但宋代以后宗族和社会公益组织的作用越来越大。无论是户籍制度、基层组织与治理、社会救济和优抚都是建立在中国古代以农立国基础上。户籍制度是为了最大限度地占有、并尽可能适当地组织生产、合理管理和使用土地和人民；基层组织和自我管理监督机制服务于户籍管理、催征赋役和社会治安；社会救济和优抚是为了维护小农经济下社会生产的稳定，以国家为依托和支撑。正是这一经济政治基础，使得中国古代建立起独特的基层治理和社会救济体制。

本课共有三个子目。第一子目"历代户籍制度演变"，主要讲述中国古代户籍制度从战国到明清时期的发展演变，重点介绍了不同时期户籍制度发展变化，管理逐渐松弛直至乾隆年间停止编审的历程。第二子目"历代基层组织与社会治理"，重点介绍了中国自秦汉到明清时期，历代基层县以下的行政组织——乡里制的发展变化，以及基层民众自我管理与相互监督机制的发展变化情况，最终兼具区划和户籍管理性质的乡里制与旨在维护社会治安的保甲制合一。第三子目"历代社会救济与优抚政策"，重点介绍了中国古代的社会救济制度和优抚政策的情况，突出了政府为主体、民间为辅助的救济制度，优抚老弱的优抚政策，并强调了救济和优抚的目的均在于缓和矛盾、巩固统治。

（三）辅助栏目内容解读

1. 子目一：历代户籍制度演变

（1）学习聚焦（第99页）

解读：本栏目指出了本子目学习的重点内容——中国古代官府管理户籍的根本目的是征发赋役。这就要求我们在教学中，要围绕这一目的展开教学设计。也就是在梳理历代户籍制度发展演变的前提下，重点是要指导学生认识户籍制度管理的目的在于为官府征发赋役提供人口数据和依据。由此，我们在教学中可以充分发挥学生学习的主动性，由学生自主整理历代户籍制度的基本演变情况，教师的工作主要是提炼升华，引导学生认识户籍制度变化背后的目的，以提高学生深入认识历史规律的能力，培养时空观念、史料实证、历史解释的核心素养。

（2）史料阅读（第99页）

解读：本栏目节选了《史记·萧相国世家》的一段材料，强调了萧何收集秦朝档案文书对于后来刘邦建立政权以及进行统治方面所起到的重要作用。教学中，教师可以利用这一段资料，结合教材正文，指导学生正确认识户籍制度对于国家治理的重要作用，也帮助学生更好地理解学习聚焦所指出的本子目学习的重点，培养学生史料实证和历史解释的核心素养。

（3）历史纵横（第100页）

解读：本栏目补充介绍了东晋时期的户籍制度——黄籍和白籍。黄籍登记的是南方土著，白籍登记的是从北方南渡而来侨居的州、郡、县人口。这一知识的补充，一是为本子目的思考点提供知识素材，二是为了更好地凸显本子目学习聚焦所指出的户籍管理的目的。教师在教学中要结合思考点，指导学生深入思考，既要理解东晋如此设置户籍的原因，更要理解古代政府进行户籍管理的目的所在。

（4）思考点（第100页）

解读：本栏目要求学生思考东晋和宋朝户籍制度变化背后的原因，这实际上是对本子目学习聚焦的呼应。教师可以引领学生从中国经济重心南移、宋朝不抑兼并的政策等方面入手，引导学生分析原因。再结合历史纵横和教材相关内容，进一步引导学生思考东晋和宋朝户籍制度分成不同类别的目的是什么，以此加深学生对于中国古代政府管理户籍的目的，即为政府征发赋役提供依据的理解。

2. 子目二：历代基层组织与社会治理

（1）学习聚焦（第101页）

解读：本栏目指出中国古代基层组织的主要任务是征发赋役和维护稳定，这也是在实际行使国家治理的职能。履行征发赋役职能的主要是兼具区划和户籍管理性质的乡里制，自秦汉至明清，基本沿袭，稍有变化。履行维护稳定职能的是保甲制，自秦汉时期的什伍组织到清朝的保甲制，对民众的管理与监督日益加强。到清朝时期，乡里制与保甲制合一。

（2）史料阅读（第 101 页）

解读：本栏目提供了《清朝文献通考》中关于乾隆年间更定保甲制度的史料。教学中，教师可以结合教材内容，引导学生分析这段史料，以更好地理解中国古代乡里制与保甲制合一的史实，同时也可以更好地理解中国古代基层治理的基本情况，培养学生史料实证和历史解释的核心素养。

3.子目三：历代社会救济与优抚政策

（1）学习聚焦（第 102 页）

解读：本栏目点明了本子目学习的重点——历代社会救济的主体，即以政府为主导，宋朝以后，民间组织的作用逐渐增大。教学中可以围绕这个重点内容，合理整合教材内容，突出重点，理顺逻辑，启发学生自主学习与思考。

（2）史料阅读（第 102 页）

解读：本栏目选取了《礼记·王制》和《周礼·地官·遗人》两段史料，指出了国家备荒的必要性，各级机构在储蓄与备荒中的职能。这显然是在呼应本子目的学习聚焦，既有国家在备荒中的作用，也有乡里等的作用，体现了不同主体的作用和职能。教师在教学中，可以充分利用这两段史料，帮助学生阅读分析其中所体现的不同主体的作用，以更好地理解本子目的学习重点。

（3）学思之窗（第 103 页）

解读：本栏目选取了《大明律》对救助鳏寡孤独的律条规定，要求思考古代政府为什么要以法律形式规定对贫苦无依的人群进行救助，这样的法律规定能否落实。对于第一个问题，要着重从政府的保障功能角度进行分析。古代政府进行社会治理的主要目的，是维护社会稳定，协调社会运行，缓和社会矛盾，巩固统治。因此明朝政府以法律形式规定对于贫苦无依百姓进行救助，其目的就是为了缓和矛盾，巩固统治。对于第二个问题，要从封建社会的生产力水平和阶级属性的角度进行分析。由于古代社会的生产力水平有限，无法实现进行全社会普及救助的水平，而封建统治阶级的阶级属性也注定了其不可能对人民进行全方位的、普惠性的救助，更多地表现为一种统治阶级的仁政和恩惠，因此不可能长久。教师在教学过程中，可以利用本栏目，引导学生更好地认识古代社会救助制度的本质，培养辩证认识历史的能力。

（4）史料阅读（第 103 页）

解读：本栏目选取了宋朝钱公辅的《义田记》，介绍了范仲淹在家乡设立义田救助宗族的情况。教师在教学中，可以利用这段资料，帮助学生理解古代民间救助的基本情况，作为对教材内容的补充，也是对本子目学习重点——历代救助的主体力量的深入认识。

3.探究与拓展

（1）问题探究（第 104 页）

解读：本题要求学生谈一谈为什么古代对下层贫苦无依的人民进行救济是"仁政"之始。解答这一问题，需要结合儒家"仁"的思想来理解。儒家的仁，强调爱人，所谓"仁者爱人"，作为统治者，对贫苦无依的人民进行救济，正是对儒家这一思想的践行，对于缓和社会矛盾，稳定统治秩序，具有莫大的作用。教学中，教师结合对这一问题的分析，可以帮助学生理解古代救济制度的本质，培养史料实证和历史解释的核心素养。

（2）学习拓展（第104页）

解读： 本拓展要求学生查阅族规家训及相关研究著作，了解宗族在古代基层社会治理中的作用。教师可以在有条件的情况下，安排学生进行搜集和整理，在课堂上进行分享交流。重点关注的是族规家训的作用，比如和谐宗族和乡里、凝聚人心、代替政府进行社会教化等等方面，均有不可替代的作用。

二、教学设计示例

（一）教学目标

通过梳理历代户籍制度的发展演变，理解古代政府管理户籍的主要目的，提高治理和概括历史信息的能力，培养学生时空观念、史料实证的核心素养。

通过整理教材关于历代基层组织和社会治理的相关内容，理解其治理功能，掌握其演变趋势，培养学生唯物史观、历史解释的核心素养。

通过史料解读和知识梳理，了解古代社会救济和优抚政策的基本史实，理解救济的主体和目的，培养学生唯物史观、史料实证的核心素养。

（二）教学重难点

教学重点：中国古代的户籍制度和基层管理组织。

教学难点：中国古代的户籍制度与赋役制度、基层组织的关系。

（三）教学设计示例

1. 导入新课

指导学生阅读本课导言和图片，了解南京玄武湖黄册库的基本情况，帮助学生认识到中国古代户籍制度是国家的命脉，政事的根本。征兵、征税、劳役、社会治理、封建教化、官吏考核都离不开它。特别是赋役征发，如何合理地调配和利用资源，维系国家的运行和发展，其主要依据就是户籍制度。在此基础上，导入本课的教学和学习。

【设计意图】利用导言的内容，可以迅速将学生的注意力聚焦到本课的学习主题——中国古代基层治理上来，直击主题，简单明了，同时也为学习第一子目奠定思维基础。

2. 学习新课

学习任务一　历代户籍制度演变

探究问题1：战国至秦汉时期的户籍制度演变。

教师活动：引导学生阅读教材内容，分析史料阅读和教师提供的历史材料，了解中国户籍制度的起源以及秦汉时期户籍制度的基本情况，初步认识封建政府编制户籍的目的是掌握人口变动情况，以便征发赋役。

学生活动：阅读教材第99页内容和教师提供的材料，了解先秦至秦汉时期户籍制度的基本内容，在此基础上，初步认识封建政府编制户籍的目的所在。

材料1　西周时期，我国便有了一套户口管理与户口统计制度，但户籍制度原始而简陋。春秋战国时期，以成年男子自立为户的小农家庭为基础的新的社会格局形成，"以户定籍"的户籍逐步确立。

——陈锋、张建民主编《中国经济史纲要》

材料2　汉代继承了秦朝的全民户口登记制度，将全国的地主、自耕农、雇农、佣工、商人，全部编入国家的户籍，被正式编入政府户籍的平民百姓称为"编户齐民"……"齐，等也，无有贵贱，谓之'齐民'，若今言平民矣。"故所有编入户籍的大汉居民，具有平等的权利与义务。其中最重要的义务是向国家提供赋税与徭役……"编户齐民"的出现，可以看成是时代的进步，因为编户齐民意味着将国民从隶属于贵族的人身依附状态中释放出来。

——吴钧《户籍上的中国》

根据教材内容，结合材料1，了解中国户籍制度起源的情况：商朝已经有了人口登记的制度，目的是征集士兵；西周有了一套户口管理与统计制度；春秋战国时期逐步确立"以户定籍"的户籍制度；国家大规模编排民户，制定户籍，始于战国时期。

根据教材内容，结合第99页史料阅读和材料2，总结秦汉时期户籍制度情况：秦朝户籍实行分类登记制度，除一般百姓的户籍外，还有宗室贵族的宗室籍，官吏的宦籍，商贾的市籍等；汉朝由丞相主管全国户籍工作，各级地方政府也均有专门人员主管户籍；户是政府征派赋役的单位，百姓编户入籍后，便成了封建国家的"编户齐民"；政府为掌握人口，会定期进行人口调查；东汉末年，战事频繁，人口流动加剧，户籍散乱。

【设计意图】通过梳理教材知识，阅读分析历史史料，使学生对教材内容有更加完整深入的认识，形成系统完整的知识结构。同时，也使学生初步了解到中国封建国家编制户籍的目的是转发赋役，从而提高学生深入认识历史现象的能力，培养史料实证和历史解释的核心素养。

探究问题2：东晋至隋唐时期的户籍制度。

教师活动：引导学生阅读历史纵横，结合教材内容，了解东晋时期户籍制度分为黄籍、白籍的原因；根据教材内容，了解隋唐时期户籍制度的变化，以进一步理解封建政府编制户籍的目的。

学生活动：在教师的指导下，阅读分析历史纵横，思考东晋时期将户籍分为黄籍和白籍的原因：由于魏晋时期北方战乱频繁，北方人口大量南迁，需要重新编订户籍，故而政府将南方土著居民以黄籍登记，北方南迁人口以白籍登记；后来为了增加赋役，将白籍人口土著化，以承担赋役。通过阅读教材，结合教师的讲述，了解隋唐时期户籍制度的情况，尤其是了解隋朝"大索貌阅"的情况。所谓"大索"就是清点户口，并登记姓名、出生年月和相貌，目的在于找出隐匿人口；所谓"貌阅"，则是将百姓与户籍上描述的外貌一一核对，目的在于责令官员亲自当面检查年貌形状，以便查出那些已达成丁之岁，而用诈老、诈小的办法逃避承担赋役的人。通过检查，大量隐漏户口被查出，增加了政府控制的人口和赋税收入。唐承隋制，管理更严，户籍三年一造。

【设计意图】通过上述教学活动，一方面使学生了解东晋至隋唐时期中国户籍制度演变的情况，另一方面使学生进一步认识到封建政府编制户籍的目的就是加强对社会的控制，以征发赋役，从而培养学生的时空观念、历史解释核心素养。

探究问题3：宋元时期的户籍制度。

教师活动：指导学生阅读教材，整理总结宋元时期户籍制度的基本内容，结合思考点分析宋朝户籍分主户与客户的原因。

学生活动：在教师的指导下，整理总结教材相关内容，总结宋朝、元朝的户籍制度相关内容。结合思考点和教材内容，分析宋朝户籍分为主户和客户的原因：宋朝实行不抑兼并的经济政策，导致土地兼并严重，大量农民失去土地沦为佃户，在户籍上就成为客户；还拥有土地的农民就成为主户。承担国家赋役的主体是主户。到北宋中期，主户占总人口的比例上升，相应的承担国家赋役的人口数也上升了。结合教材内容整理元朝户籍制度内容：元朝户籍按职业分为军户、民户、匠户、站户等，统称为"诸色户计"，一旦定籍，世代相袭，不得变动，体现出国家对户籍管理极为严格。

【设计意图】通过本环节的学习，一方面帮助学生掌握宋元时期户籍制度的基本内容，构建完整的知识体系，另一方面培养学生结合时代背景分析历史现象的能力，理解史事之间的内在逻辑关系，形成历史整体认知。

探究问题4：明清时期的户籍制度。

教师活动：指导学生阅读教材，整理明清时期户籍制度变化的情况。

学生活动：阅读教材，整理分析明清时户籍制度的变化，尤其是清朝的变化。明朝户籍继承元朝以职业定户籍的做法，户籍分为民籍、军籍、匠籍等，以里甲为基础编制。清朝时期，由于政府的赋役越来越倾向于向土地摊派，户籍管理相对松弛；1712年，康熙帝规定以前一年的丁银作为定额，不再增加，所谓"滋生人丁，永不加赋"，户籍的作用大为削弱；雍正时期，将丁银分摊到田亩中，即"摊丁入亩"，封建政府对农民的人身束缚进一步减弱；乾隆年间，谕令户籍停止编审，中国古代的户籍制度与赋役制度彻底隔断。

【设计意图】通过整理教材知识，使学生掌握基本的知识点，构建起完整的关于中国古代户籍制度演变的知识结构，同时为后续分析古代户籍制度演变的趋势做知识上的准备。

探究问题5：中国古代户籍制度演变的趋势。

教师活动：指导学生阅读材料，结合教材的相关知识，分析总结中国古代户籍制度演变的趋势。

学生活动：阅读材料3，结合教材相关内容，分析总结中国古代户籍制度演变的历史趋势。

材料3　户籍制度萌芽于商朝，据殷商墟卜辞中记载商朝已经有了征派民力共耕公田的籍田之制。战国时期，商鞅将户籍制度发展为"什伍连坐"法。两汉时期，口赋和算赋（人头税）是国家财政收入的一项主要来源，兵役与徭役则是国家要求每个丁男承担的重负，为此，两汉政权一直实行编户齐民制度。编户齐民制度的形成与完善，使大量的人丁民户时时处在封建国家政权的直接控制之下。唐安史之乱后，为了解决危机，唐政府改革征税制度，不以户籍及其登记内容而以土地和财产的多寡为征税依据。明洪武年间，政府进行了全国范围的土地清丈和地籍整理运动，编制鱼鳞图册，地籍与户籍彼此独立。万历年间，张居正推行一条鞭法，使身丁税与户籍相分离。从此，地籍便成为统治者征收赋税的主要依据，而户籍的作用则退居其次了。清政府下令彻底废除人丁编审，户籍管理制度正式退出历史舞台。

——《中国户籍制度的历史考》

通过阅读上述材料，总结出中国古代户籍制度演变的趋势：传统户籍制度不断调整、逐渐被废除；由户籍制度与土地、赋役紧密结合到与土地和赋税制度逐渐分离；户籍制度下人身依附关系逐渐减弱。

【设计意图】通过上述学习过程，既能帮助学生深入理解和掌握教材知识，建构更加完整的知识体系，把握历史发展的内在逻辑线索，又可以提高学生阅读分析历史材料，提炼概括材料信息的能力，同时培养史料实证、历史解释、唯物史观等核心素养，更有利于实现立德树人的教育目标。

学习任务二　历代基层组织与社会治理

探究问题6：中国古代基层组织和社会治理的发展演变。

教师活动：指导学生阅读教材，指出中国古代存在以赋役征发为主的基层管理体制和相对更强调治安、自治互保的基层民众的自我管理与监督机制。要求学生自主总结二者发展演变的历程，梳理主要的知识点，形成完整的演变线索。

学生活动：按照教师的要求自主阅读教材，总结梳理中国关古代基层组织和社会治理体制的演变历程。

基层管理组织的演变：秦汉时期——县下设乡和里，乡设三老，掌教化；设啬夫，掌狱讼、赋税；设游徼，掌捕盗。里设里正。唐朝——以百户为里，五里为乡，城内设坊，郊外设村，设里正、坊正、村正。明朝——实行里甲制，十户为一甲，一百一十户一里，设立首、里长。

基层社会治理体系的演变：秦汉时期——什伍组织，以五家为伍，十家为什，百家为里，互相监督。唐朝——邻保制度，以四家为邻，五邻为保，彼此之间相互监督。北宋——保甲制，源于唐朝的邻保制度。明朝——十家牌法，十家总编为一牌，开列各户姓名，由十家轮流收掌，每日沿门按牌察看动静。清朝——初期实行里甲制，后来改而推行编制严密的保甲制，以十户为牌，设牌长；十牌为甲，设甲长；十甲为保，设保长。至此，兼具区划和户籍管理性质的乡里制与旨在维护社会治安的保甲制合一。

【设计意图】本环节教学的主要目的是培养学生自主学习的能力，增强自主获取和整理信息的能力，自主构建知识体系的能力。

探究问题7：中国古代基层治理的发展趋势。

教师活动：指导学生阅读材料，分析总结中国古代基层治理发展演变体现的趋势。

学生活动：在教师指导下，阅读分析材料，总结中国古代基层治理发展演变的趋势。

材料4　古代中国在数千年的历史中，乡村治理模式屡经变迁，经历了几个较为明显的历史阶段。战国时期，郡县制在各国推行后，乡、里成为基层组织，秦汉时期乡里制度则逐步成熟，它既发挥基层政权的作用，又带有半自治的性质。隋唐两宋时期，处于由乡里制到保甲制、乡官制到职役制的转折时期，乡的基层官吏的人员数量比此前大为减少，乡官权力也在逐步弱化。这一阶段乡和里的地位逐渐沦落，乡里自治功能逐步弱化，官方的控制与统治逐步增强。第三阶段是从王安石变法至清代，乡里制度转变为职役制，治权所代表的官治体制从乡镇退缩到县一级，县为基层行政组织，县以下实行以代表皇权的保甲制度为载体，保甲对乡里的控制更加严密，乡村自治的色彩越来越弱。

通过阅读分析上述材料，提炼关键信息，总结概括出中国古代基层治理发展演变的趋势：由乡里制向保甲制转变；由乡官制向职役制转变；国家对乡村治理的干预和控制逐步增强，乡村自治功能逐步减弱。

【设计意图】通过这一环节的教学，一方面增强学生自主阅读分析材料，提炼概括信息的能力，另一方面使学生深入地认识中国古代基层治理的体系构成和演变趋势，培养时空观念和历史解释的核心素养。

学习任务三　历代社会救济与优抚政策

探究问题8：中国古代的社会救济。

教师活动：指导学生阅读材料，结合史料阅读，总结中国古代社会救济的目的，救济的主体，救济的内容等，并了解政府救济和民间组织救济的不同侧重点。

学生活动：在教师指导下阅读教材，整理基础知识点。结合史料阅读，分析总结中国古代进行社会救济的主体及其职责，并总结政府和民间组织进行社会救济的不同侧重点。

中国古代社会救济的目的是通过为民众提供一定的生活保障，以保证人口繁衍和正常生产活动的进行，有利于维护统治。社会救济的主体是政府，民间组织处于辅助地位。

政府救济：汉朝建立常平仓制度，积谷备仓，调节粮价。隋唐时期，隋文帝置仓积谷，预防荒年；鼓励民间自置义仓；官仓救大灾，义仓防小灾。

民间救济：宋朝设立义田、义学、义宅、义冢等族产。明清时期慈善组织开始兴起，出现了善堂、善会等慈善机构。

侧重点：政府救济重点在救灾，核心在于保证粮食供应，或直接实施赈济，或鼓励各地余粮向灾区流通，同时还会疏导和安置流民，鼓励民间富户救济灾民。社会力量的救济活动侧重于日常生活中的赈济，如收养弃婴和孤儿、接济贫民、资助贫困人口的教育、安葬无人埋葬的骸骨等。

【设计意图】通过本环节的学习，主要是让学生自主总结教材知识点，了解中国古代社会救济的主体、内容、侧重点等基本情况，构建完整的知识体系。

探究问题9：中国古代的优抚政策。

教师活动：指导学生阅读材料，结合教材学思之窗，总结中国古代优抚政策的基本内容，并结合教材思考中国古代政府以法律形式规定对贫苦无依的人群进行救助的原因，及其规定能否落实。

学生活动：在教师指导下，阅读教材，总结古代社会优抚政策的基本情况：秦汉时期——皇帝给高龄老人赐鸠杖，以示尊重；唐朝——政府设有收容贫老、孤儿和乞讨流浪人员的专门机构养病坊；宋朝——宗族内部的救助活动兴起，政府设有福田院；明清——政府设置养济院，民间兴起慈善机构。

结合学思之窗，经过合作讨论，认识到中国古代社会统治者之所以会通过法律形式来规定进行救助，主要目的是体现政府的仁政，以此缓和社会矛盾，巩固统治。这就注定了其做法不会长久，也不会真正长期化。

【设计意图】通过本环节的学习，主要是让学生自主总结教材知识点，了解中国古代社会优抚政策的基本内容，认识到优抚是政府进行社会治理、巩固统治的措施，具有明显的阶级性和时代性。

3. 课堂小结

通过本课的学习，使学生了解了下列知识：中国古代社会户籍制度的发展演变历程及趋势，中国古代基层组织与社会治理的发展演变情况，中国历代社会救济与优抚政策的基本情况。提高了阅读分析历史材料，形成历史认识的能力，和自主总结整理教材知识，构建知识体系的能力。培养了时空观念、史料实证、历史解释等核心素养。

4.板书设计

中国古代的户籍制度与社会治理

一、历代户籍制度演变

（一）自先秦到明清户籍的演变

（二）古代户籍制度演变的趋势

二、历代基层组织与社会治理

（一）秦汉至明清的基层组织与社会治理

（二）古代基层组织与社会治理体制的变化趋势

三、历代社会救济与优抚政策

（一）历代社会救济制度

（二）历代社会的优抚政策

第 17 课　中国古代的户籍制度与社会治理
（示例二）

教学设计：北京师范大学贵安新区附属学校　杨　旭
指导教师：贵阳市女子职业学校　王　辉

一、课程标准

　　了解中国古代以赋役征发为首要目的的户籍制度，以及有代表性的基层管理组织；知道中国古代王朝在社会救济和优抚方面采取的重要措施。

二、教学设计示例

（一）教学目标

　　了解历代户籍制度和基层组织的演变，认识中国古代的户籍制度与社会治理所处的特定时空背景和阶段特征。

　　通过运用相关历史图片和史料分析，了解中国古代王朝在社会救济和优抚政策方面采取的重要措施，认识中国古代社会救济的特点和作用。

　　通过学习中国古代历代户籍制度的演变、有代表性的基层管理组织以及社会救济与优抚的重要措施，认识中国古代国家基层治理与社会保障的智慧结晶，增强国家和民族认同，涵养学生家国情怀。

（三）教学重难点

　　教学重点：中国古代户籍制度和基层组织的演变和特点，社会救济和优抚政策的措施。
　　教学难点：认识中国古代基层治理与社会保障的特点。

（四）教学设计示例

1. 导入新课

　　运用本课导言材料。教师可以设置问题：根据导言材料并结合所学，思考历代王朝重视户籍制度的原因及演变。

【设计意图】通过古今历史联系和对照，使用贴近学生具体生活的素材，设置情境，并追问提出问题，吸引学生的学习兴趣，引出本课主题内容。

2. 学习新课

学习任务一　历代户籍制度的演变

探究问题1：中国古代户籍制度的演变及特点。

学生活动：阅读教材梳理从战国时期至清代，中国古代历代王朝户籍制度的发展脉络，了解历代户籍制度的演变过程。

教师活动：在学生自学的基础上，教师小结：战国时期，国家大规模编排民户，制定户籍，采取"户籍相伍"的举措加强管理。秦朝，主要对户籍管理措施实行"分类登记"方式。西汉时期，实行"编户齐民"。东汉末年，战乱频繁，户籍散乱。隋朝"大索貌阅"，将人口体貌与户籍相比较，重新核定户籍。唐代，唐承隋制，实行户籍三年一造。宋代，户籍分为主户与客户。元朝时期，按职业进行划分军户、民户、匠户、站户等，统称为"诸色户计"。明朝推行"黄册"制度。入清之后，户籍永停编审。

【设计意图】通过引导学生阅读教材和梳理历代王朝户籍管理制度的发展历程，可通过制作表格，引导学生完成自主学习和培养学生提取、归纳信息能力和时空观念。

探究问题2：为什么历代王朝都如此非常重视对户籍的编制和管理？

学生活动：阅读教材第99页历史纵横和思考点问题，以东晋和宋朝户籍制度变化为例，理解历代王朝户籍制度变化的根本目的。

教师活动：引导学生分析了解中国古代政府管理户籍的根本目的是掌握人口的变动，以便征发赋役。

【设计意图】通过运用多媒体展示教材资料，引导学生分析问题和完成自主学习，培养学生史料实证、历史解释能力。

过渡：通过学习，我们了解了历代王朝户籍制度的演变过程及变化的根本目的。赋役是国家财政的根本，而户籍是赋役征发的依据。户籍制度的编定和管理，关系到赋役征发与财政，关系到国家对社会稳定的控制。那么，我国古代户籍制度的演变过程中发现有何特点呢？

材料1　中国古代的户籍制度萌芽于商周，发展于春秋战国，至秦统一后，推行"户籍相伍""什伍连坐"、民众不得擅自迁徙，户籍制度成为加强专制与控制民众的重要手段。到隋唐时，户籍与地籍合一，户籍不仅是赋税依据，还成为地籍凭证。到了宋元时期身份户籍开始转向职业户籍，职业世袭的身份户籍充当了划分与固定社会等级的角色。明清两代大致都经历了黄册户籍到保甲户籍的转变过程，到清代实行摊丁入亩、赋役合并之时，盛行二千多年的户籍赋役制度终于废止。

——摘编自张东平《中国户籍制度的源流及法理分析》

教师活动：引导学生分析。

学生活动：阅读材料1，概括中国古代户籍制度演变的特点：户籍逐渐成为控制人口的重要手段；历史悠久，由复杂到简单；与土地和赋税制度紧密结合；户籍制度逐渐被废除。

【设计意图】通过运用多媒体展示史料，引导学生分析问题，培养学生史料实证、历史解释能力。

学习任务二　历代基层组织与社会治理

探究问题2：中国古代基层组织的演变及特点。

教师活动：户籍制度的编定和管理，可以让国家对基层的人口数量、户数等有所掌握。然而现实管理的延伸，甚至包括户籍的编制，则需要依靠基层组织来推动。那么，历代王朝设置了哪些基层组织呢？又是如何实现对基层乡村民众和乡村社会进行控制的呢？阅读教材第101页容，结合时间线索，请梳理和归纳历代有哪些代表性基层组织和具体的社会治理措施？

学生活动：阅读教材，根据要求完成自主学习活动，知道基层组织是国家治理的重要立足点。

【设计意图】通过以时间为线索，从纵向了解古代基层组织及社会治理机制，培养学生时空观念素养以及引导学生完成自主学习。

教师活动：从教材内容可知，在中国古代社会，历代统治者对于治理乡村都十分重视。秦至宋代以来，基层组织主要实行乡里制度。至明清之后，实行里甲制度。结合教材第101页"明洪武河南卫辉府汲县迁民碑"内容和史料阅读进行思考并回答问题，明清两代国家对基层进行如此编排的目的是什么？乡里制度在基层之中究竟发挥着怎样的功能呢？

材料2　"明洪武河南卫辉府汲县迁民碑"碑文内容

卫辉府汲县山西泽州建兴乡大阳都 为迁民事系汲县西城南社双兰屯居住。里长郭全、下人户一百一十户。

甲首朱五、□大、陈秀、郭大、王九、赵一、侯张□、吕九、吕八、吕十一、□祥。甲首李□、陈俊、陈麟、赵诚、牛海、陈五、陈清、朱亨、赵一、黄二、李一。

甲首□□、……甲首裴小二、……甲首李八、……甲首赵□□、……甲首何大、……甲首都忠、……甲首□□、……甲首李□、……维大明洪武二十四年仲秋月日碑记。

——《中国古代历史图谱·明代卷》

材料3　乾隆二十二年更定保甲之法：一、顺天府五城所属村庄暨直省各州县乡村，每户岁给门牌。十户为牌（奇零散处，通融编列），立牌长；十牌为甲，立甲长；三年更代。十甲为保，立保长，一年更代。士民公举诚实识字及有身家之人报官点充。……凡甲内有盗窃、邪教、赌博……聚会等事，及面生可疑、形迹诡秘之徒，责令专司查报。户口迁移登耗，责令随时报明，于门牌内改换填给。

——《清朝文献通考》

学生活动：阅读材料2、3思考，了解明清里甲制度起着户籍管理，行政区划，维护治安，自我监督与相互监督，催征赋税等作用，进一步理解封建时代基层组织的任务是征发赋役和维护社会稳定。

【设计意图】通过文物举例和史料呈现，使得学生更能容易理解明清基层编制，培养学生史料实证素养。

教师活动：展示材料4、5，引导学生概括古代乡村治理变革的基本趋势，简要分析其变革的原因，并归纳中国古代基层治理的特点。

材料4　中国古代社会，历代统治者对于治理乡村都十分重视。其乡村治理大致可以分为三个阶段，夏商周时，出现了乡里制度的萌芽。……秦汉时期实行郡县制，朝廷命官至郡县而止，其乡里制度则逐步成熟，既发挥基层政权的作用，又带有半自治的性质。……唐两宋时期。隋朝乡的基层官吏数量比此前大为减少，乡官权力也在逐步弱化。不仅从名称上统一为村，而且从法律上实施统一管理，职责完备，国家力量向基层社会进一步渗透，乡里自治功能逐步弱化，官方的控制与统治逐步增强。……至清代，乡里制度转变为职役制，保甲对乡里的控制更加严密，乡村自治的色彩越来越弱。

——摘编自唐鸣、刘志鹏《中国古代乡村治理的基本模式及其历史变迁》

材料5　在古代中国，县以下基层社会，由具有强烈自治色彩的家族、宗族、乡族等组织系列（里社保甲与行会等亦均以家族、宗族等实体组成）……成为国家末端政权的补充，起到所谓"结构——功能替代物"的作用。费正清曾说："地方长官是中央政府任命的该地唯一代表。这种表面地位造成的结果，就是地方长官只有与当地士绅头面人物的密切合作下，才能做他的工作。"

——张研、牛贯杰《清史十五讲》

学生活动：阅读材料分析。

教师活动：在学生分析的基础上，教师小结：古代中国基层治理具有自我管理与相互监督；地方自治色彩分明；宗法关系扮演了重要角色；官员治理与士绅管理相结合的特点。因此，在一定程度上，有效治理了基层地方，稳定了基层社会秩序，节省了国家财政开支，以及推动了基层经济的发展。

【设计意图】通过史料阅读，引导学生分析问题，培养学生史料实证、历史解释等核心素养。

学习任务三　历代社会救济与优抚政策

探究问题3：历代社会救济和优抚政策的重要措施及作用。

教师活动：引导学生阅读教材第101页第1、2段内容和"史料阅读"栏目内容，指出历代统治者都重视灾害救助的原因，以及历代社会救济的主体、救济重点和核心，并梳理历代政府救灾备荒的具体措施，分析历代政府救灾备荒的特点和作用。

学生活动：阅读教材，进行分析。

教师小结：古代社会生产力水平低，每逢自然灾害，人民生活缺少保障，容易发生动荡，危及统治。历代社会救济的主体是政府，民间为辅助。最核心的是保证人的生存，也就是粮食供应。因此，各朝重视备荒备粮，建立仓储制度。比如汉代的常平仓、隋唐的官仓等。

教师活动：在学生学习的基础上，教师归纳和概括古代优抚政策的特点，并从社会救济的主体、措施、解决的问题等角度，指出从宋代开始至明清时期社会救济出现的变化。根据所学，归纳和总结中国古代社会保障的特点。

学生活动：阅读教材内容，分析问题，归纳概括。

【设计意图】通过引导学生阅读教材中所提供的有效信息，培养学生有效解读材料与自主分析归纳知识的能力。

3.课堂小结

小结：中国古代户籍制度的演变、基层组织与社会治理、社会救济与优抚政策等都共同构建了中国古代的基层治理和社会保障体系。这些不同的制度和措施，并随着时代的变迁而得到沿袭和创新，蕴含了古代中国传统文明的智慧，推动了统一多民族国家的繁荣与发展。中国古代国家治理和社会保障体系丰富和完善了我国国家社会治理的手段，总结我国古代国家治理体系中有益的智慧，对当今国家治理体系、治理能力和现代化建设都有一定的借鉴价值。

4. 板书设计

中国古代的户籍制度与社会治理

一、历代户籍制度演变

1. 历代户籍制度的演变及特点

2. 中国古代户籍制度的作用及影响

二、历代基层组织与社会治理

1. 历代基层组织的演变及特点

2. 历代基层组织对基层社会治理的作用

三、历代社会救济与优抚政策

1. 历代政府救济及影响

2. 历代民间社会救济及影响

第 18 课　世界主要国家的基层治理与社会保障

教学设计：北京师范大学贵安新区附属学校　周抒艳

指导教师：北京师范大学贵阳附属中学　陈　波

一、课程标准及教材解读

（一）课程标准

知道西方主要国家基层治理的特点及其由来，了解现代社会保障制度的产生及其实行情况。

（二）教材内容导读

本课主题是西方主要国家的基层治理与社会保障。通过对西方主要国家基层治理历史发展脉络的梳理，能够总结归纳出其主要特点；通过了解近代以来西方主要国家社会保障制度的历史发展进程，包括中华人民共和国社会保障制度的建立及社会保障体系的不断完善，认识到社会保障制度与社会经济发展的一致性，理解上层建筑和经济基础的关系。

本课按照时间顺序设置了两个子目。第一子目是"西方主要国家基层治理的历史与特点"，第二子目是"现代社会保障制度的建立与发展"，两个子目分别介绍了西方主要国家基层治理的历史和现代社会保障制度建立、发展的情况。在现代社会保障制度发展的内容中涉及新中国的社会保障制度。两个子目的内容紧扣本课的主题，同时又与第 17 课内容共同服务于国家制度和社会治理这一人类社会发展的主题。

（三）辅助栏目内容解读

1. 子目一：西方主要国家基层治理的历史与特点

（1）学习聚焦（第 105 页）

解读：本栏目强调了基层自治是西方国家基层治理的主要特点。学生通过对西方主要国家基层治理历史脉络的梳理，能够理解西方国家基层治理的主要特点都不同程度地体现在基层自治上。

（2）史料阅读（第 105 页）

解读：本栏目介绍了古希腊雅典基层治理的历史。学生可以了解古雅典基层管理依靠村社大会等权力机关进行自治，对村社实施有效管理。

（3）历史纵横（第106页）

解读： 本栏目介绍了联合国对社区建设的推动，旨在帮助学生了解第二次世界大战后社区自治已成为各国基层治理的重要内容。它反映了社区居民自主管理和参与意识的加强，也是社会治理方式的变革。

（4）学思之窗（第106页）

解读： 本栏目主要介绍了英国基层治理方式的变化，即在基层社会治理中引入市场化手段。这一变化利于提高基层治理的社会化程度和效率，从而加深学生对第二次世界大战后主要资本主义国家基层治理的认识。

（5）历史纵横（第107页）

解读： 本栏目介绍了20世纪八九十年代主要西方国家社区管理的市场化改革内容，旨在帮助学生理解随着社会经济的发展，为了提高地方政府的管理效率，提高社区自治的效能，各国纷纷在社区管理中引入企业管理办法，许多公共服务将由社会和市场来提供。

2. 子目二：现代社会保障制度的建立与发展

（1）学习聚焦（第107页）

解读： 本栏目反映了近代以来社会保障制度的建立与发展。社会保障制度是国家社会治理的重要内容，促进了社会的稳定和发展，缓和了社会矛盾，巩固统治。

（2）历史纵横（第107页）

解读： 本栏目介绍了苏联的社会保障制度，利于学生了解苏联的社会保障制度更加强调政府的主导作用。

（3）思考点（第108页）

解读： 通过设问引导学生在了解中国的社会保障体系随着社会经济的发展不断完善在医疗、养老、就业、住房和教育等方面的基础上，进一步理解中国社会保障体系不断完善为广大人民群众提供了越来越多的保障，减轻了人们的后顾之忧，维护了社会的稳定，促进了国家社会经济的发展。

（4）史料阅读1（第108页）

解读： 材料提供了中共十九届四中全会于2019年10月31日通过的《中共中央关于坚持和完善中国特色社会主义制度、推进国家治理体系和治理能力现代化若干重大问题的决定》，对完善中国社会保障体系建设提出了要求的相关信息。有助于学生更为全面地了解我国在完善覆盖全民社会保障体系的制度建设。

史料阅读2（第108页））

解读： 材料提供了习近平在2021年2月25日在全国脱贫攻坚总结表彰大会上的重要讲话，通过对这一讲话内容的深入解读，有助于学生了解我国脱贫攻坚战取得全面胜利的情况。

3. 探究与拓展

（1）问题探究（第109页）

解读： 根据问题探究的材料提示，在教师引导下查阅相关材料，并引导学生分析三种模式的利弊。引导学生在分析中能够联系各国的历史和社会经济发展情况，运用唯物史观进行分析和归纳。认识到这三种模式与不同国家的地方治理方式有关，也与其历史发展有联系，体现了不同的政府对社区管理方式和干预程度的不同。学生可以就三种模式本身展开讨论，分析利弊，也可以从各国的历史发展等方面进行分析，言之有理即可。通过探究、拓展与讨论，培养学生史料实证、历史解释等核心素养。

（2）学习展拓（第 109 页）

解读：通过引导学生认真解读材料中透视出的现象，分析材料中的内容及背后的成因。引导学生从各国历史发展和具体国情出发，分析这些福利国家的高福利政策产生的影响。深入认识任何一种政策只要适应具体的社会经济或生产力的发展，就能推动社会经济或生产力的发展，否则就会起阻碍作用。因此，各国政府根据形势的变化不断调整政策是正常的。引导学生通过运用与整合《中外历史纲要（下）》第 19 课内容，深入理解第二次世界大战后，西方各国先是大力发展社会保障制度，特别是欧洲很多国家建立了福利国家，为国民提供了越来越多的福利。但是，在后来的发展中，有些国家的福利制度已经影响了国家经济发展，便不得不作出调整，力图在奖勤罚懒和保障福利两者之间保持平衡，以保证社会的稳定，促进经济的发展。北欧一些国家继续扩大社会福利，目的也是如此。本题是一道拓展题，学生在拓展知识的基础上思考问题，史论结合、言之有理即可。

二、教学设计示例

（一）教学目标

按时序梳理西方主要国家基层治理与社会保障制度的史实，了解西方主要国家基层治理与社会保障制度的历史脉络与特点，以培养学生的时空观念、历史解释的学科素养。

通过史料探究，分析西方主义国家基层治理与社会保障制度的特点，进而能够理解上层建筑与经济基础的辩证关系，有助于培养学生的唯物史观、史料实证的核心素养。

通过比较中西社会保障制度的异同，认识中国特色社会保障制度的优越性，树立制度自信、道路自信，以有助于培养学生的家国情怀素养。

（二）教学重难点

教学重点：西方主要国家基层治理的历史与特点，现代社会保障制度的建立与发展。

教学难点：西方主要国家基层治理的特点，现代社会保障制度与经济基础的关系。

（三）教学设计示例

1. 导入新课

教师展示一组图片：图片 1：黑格尔图片及其一则名言，即"一个拥有真正美的心灵总是有所作为的，并且是一个实实在在的人"；图片 2：黑格尔就读的海德堡大学图片；图片 3：黑格尔所处中世纪海德堡教堂及教士主持解除婚姻的图片。教师设问：中国有句古话"清官难断家务事"，而在中世纪时期德国海德堡的家事，例如婚丧嫁娶都有谁来论断呢？

【设计意图】以黑格尔作为学生们熟悉且又陌生的一组追问式图片作为情景切入，引导学生带着思考与学习兴趣进入课题。

2. 学习新课

学习任务一　西方主要国家基层治理的历史与特点

探究问题 1：西方主要国家基层治理的历史脉络与特点。

学生活动：根据《西方主要国家基层治理的历史脉络与特点呈现方式任务单》进行个人作品的设计；小组内组员作品分享与交流基础上完成小组优化作品；在小组优化作品展示基础上完成班级优化作品的选定。

教师活动：设计《西方主要国家基层治理的历史脉络与特点呈现方式任务单》：

①认真阅读教材第一子目。

②找出从奴隶社会到 20 世纪 80 年代这一时期中的四个阶段，并对应在每一个时期重要的代表性国家或者地区的发展概况。

③对第②项内容设计一个呈现方式。（提示：可以是时间轴、表格、图画，等等）

④作品优化：该过程分为三步，第一步学生在阅读教材文本的基础上对从奴隶社会到 20 世纪 80 年代西方主要国家基层治理的历史脉络与特点的呈现方式进行设计；第二步，小组内对组员们作品进行讨论并形成小组优化作品；第三步通过小组优化作品的展示，最终形成班级优化作品。

⑤主持人：老师。

⑥设计时间设定共 20 分钟：个人完成时间 7 分钟；小组内分享、讨论并形成优化作品，时间 8 分钟；小组优化作品展示 5 分钟。班级优化作品选定（课后完成进一步优化）。

【设计意图】

①教材里关于西方主要国家基层治理的历史与特点这一内容的介绍已经非常详实（见表 6-1），学生通过阅读可以了解文本的内容与主旨。因此，教师引导学生在这一问题的探究重心放在培养学生如何更好地对长时序历史事件进行呈现，引导学生通过不同的表现方式来理解时空观念，通过长时序历史事件的呈现以帮助学生更好地揭示历史发展的规律。例如，时间轴、表格、漫画、思维导图等方式。

②优化作品的成果展示。这个过程分为三步，第一步学生个体在阅读教材的基础上对从奴隶社会到 20 世纪 80 年代西方主要国家基层治理的历史脉络的呈现方式设计；第二步，小组内对组员们作品分享、讨论并形成小组优化作品；第三步通过小组优化作品的展示，最终形成班级优化作品。这个过程，有助于学生形成个体、小组、团队的作品分享、合作、认同的素养培养。

表 6-1 西方主要国家基层治理的历史与特点

时期	代表性国家或地区	基层单位	主要内容	特点
奴隶社会	古希腊	村社	全体成年男性构成的村社大会作为村社最高权力机关，处理与村社有关事务。	自治
封建社会	西欧	庄园	庄园主或管家管理庄园事务。	自治
		城市里的行会或商会	城市从国外或领主那里获得特许状，享有不同程度的自治；城市里的手工业者和商人组成行会或商会，即把持城市政权对城市进行治理，同时规范手工业和商人的经营活动。	自治
		基督教会	对基层治理发挥重要作用。	自治
近代	英国	1835 年颁布法律	确立英国近代自治市制度。	自治
	美国	乡镇	基本保持地方自治的传统，采用乡镇最基本的地方自治单位加强地方管理。	自治
	法国	自治市镇	形成以自治市镇为基层单位的制度。	自治
工业革命后	西欧	社区组织开始形成	随着城市人口激增，失业、贫困等社会问题出现与急需新办法的需求，把城市划分成若干小区，每个小区组织志愿者以负责或协调社区相关事务。	自治
二战后	西方各国	社区成为基层自治的主要方式	各国政府都认识到并重视，不能单靠政府，必须组织和鼓励当地居民参与，建立自下而上的机制解决社会问题。社区在政府不同程度的管理和组织下，实行居民自我管理。	自治
20 世纪 80 年代	西方国家	社区承担更多的政府职能	基层治理更加强调政府、社区和非政府组织的共同作用，但社区承担了更多的政府治理。	自治

学习任务二 现代社会保障制度的建立与发展

探究问题 2：现代社会保障制度的建立与发展对人类社会发展的作用。

学生活动：阅读教材第二子目，梳理西方现代社会保障制度发展的历程。

示例：

① 17 世纪，英国，颁布济贫法。

② 19 世纪 80 年代，德国，初步建立了社会保障制度。

③ 1935 年，美国，颁布《社会保障法》，标志着美国现代社会保障制度的最终确立。

④第二次世界大战后，资本主义国家都建成了福利国家，社会保障制度基本建立。

⑤中华人民共和国逐步建立起具有中国特色的社会保障制度

教师活动：指导学生整理教材内容。

【设计意图】通过引导学生对世界主要国家社会保障制度内容的分析，帮助学生更好了理解社会保障制度的建立和完善促进了社会的稳定和发展上发挥重大作用。

教师活动：展示材料，引导学生思考问题。

材料 1 20 世纪 70 年代中期以后，发达资本主义国家社会福利制度陷入了重重困境。随着经济全球化的蓬勃兴起与加速发展，资本可以随意跃出国界，工会对福利的任何进一步要求和政府扩大福利支出的政策都会促使资本"外逃",资本"外逃"反过来又加剧了国内的失业压力。庞大的社会福利支出用于消费,既增加了西欧国家产品的生产成本,导致这些国家在对外经济竞争中处于劣势。国民对福利的过度依赖导致工作积极性不高和劳动力市场僵化,"福利经济"培养出一批坐享其成的懒汉,诱发了长期困扰西方社会的福利道德问题。

——摘自代恒猛《全球化与欧洲"福利国家"》

①根据材料1,概括20世纪70年代以来,欧美国家福利制度带来的社会问题。

②根据材料1并结合所学知识,谈谈你对实施社会福利政策的认识。

学生活动:通过阅读材料并结合所学知识分析问题。

①20世纪70年代以来,欧美国家福利制度带来的社会问题:资本外逃,加剧国内失业压力;产品生产成本提高,削弱国家经济竞争力;劳动者生产积极性降低,不利于发挥市场经济的作用。

②认识:社会福利是一个国家文明与进步的重要标志,要加强社会福利事业建设;生产力的发展是实施社会福利措施的前提;实施社会福利有利于改善民生,稳定社会;调动全社会的福利意识,拓宽资金渠道,适度减轻政府财政负担;加强完善社会福利政策,防止懒惰行为等。

教师活动:引导学生对教材本子目思考点、史料阅读等进行探究。

学生活动:通过思考点、史料阅读和教材插图,分析问题。

①中国的社会保障体系随着社会经济的发展不断完善,在医疗、养老、就业、住房和教育等方面都得到不断发展,日益健全的社会保障体系为广大人民群众提供了越来越多的保障,减轻了人们的后顾之忧,维护了社会的稳定,促进了国家社会经济的发展。

②中共十九届四中全会通过的《中共中央关于坚持和完善中国特色社会主义制度、推进国家治理体系和治理能力现代化若干重大问题的决定》,为不断推进完善覆盖全民社会保障体系的制度建设指明了方向。

③坚决打赢脱贫攻坚战,巩固脱贫攻坚成果。易地扶贫搬迁是脱贫攻坚的一项重要工程,中共十八大以来,我国易地扶贫搬迁取得明显成效。习近平在2021年2月25日,全国脱贫攻坚总结表彰大会上所做重要讲话,证明了我国脱贫攻坚战取得全面胜利的情况。这是对世界的发展做出重大贡献。

【设计意图】①教师通过提供一则20世纪70年代欧美社会福利制度的史料,引导学生能够了解欧美社会福利制度在保障社会发展的同时,也暴露出新的社会问题,并对这一问题的出现背景进行深入探究。

②教师引导学生对教材第107页思考点、第108页史料阅读等的探究,有助于帮助学生更加全面而深入地理解,新时代中国特色社会主义建设社会保障体系建立的发展历程,加深社会保障体系的完善对新时代中国特色社会主义建设发挥的重要作用,同时体现了社会主义制度的优势,增强制度自信。

3. 课堂小结

本节课通过了解西方主要国家基层治理的历史发展脉络和表现,以及现代社会保障制度的建立与发展,深入探究了西方主要国家基层治理的历史与特点。特别是深入理解上层建筑和经济基础的关系。认识到基层治理作为上层建筑的重要内容,是由特定的经济基础所决定。

4. 板书设计

世界主要国家的基层治理与社会保障

一、世界主要国家基层治理发展历程

①奴隶社会时期：以古希腊为例主要采用的是村社

②封建社会时期：西欧主要方式是采用庄园、城市、基督教会的治理方式

③近代社会：以英国为例采用近代自治市制度；以美国为例采用自治市镇

④工业革命时期：近代西欧民族国家里社区开始形成

⑤二战后：西欧各国社区成为主要基层治理方式

二、世界主要国家的社会保障发展历程

1. 建立

① 17 世纪英国颁布济贫法

② 19 世纪 80 年代德国初步建立社会保障制度

③ 1935 年美国颁布《社会保障法》

2. 发展

①二战后资本主义发达国家普遍建成福利国家

②中国特色的社会保障制度逐步建立

活动课　中国历史上的大一统国家治理

教学示例：贵州师范大学附属中学　王　康
指导教师：贵阳市第一中学　牟永良

一、课程标准及活动主题

（一）课程标准

认识中国古代国家制度的主要发展线索，初步掌握当代中国国家制度和社会治理措施的由来和概况，培养学生唯物史观、时空观念、史料实证的核心素养；认识到制度会随着社会变迁而变化，任何一种制度都不是十全十美的，都需要与时俱进。

（二）活动主题

以"中国历史上的大一统国家治理"为主题，以个人探究、小组合作、班级研讨会等方式，认识我国历史上大一统中央集权政治制度与国家治理的关系，从历史的角度加深对统一多民族国家形成与发展过程的理解。

（三）活动目标

通过探究我国历史上大一统中央集权政治制度的阶段性发展演变，掌握其基本特征。
以我国历史上大一统中央集权王朝为例，分析其政治、经济、法律与教化、民族关系等方面的治理措施，总结历史经验和教训，学会从历史中汲取智慧。
了解我国历史上考核与监察制度的形成与演变，探讨其在大一统国家治理上的作用。

（四）活动思路

将教学与学情相结合，简化研究问题，突出主线与重点。可以将全班同学分成四个组，分别研究两个方向：第一、二小组探讨中国走向大一统国家的发展历程。通过了解中国历史上统一与分裂的不同历史阶段，认识统一是主流，是历史的大势。第三、四小组探讨历代中央与地方关系的变化及其对大一统的影响。通过了解地方行政区划的变迁，以及中央对地方的管控，了解大一统中央集权国家治理形成的运行机制。

采取知识与技术相搭配的原则,学生自由组合小组。每个小组选出同学代表做总结性发言,展示小组的研究成果。将学生的认知规律与知识逻辑整合,由归纳到分析,由局部到整体。最终整体研究成果通过小组合作呈现,充分体现合作的价值和意义。

(五)示例

1.活动导入

教师活动:"大一统"是我国历史上长期形成的政治观、民族观和天下观,是历代国家治理追求的理想与目标。

我国历史上大一统的国家治理表现出四个重要特点:

一是国家统一。国家统一是大一统中央国家治理体系形成的基础,也是历代统治者追求的重要目标。我国历史上曾数度出现分裂割据状况,但无论怎样分裂,最终都会走向统一。

二是"要在中央"。中央集权是两千多年封建国家治理最基本的制度体系,这一体系的核心是"事在四方,要在中央"。中央政府通过文书律令、官僚行政、考核监察等方式,推行政令,维护中央权威。

三是郡县体制。郡县体制是中央集权下地方治理体系的概括。历代将全国划分为若干不同层级的行政区,由中央委派官员进行管理。

四是因俗而治。我国历史上大一统的国家治理模式,并非一味地追求整齐划一,也有高度的灵活性。根据不同地区的具体状况采取不同治理方式。

【设计意图】概念导入,教师讲解,培养学生"历史解释"的核心素养。

学生活动:学生制作PPT展示成果

第一、二小组探讨中国走向大一统国家的历程。通过了解中国历史上统一与分裂的不同历史阶段,认识统一是主流,是历史的大势。

第一小组:西周实行分封制和宗法制,加强了周天子对地方的政治统治,但集权程度不高,管理比较松散。

从春秋到战国,民族关系出现重要变化。中原各国自称为华夏。在频繁往来和密切联系中,与中原各国相邻的戎狄蛮夷等民族在战国时期逐渐融入华夏族。

材料1　中国有礼仪之大,故称夏;有服章之美,谓之华。

——孔颖达《春秋左传正义·定公十年》

材料2　并吞战国,海内为一,功齐三代。

——《汉书·主父偃传》

材料3　秦王扫六合,虎视何雄哉。

——李白《古风·其三》

"华夏"连称,本义指衣冠华美又重礼仪。华夏作为文化、政治实体,在春秋战国时被周边民族所认同。各族同源共祖的观念得到发展。

春秋战国时期,经过长期纷争,许多中小诸侯国消失了,形成"战国七雄"。长期战乱给社会带来巨大灾难,人民渴望安定统一。公元前221年,秦国建立起第一个统一王朝——秦朝。

西汉武帝加强中央集权，并在稳固边疆的基础上积极开拓疆域。西汉设置西域都护府，作为管理西域的军政机构。统一多民族国家得到巩固加强。

秦汉是中国统一多民族国家的形成时期，奠定了大一统中央集权国家治理的基本模式。

自东汉始，西北边陲的一些少数民族不断向内地迁徙。到西晋，内迁的少数民族主要有匈奴、羯、氐、羌和鲜卑。西晋被内迁匈奴贵族所灭。自此，中国历史又进入一个比较长的政权分立时期。三国两晋南北朝处于分裂状态。汉族与内迁边疆民族从冲突到和平交往，逐步走向交融，推动了统一多民族国家的发展。

第二小组：隋朝结束了南北长期分裂的局面。贯通南北的大运河，对巩固统一起到重要作用。唐朝统治前期，出现"贞观之治"和"开元盛世""安史之乱"是唐朝由盛到衰的转折点。

隋唐统一王朝，国力强盛，疆域拓展。自唐朝中期爆发"安史之乱"起，中央对地方的控制严重削弱，最终演变为五代十国的分裂局面。

北宋结束了五代十国分裂局面。在北宋与辽、西夏对峙中，各民族间经济和文化联系更为持久和稳定，呈现出互相交融的趋势。

元朝结束了多民族政权并立的局面，成为中国历史上第一个由北方少数民族建立的统一王朝。元朝时，很多蒙古人迁入中原，与汉族杂居相处，逐渐交融。

明清是中国古代最后两个王朝，我们主要说1840年以前的清朝。

在明清两朝，统一多民族国家更趋稳固，现代中国的版图逐渐定型。

总的来说，古代中国经历了春秋战国、三国两晋南北朝、五代十国分裂割据时期。但是，每一次的分裂都酝酿着统一。秦汉、隋唐、元明清实现了国家的大统一。两宋政权虽然与辽、西夏、金和元政权并立对峙，但是实现了局部统一。因此，中国历史上统一的时间要比分裂的时间长。统一是主流，是历史的大势。

【设计意图】通过小组收集和整理资料的形式，一方面加强学生的资料收集整理能力，另一方面增强学生收集资料后的归纳概括能力，并梳理古代中国大一统演变的历程。

第三、四小组探讨历代中央与地方关系的变化及其对大一统的影响。通过了解地方行政区划的变迁，以及中央对地方的管控，了解大一统中央集权国家治理形成的运行机制。

第三小组：先秦时商朝建立了内外服制，商王直接控制内服王畿地区。王畿四周是外服。

西周时期，周天子为了巩固统治，实行分封制，在各地建立诸侯国。

材料4　周人以同姓兄弟或姻姓亲信所封的诸侯国已非过去承认的原有邦国，而是以武力为背景，在原有众多邦国的地域内人为"插队"进去，很像"掺沙子"。这是鉴于殷商孤立而亡的教训，属于周的创造。分封出去的邦国，仍是"有其土，田，人民"的地方实体，并实行贵族世袭统治，地方拥有实权。

——王家范《中国历史通论》

分封制之下，诸侯享有受封土地上的统治权，具有相对的独立性。同时诸侯服从周天子的命令，承担对周王室的义务。

战国时期，为适应社会变化的需要，各国在政治上进行了重大改革，君主权力加强，郡县制、官僚制等封建政治制度开始产生。公元前221年秦统一结束了长期战争的混乱局面。为适应封建国家发展的需要，在全国范围内建立起了从中央到地方的国家治理制度体系。

材料5 （始皇二十六年）秦初并天下……丞相绾等言："诸侯初破，燕、齐、荆地远，不为置王，毋以填（镇）之。请立诸子，唯上幸许。"始皇下其议于群臣，群臣皆以为便。廷尉李斯议曰："周文、武所封子弟同姓甚众，然后属疏远，相攻击如仇雠，诸侯更相诛伐，周天子弗能禁止，今海内赖陛下神灵一统，皆为郡县，诸子功臣以公赋税重赏赐之，甚足易制。天下无异意，则安宁之术也。置诸侯不便。"始皇曰："天下共苦战斗不休，以有侯王。赖宗庙，天下初定，又复立国，是树兵也，而求其宁息，岂不难哉！"

——司马迁《史记·秦始皇本纪》

材料反映了秦朝统一后关于地方制度的辩论。秦始皇采纳了李斯的观点实行郡县制。

材料6 （秦）郡县官吏统统由享受俸禄的职业官僚担任，任免权集中于中央。……郡守掌行政，郡尉掌军事，郡监御史掌监察。……郡县官必须服从朝廷的统一调动。官员调任官职，不得携带旧部属吏。每年正月"大课"，中央考课郡守，郡守考课县令长。

——李治安《唐宋元明清中央与地方关系研究》

郡县制度最大的特点是郡县官吏由中央直接任命，实现了中央对地方垂直有效的管理，加强了中央集权，实现权力的集中。

汉初实行郡县与封国并行；东汉晚期，形成州、郡、县三级。

汉初地方行政制度沿袭秦朝的郡县二级制，除此之外还包括王国和侯国，实行郡国并行制。汉武帝颁布"推恩令"，使诸侯国越分越小，中央集权得到加强。

汉武帝还设立"州"作为监察区（其长官为刺史），加强对地方的监察。"州"不属于行政机构，没有固定的治所。

东汉晚期，作为监察区的"州"变成了行政区域，于是就形成了州、郡、县三级。刺史不仅拥有行政权，还有领兵之权，这就形成了外重内轻、干弱枝强的局面。

魏晋南北朝时期地方行政制度依然是州、郡、县三级。

第四小组：隋朝统一中国后，实行州县二级制，以州统县。

唐朝实行道、州、县三级制。

唐朝沿用隋朝地方行政制度。唐朝根据山川形势在全国划分10道作为中央派出的监察机构，后来，道变为州、县以上一级行政实体。因此，唐朝实行道、州、县三级制。

唐中期后设节度使，部分节度使拥兵自重，形成藩镇割据局面。

宋朝实行路州县三级制。

宋朝为解决地方割据问题，加强中央集权，收精兵、削实权、制钱谷，将地方军事、财政、司法等权力收归中央，改道为路，实行路州县三级制。

元朝实行行省制，形成省路府州县多级行政机构

元朝疆域异常辽阔，为了管理疆域广阔的国家，元朝实行行省制，是中国古代地方行政制度发展史上的一次重大变化。有利于加强中央集权，有利于巩固统一的多民族国家。元朝形成省路府州县多级行政机构。

明朝废行省，设三司。

从元朝后期统治看出，行省的长官权力太大。为了加强中央对地方的控制，明朝废除行省，但是省

的格局没有改变，只不过省的长官权力改变了，分成三个官职管理——布政使司主管民政，按察使司主管司法，都指挥使司主管军政事务。

材料7　清初为便于统治明代故土，仍沿用明制承宣布政使司，仅改北直隶为直隶，南直隶为江南布政使司，即废除了南京留都的地位。康熙初，改布政使司为省，因认为全国区划为15省，其制过大，所以分湖广为湖南、湖北两省，分江南布政使司为江苏、安徽两省，分陕西省为陕西、甘肃两省，内地被分为18省。在边疆，清朝施行与内地不同的行政区划制度，乃由中央设辖区，委派重臣，如在东北地区设奉天（盛京）、吉林、黑龙江，北部边疆设乌里雅苏台、在新疆设伊犁等5个将军辖区，但伊犁将军一直待在中原。在西藏、青海设办事大臣辖区，内蒙古则采取盟旗制，连同内地18省，全国共分为26个政区，为中国现代政区划分奠定了基础。

清代省以下各级行政区划单位基本上沿用明制，省下辖府和直隶州，府下领散州和县。

——张崇琛《简明中国古代文化史》

明清时期，形成省府县三级。

清朝疆域里，内地分立18省，分设巡抚、总督治理。巡抚是一省长官，总督掌管一省或数省的军政大权。在东北、北部和西部边疆，分设若干将军辖区和办事大臣辖区。

【设计意图】学生重点梳理古代中国就大一统治理在各朝的重点措施，并在措施中感悟古代中国的政治治理智慧。

活动小结：贯穿整个封建社会的君主专制中央集权制度，处在不断的变化调整演进中，体现了封建国家治理的灵活性，适应了封建国家发展的需要。通过变革与创新，中央对地方权力的分配趋于合理；中央集权不断加强。辩证地来看，该制度在封建社会发展前期和中期，有利于国家的社会稳定、经济发展、繁荣，创造了高度繁荣的文化，有利于统一多民族国家的巩固和发展，对近现代产生巨大影响，比如我们现在的省制。

总体来说，中国古代封建社会之所以在世界上创造了先进的文明，得益于国家政治制度、国家治理的有效性。

活动拓展：本节活动课，师生一起对我国历史上大一统中央集权的形成、演变、内涵、作用、特点等进行梳理，认识到大一统是中国历史的重要特点，与历代国家治理有着密切联系。请同学们在课后围绕所探究专题，尝试撰写研究报告。

后 记

　　本书得以问世，首先感谢贵阳市教育科学研究所高中历史教研员李环玲老师。在李老师的主持和协调下，由陈波老师负责完成了本书的主编、审稿、统稿等事宜。李环玲老师潜心贵阳市高中历史教育工作，致力于培养中青年教师服务本地历史教学，不求名利，无私奉献。借此机会，谨对李环玲老师致以最诚挚的感谢！

　　其次要感谢为本书编写付出极大努力的刘相、牟永良、杨华、王辉等编委老师。在编委老师的倾力协作下，来自不同区域学校的十多位教师合作完成了此书。在此，谨对编委老师表示诚挚的感谢！

　　还要感谢参与编写的十多位老师。大家在繁忙的教育教学工作之余，牺牲了大量宝贵的休息时间和与家人团聚的时光，克服了疫情反复、资料不足等困难，经过多次修改，最终高质量地按时完成了编写任务。对各位老师的辛苦付出，在此表示最真诚的感谢！

　　最后还要特别感谢为本书的出版付出努力的出版社相关工作人员。有了你们的默默付出，才有本书的面世。

　　这本书是对部编《历史·选择性必修1·国家制度与社会治理》的教学思考和探索，由于贵州省于2021年秋季学期才开始使用部编教材，还有很多有待钻研的教学问题须进一步解决和完善，希望同行们不吝批评指正。

编者
2023 年 3 月